十三經注疏彙校

尚書注疏彙校

三

杜澤遜 主編

中華書局

尚書註疏卷第五　漢孔氏傳　唐孔穎達疏

皇明朝列大夫國子監祭酒臣田一儁

奉訓大夫司經局洗馬管司業事臣盛訥等奉

勑重校刊

益稷第五　虞書

益稷　傳 禹稱其人。因以名篇。　疏 傳禹稱至名篇○正義曰：禹言暨益暨稷。是禹稱其二人。二人佐禹有功。因以此二人名篇。既美大禹。亦所以彰此二人之功也。禹先言暨益。故益在稷上。馬、鄭、王所據書序。此篇名爲棄稷。棄稷一人。不宜言名。又言官。是彼誤耳。又合此篇於臯陶謨。謂其別有棄稷之篇。皆由不見古文。妄爲說耳。

帝曰來禹汝亦昌言傳因皋陶謨九德故呼禹使亦陳當言○當丁浪反本亦作讜當蕩反李登聲類云讜言善言也禹拜曰都帝予何言予思日孜孜傳拜而歎辭不言欲使帝重皋陶所陳言已思日孜孜不怠奉承臣功而已○思徐如字又息吏反孜音茲皋陶曰吁如何傳問所以孜孜之事禹曰洪水滔天浩浩懷山襄陵下民昏墊傳言天下民昏瞀墊溺皆困水災○浩户老反墊丁念反瞀音務一音茂本或作務溺乃歷反予乘四載隨山刊木傳所載者四謂水乘舟陸乘車泥乘輴山乘樏隨行九州之山林刊槎其木開通道路以治水

也○乘音繩刋苦安反輴丑倫反漢書作橇如淳音蕝蕝以板置泥上服虔云木橇形如木箕擿行泥上尸子云澤行乘蕝蕝音子絶反樏力追反史記作檋徐音丘遙反漢書作梮九足反行下孟反槎士雅反下同說文云衺斫又莊下反

暨益奏庶鮮食（傳）奏謂進於民鳥獸新殺曰鮮與益槎木獲鳥獸民以進食○暨其器反鮮徐音仙馬云鮮生也

予決九川距四海濬畎澮距川（傳）距至也決九州名川通之至海一畝之間廣尺深尺曰畎方百里之間廣二尋深二仞曰澮澮畎深之至川亦入海○畎工犬反澮故外反廣光浪反深尸鴆反

暨稷播奏庶艱食鮮食（傳）艱難也衆難得食處則與稷教民播種之決川有魚鼈使

民鮮食之。○艱，工閑反。馬本作根，云：根生之食，謂百穀。處，昌慮反。鼈，必滅反。

懋遷有無化居。（傳）化，易也。居，謂所宜居積者。勉勸天下徙有之無，魚鹽徙山林，木徙川澤，交易其所居積。○懋，音茂。鹽，余廉反。

烝民乃粒，萬邦作乂。（傳）米食曰粒。言天下由此爲治本。○烝，之承反。粒，音立。治，直吏反，下同。

皐陶曰：俞！師汝昌言。（傳）言禹功甚當，可師法。○當，丁浪反。

[疏]帝曰來至汝昌言。○正義曰：皐陶既爲帝謀，帝又呼禹進之曰：來，禹，汝亦宜陳其當言。禹拜曰：嗚呼，帝，皐陶之言既已美矣，我更何所言？我之所思者，每日孜孜勤於臣職而已。皐陶怪禹不言，故謂之曰：吁，問其所以孜孜之事如何？禹曰：往者洪水漫天，浩浩然盛大，包山上陵，下民昏惑沈溺，皆困水災。我乘舟車輴樏等四種之載，隨其所往之山，槎木通道而治之，與

益所進於人者。惟有槎木所獲衆鳥獸鮮肉爲食也。
我又通決九州名川。通之至於四海。深其畎澮以至
於川。水漸除矣。與稷播種五穀。進於衆人難得食處。
乃決水所得魚鼈鮮肉爲食也。人既皆得食矣。又勸
勉天下徙有之無。交易其所居積。於是天下衆人乃
皆是米粒之食。萬國由此爲治理之政。我所言汝孜
者在此也。皋陶曰然。可以爲師法者。是汝之當言。○
傳因皋至當言。○正義曰。上篇皋陶謀九德。此帝呼
禹。令亦陳當言。亦者。亦皋陶也。明上篇皋陶雖與益
相應。其言亦對帝也。上傳云皋陶爲帝舜謀者。以此
而知也。○傳拜而至而已。○正義曰。既已拜而歎。必
有所美。復辭而不言。是知欲使帝重皋陶所陳。言已
無以加也。王肅云。帝在上。皋陶陳謀於下。已備矣。我
復何所言乎。是也。既無所言。故言已思惟日孜孜。不
敢怠惰。奉成臣職而已。孜孜者。勉功不怠之意。○傳
言天下至水災。○正義曰。昏者。眩惑之意。故言昏瞀。
墊是下濕之名。故爲溺也。言天下之人遭此大水。精
神昏瞀迷惑。無有所知。又苦沉溺。皆困此水災也。鄭

云。昏。没也。墊。陷也。禹言洪水之時。人有没陷之害。○傳所載至治水○正義曰。史記河渠書云。夏書曰。禹湮洪水十三年。三過家不入門。陸行載車。水行載舟。泥行蹈毳。音蕝。山行卽橋。丘遙反。徐廣曰。橋一作輂。几玉反。輂直轅車也。尸子云。山行乘樏。泥行乘蕝。子絶反。漢書溝洫志云。泥行乘毳。山行則梮。居足反。毳形如箕。擿行泥上。如淳云。毳。謂以板置泥上。以通行路也。愼子云。爲毳者。患塗之泥也。應劭云。梮。或作樏。爲人所牽引也。如淳云。梮。謂以鐵如錐頭。長半寸。施之履下。以上山。不蹉跌也。韋昭云。梮。木器也。如今轝牀。人轝以行也。此經惟言四載。傳言所載者四。同彼史記之說。古書尸子愼子之徒。有此言也。輴與毳爲一。樏與梮輂爲一。古篆變形。字體改易。說者不同。未知孰是。禹之施功。本爲治水。此經乃云隨山刊木。刊木爲治水。治水徧於九州。故云隨行九州之山林。襄二十五年。左傳云。井堙木刊。刊是除木之義也。毛傳云。除木曰槎。故曰刊槎其木。開通道路。以治水。○傳奏至進食○正義曰。黎民阻飢。爲人治水。故知奏謂進食於人也。禮有鮮魚腊。以其新殺鮮淨。故名爲鮮。是鳥獸新殺曰鮮。魚鼈新殺亦曰鮮也。此承山下故爲鳥獸。下承水後故爲魚鼈。其新殺之意同也。既言刊木乃進鮮食。食是除木所得。故言與益槎木獲禽獸。人以進食。○傳距至至入海○正義曰。距者相抵之名。故爲至也。非是名川不能至海。故決九州之名川通之至海也。考工記云。匠人爲溝洫。耜廣五寸。二耜爲耦。一耦之伐。廣尺深尺謂之畎。田首倍之。廣二尺深二尺謂之遂。九夫爲井。井間廣四尺深四尺謂之溝。方十里爲成。成間廣八尺深八尺謂之洫。方百里爲同。同間廣二尋深二仞謂之澮。是畎遂溝洫澮皆通水之道也。以小注大。故從畎遂溝洫乃以入澮。澮入於川。川入於海。是畎内之水亦入海也。惟言畎澮。舉大小而略其餘也。先言決川至海。後言濬畎至川者。川既入海。然後澮得入川。故先言川也。○傳艱難至鮮食之○正義曰。艱難也。釋詁文。禹主治水。稷主教播種。水害漸除。則有可耕之地。難得食處。先須教導以救之。故云衆難得食處。則與稷教人播種之。

易得食處。人必自能得之。意在救人難危之厄。故舉難得食之處以言之。於時雖漸播種。得穀猶少。人食未足。故決川有魚鱉。使人鮮食之。言食魚以助穀也。鄭玄云。與稷教人種澤物。菜蔬艱厄之食。稷功在於種穀。不主種菜蔬也。言后稷種菜蔬艱厄之食。傳記未有此言也。○傳化易至居積。○正義曰。變化是改易之義。故化爲易也。居謂所宜居積者。近水者居魚鹽。近山者居林木也。勉勸天下徙有之無者。謂徙我所有。往彼無鄉。取彼所有。以濟我之所無。魚鹽徙山林。木徙川澤。交易其所宜居積。言此遷者謂將物去。不得空取彼物也。王肅云。易居者不得空去。當滿而去。當滿而來也。○傳米食至治本。○正義曰。說文云。粒。糂也。今人謂飯爲米糂。遺餘之飯。謂之一粒兩粒。是米食曰粒。言是用米爲食之名也。人非穀不生。政由穀而就。言天下由此穀爲治政之本也。君子之道以謙虛爲德。禹盛言己功者。爲臣之法。當孜孜不怠。自言已之勤苦。所以勉勸人臣。非自伐也。

禹曰。都。帝。愼乃在位。帝曰。俞。傳

然禹言。受其戒。**禹曰安汝止。惟幾惟康。其弼直。**傳言慎在位。當先安好惡所止。念慮幾微以保其安。其輔臣必用直人。○好惡上呼報反。下烏路反。又並如字。**惟動丕應徯志。**傳徯待也。帝先安所止。動則天下大應之。順命以待帝志。○應。應對之應。徯胡啓反。**以昭受上帝天其申命用休。**傳昭。明也。非但人應之。又乃明受天之報施。天又重命用美。○施始豉反。重直用反。**帝曰吁臣哉鄰哉鄰哉臣哉禹曰俞。**傳鄰。近也。言君臣道近。相須而成。疏禹曰都至曰俞。○正義曰。禹以臯陶然巳。因歎而戒帝曰。嗚呼。帝當謹慎汝所在之位。帝受其戒曰。然。禹又戒帝曰。若欲慎汝在位。當須先安定汝心好惡所止。念慮事之微細。以保安其身。其輔弼之臣。必用正直之人。若能如此。惟帝所動。則天下大應之以待帝志。以明受天之布施。於天其重命帝用美道也。帝以禹言已重。乃驚而言曰。吁。臣哉近哉。臣當親近君也。近哉臣哉。君當親近臣也。言君臣當相親近。共與成政道也。禹應帝曰然。言君臣宜相親近也。○傳言慎至直人○正義曰。此禹重戒帝。覆上慎乃在位。當先安好惡所止。謂心之所止。當止好不止惡。言惡以形好也。大學云爲人君止於仁。爲人臣止於敬。好惡所止。謂此類也。傳意以上惟爲念。下惟爲辭。故云念慮幾微。然後以保其好惡所安寧耳。○傳徯待至帝志○正義曰。徯。待。釋詁文。帝先能自安所止。心之所止。止於好事。其有舉動。發號出令。則天下大應之。順命以待帝志。謂靜以待命。有命則從也。○傳昭明至用美○正義曰。堯典已訓昭爲明。此重訓詳之。皇天無親。惟德是輔。人之所欲。天必從之。帝若能安所止。非但人歸之。又乃明受天之報施。天下太平。祚胤長遠。是天之報施也。天又重命用美。謂四時和祥瑞臻之類也。或當前後非一。故傳言又也。○傳鄰近至而成。○正義曰。周禮五家爲鄰。取相近之義。故鄰爲近也。禹言君當好善。帝言須得臣力。再言鄰哉。言君臣之道當相須而成。鄭玄云。臣哉汝當爲我鄰哉。鄰哉汝當爲我臣哉。反覆言此。欲其志心入禹。

帝曰。臣作朕股肱耳目。傳言大體若身。○股音古。肱古弘反。**予欲左右有民。汝翼。**傳左右。助也。助我所有之民。富而教之。汝翼成我。**予欲宣力四方。汝爲。**傳布力立治之功。汝羣臣當爲之。**予欲觀古人之象。**傳欲觀示法象之服制。○觀。舊音官。又官喚反。**日月星辰山龍華蟲。**傳日月星爲三辰。華象草華。蟲雉也。畫三辰山龍華蟲於衣服旌旗。○蟲直弓反。**作會宗彝**

傳 會，五采也。以五采成此畫焉。宗廟彝樽亦以山龍華蟲爲飾。○會，胡對反。馬、鄭作繪。彝，音夷。馬同。鄭云：宗彝，虎也。藻、火、粉、米、黼、黻、絺繡。傳 藻，水草有文者。火爲火字。粉若粟冰，米若聚米。黼若斧形，黻爲兩巳相背。葛之精者曰絺，五色備曰繡。○藻，音早。本又作藻。粉米，説文作黺𪓐。徐本作絑，音米。黼，音甫。白與黑謂之黼。黻，音弗。黑與青謂之黻。絺，徐勑私反，又勑其反。馬同。鄭陟里反，刺也。繡，音秀。背，音佩。以五采彰施于五色，作服，汝明。傳 天子服日月而下，諸侯自龍衮而下至黼黻，士服藻火，大夫加粉米。上得兼下，下不得僭上。以五采明施于五色，作尊卑之服，汝明制之。○衮，工本反。僭。子念。反。予欲聞六律五聲八音在治忽以出納五言。汝聽。傳言欲以六律和聲音。在察天下治理及忽怠者。又以出納仁義禮智信五德之言。施于民以成化汝當聽審之。○出。如字。又尺遂反。注同。納。如字。又音內。予違汝弼汝無面從退有後言。傳我違道。汝當以義輔正我。無得面從我違。而退後有言我不可弼。欽四鄰庶頑讒說若不在時。傳四近前後左右之臣。勑使敬其職。衆頑愚讒說之人。若所行不在於是而爲非者。當察之。侯以明之撻以記之。傳當行射侯之禮。以明善惡之教。笞撻不是者。使記識其過。○撻，他末反。又他達反。笞，勑疑反。

書用識哉。欲並生哉。傳書識其非。欲使改悔。與共並生。

工以納言。時而颺之。傳工，樂官。當誦詩以納諫。當是正其義而颺道之。○颺，音揚。

格則承之庸之。否則威之。傳天下人能至于道。則承用之。任以官。不從教。則以刑威之。○否，方有反。徐音鄙。任，汝鳩反。

疏帝曰臣至威之。○正義曰。帝以禹然己言。又說須臣之事。作我股肱耳目。言己動作視聽皆由臣也。我欲助我所有之人。使之家給人足。汝當翼贊我也。我欲布陳智力於天下四方。爲立治之功。汝等當與我爲之。我欲觀示君臣上下以古人衣服之法象。其日月星辰山龍華蟲作會。合五采而畫之。又畫山龍華蟲於宗廟彝樽。其藻火粉米黼黻於絺葛而刺繡。以五種之彩。明施於五色。制作衣服。汝當爲我明其差等而制度之。我欲聞知六律。
和五聲。播之於八音。以此音樂察其政治與忽怠者。
其樂音又以出納五德之言。汝當爲我聽審之。我有
違道。汝當以義輔成我。汝無得知我違非而對面從
我。退而後更有言。云我不可輔也。旣言其須臣之力。
乃揔勑之。敬其職事哉。汝在我前後左右。四旁鄰近
之臣也。其衆類頑愚讒說之人。若有所行不在於是
而爲非者。汝當察之。以法行射侯之禮。知其善惡。以
明別之。行有不是者。又撻其身以記之。書其過者。以
識之。所以撻之書之者。冀其改悔。欲與並生活哉。工
樂之官。以納諫言於上。當是正其義而顯揚之。使我
自知得失也。又揔言御下之法。天下之人。有能至於
道者。則當承受而進用之。當任以官也。不從教者。則
以刑罰威之。當罪其身也。此等皆汝臣之所爲。○傳
言大體若身。○正義曰。君爲元首。臣爲股肱耳目。大
體如一身也。足行手取。耳聽目視。身雖百體。四者爲
大。故舉以爲言。鄭玄云。動作視聽。皆由臣也。○傳左
右至成我。○正義曰。釋詁云。左右助慮也。同訓爲慮。

是左右得爲助也。立君所以牧人。人之自營生産。人君當助救之。論語稱孔子適衛。欲先富民而後教之。故云助我所有之民欲富而教之也。君子施教本爲養人。故先云助人。舉其重者。以其爲人事重。當須翼成。故言汝翼。次顯君施教化。須臣爲之。故言汝爲。次明衣服上下。標顯尊卑。故云汝明。次云六律五聲。故云汝聽。各隨事立文。其實不異。○傳布力至爲之。○正義曰。詩云。四方于宣。論語云陳力就列。是布政用力。故言布力立治之功。汝羣臣當爲之。○傳欲觀至服制。○正義曰。觀示法象之服制者。謂欲申明古人法象之衣服。垂示在下使觀之也。易辭云黄帝堯舜垂衣裳而天下治。象物制服。蓋因黄帝以還。未知何代而具彩章。舜言已欲觀古。知在舜之前耳。○傳日月至旌旗。○正義曰。桓二年左傳云。三辰旂旗。昭其明也。三辰。謂此日月星也。故日月星爲三辰。辰即時也。三者皆是示人時節。故並稱辰焉。傳言此者。以辰在星下。揔上三事爲辰。辰非別爲物也。周禮大宗伯云。實柴祀日月星辰。鄭玄云星謂五緯也。辰謂日月所會十二次也。星辰異者，彼鄭以徧祭天之諸神，十二次也。次亦當祭之，故令辰與星別。此云畫之於衣，日月合宿之辰，非有形容可畫。且左傳云三辰即日月星也。周禮司常掌九旗之物，惟日月爲常，不言畫星。蓋太常之上又畫星也。穆天子傳稱天子葬盛姬，畫日月七星，蓋畫北斗也。草木雖皆有華，而草華爲美，故云華象草華。蟲雉也，周禮司服有鷩冕，鷩則雉焉。雉五色，象草華也。月令五時皆云其蟲，蟲是鳥獸之揔名也。下云作服汝明，知畫三辰山龍華蟲於衣服也。又言旌旗者，左傳言三辰旂旗，周禮司常云日月爲常。王者禮有沿革，後因於前，故知舜時三辰亦畫之於旌旗也。下傳云天子服日月而下，則三辰畫之於衣服，又畫於旌旗也。周禮司服云享先王則衮冕，衮者卷也，言龍首卷然，以衮爲名，則所畫自龍已下，無日月星也。郊特牲云祭之日，王被衮冕以象天也。又曰龍章而設日月，以象天也。鄭玄云謂有日月星辰之章，設日月畫於衣服旌旗也。據此記文，衮冕之服亦畫日月。鄭注禮記，言郊特牲所云，謂魯禮也。

要其文稱王被服衮冕。非魯事也。或當二代天子衣上亦畫三辰。自龍章爲首。而使衮統名耳。禮文殘缺。不可得詳。但如孔解。舜時天子之衣畫日月耳。鄭玄亦以爲然。王肅以爲舜時三辰卽畫於旌旗。不在衣也。天子山龍華蟲耳。○傳會五至爲飾。○正義曰。會者。合聚之名。下云以五彩彰施於五色。作服。知會謂五色也。禮衣畫而裳繡。五色備謂之繡。知畫亦備五色。故云以五彩成此畫焉。謂畫之於衣。宗彝文承作會之下。故云宗廟彝尊。亦以山龍華蟲爲飾。知不以日月星爲飾者。孔以三辰之尊。不宜施於器物也。周禮有山罍。龍勺。雞彝鳥彝。以類言之。知彝樽以山龍華蟲爲飾。亦畫之以爲飾也。周禮彝器所云犧象雞鳥者。鄭玄皆爲畫飾。與孔意同也。周禮彝器無山龍華蟲爲飾者。帝王革易。所尚不同。故有異也。○傳藻水至曰繡。○正義曰。詩云魚在在藻。是藻爲水草。草類多矣。獨取此草者。謂此草有文故也。火爲火字。謂刺繡爲火字也。考工記云火以圜。鄭司農云謂圜形似火也。鄭玄云形如半環。然記是後人所作。何必能得其眞。今之服章。繡爲火字者。如孔所說也。粉若粟氷者。粉之在粟。其狀如氷。米若聚米者。刺繡爲文。類聚米形也。黼若斧形。考工記云白與黑謂之黼。釋器云斧謂之黼。孫炎云黼文如斧形。蓋半白半黑。似斧刃白而身黑。黻謂兩已相背。謂刺繡爲已字。兩已字相背也。考工記云黑與青謂之黻。刺繡爲兩已字。以青黑線繡也。詩葛覃云。爲絺爲綌。是絺用葛也。玉藻云浴用二巾。上絺下綌。曲禮云。爲天子削瓜者副之。巾以絺。爲國君者華之。巾以綌。皆以絺貴而綌賤。是絺精而綌麤。故葛之精者曰絺。五色備謂之繡。考工記文也。計此所陳。皆述祭服。祭服玄纁爲之。後代無用絺者。蓋於時仍質。暑月染絺爲纁而繡之以爲祭服。孔以華象草華蟲雉。則合華蟲爲一。周禮鄭玄注亦然。則以日月星辰山龍華蟲六章畫於衣也。藻火粉米黼黻六章繡於裳也。天之大數。不過十二。故王者制作。皆以十二象天也。顧氏取先儒等說。以爲日月星取其照臨。山取能興雲雨。龍取變化無方。華取文章。雉取耿介。顧氏雖以華蟲爲二。其取象則同。又云藻取有文。火取炎上。粉取絜白。米取能養。黼取能斷。黻取善惡相背。鄭玄云會讀爲繪。宗彝謂宗廟之鬱鬯樽也。故虞夏以上。蓋取虎彝蜼彝而已。粉米白米也。絺讀爲黹。黹紩也。自日月至黼黻凡十二章。天子以飾祭服。凡畫者爲繪。刺者爲繡。此繡與繪各有六。衣用繪。裳用繡。至周而變之。以三辰爲旂旗。謂龍爲袞。宗彝爲毳。或損益上下。更其等差。鄭意以華蟲爲一。粉米爲一。加宗彝謂虎蜼也。周禮宗廟彝器有虎彝蜼彝。故以宗彝爲虎蜼也。此經所云凡十二章。日也。月也。星也。山也。龍也。華蟲也。六者畫以作繪。施於衣也。宗彝也。藻也。火也。粉米也。黼也。黻也。此六者紩以爲繡。施之於裳也。鄭玄云至周而變易之。損益上下。更其等差。周禮司服之注。具引此文。乃云此古天子冕服十二章也。王者相變。至周而以日月星畫於旌旗。冕服九章。登龍於山。登火於宗彝。尊其神明也。九章。初一曰龍。次二曰山。次三曰華蟲。次四曰火。次五曰宗彝。皆畫以爲繢。次六曰藻。次七曰粉米。次八曰黼。次九曰黻。以絺爲繡。則袞之衣五章。裳四章。

凡九也。鷩畫以雉。謂華蟲也。其衣三章裳四章凡七也。毳畫虎蜼。謂宗彝也。其衣三章。裳二章凡五也。是鄭以冕服之名。皆取章首爲義。衮冕九章。以龍爲首。龍首卷然。故以衮爲名。鷩冕七章。華蟲爲首。華蟲即鷩雉也。毳冕五章。虎蜼爲首。虎蜼毛淺。毳是亂毛。故以毳爲名。如鄭此解。配文甚便。於絺繡之義摠爲消帖。但解宗彝爲虎蜼。取理太迴。未知所說。誰得經旨。

○傳天子至制之○正義曰。此言作服。汝明。故傳辯其等差。天子服日月而下十二章。諸侯自龍衮而下至黼黻八章。再言而下。明天子諸侯皆至黼黻也。士服藻火二章。大夫加粉米四章。孔注上篇五服。謂天子諸侯卿大夫士。則卿與大夫不同。當加之以黼黻爲六章。孔略而不言。孔意蓋以周禮制諸侯有三等之服。此諸侯同八章者。上古朴質。諸侯俱南面之尊。故合三爲一等。且禮諸侯多同爲一等。故雜記云。天子九虞。諸侯七虞。左傳云。天子七月而葬。諸侯五月而葬。是也。孔以此經上句日月星辰山龍華蟲。尊者在上。下句藻火粉米黼黻。尊者在下。黼黻尊於粉米。

粉米尊於藻火。故從上以尊卑差之。士服藻火。大夫加以粉米。并藻火爲四章。馬融不見孔傳。其注亦以爲然。以古有此言。相傳爲說也。蓋以衣在上爲陽。陽統於上。故所尊在先。裳在下爲陰。陰統於下。故所重在後。詩稱玄衮及黼。顧命云麻冕黼裳。裳當以黼爲裳。故首舉黼以言其事如孔說也。天子諸侯下至黼黻。大夫粉米。兼服藻火。是上得兼下也。士不得服粉米。大夫不得服黼黻。是下不得僭上也。訓彰爲明。以五種之彩明制於五色。作尊卑之服。汝當分明制之。令其勿使僭濫也。鄭玄云。性曰采。施曰色。以本性施於繒帛。故云以五采施於五色也。鄭云。作服者。此十二章爲五服。天子備有焉。公自山龍而下。侯伯自華蟲而下。子男自藻火而下。卿大夫自粉米而下。亦是以意說也。此云作服。惟據衣服。所以經有宗彝。及孔云旌旗亦以山龍華蟲爲飾者。但此雖以服爲主。上既云古人之象。則法象分在器物。皆悉明之。非止衣服而已。旌旗器物。皆是彩飾。彼服以明尊卑。故總云作服以結之。○傳言欲至審之○正義曰。此經大意。令臣審聽樂音。察世之治否以報君也。金石絲竹。匏土革木。八物各出其音。謂之八音。八音之聲。皆有清濁。聖人差之以爲五品。宮商角徵羽。謂之五聲。五聲高下。各有所準則。聖人制爲六律。與五聲相均。作樂者以律均聲。聲從器出。帝言我欲以六律和彼五聲八音。以此樂之音聲。察世之治否。詩序云。治世之音安以樂。其政和。亂世之音怨以怒。其政乖。此則聽聲知政之道也。言今聽作樂。若其音安樂和平。則時政辨治而修理也。若其音怨怒乖離。則時政忽慢而怠惰也。是用樂之聲音。察天下治理及忽怠者也。知其治理。則保以修之。知其忽怠。則改以修之。此治理忽怠。人君所願聞也。又樂之感人。使和易調暢。若樂音合度。則言必得理。以此樂音出納仁義禮智信五德之言。乃君之發言。合彼五德。施之於人。可以成其教化。是出五言也。人之五言合彼五德。歸之於君。可以成諷諫。是納五言也。君言可以利民。民言可以益君。是言之善惡。由樂音而知也。此言之善惡。亦人君之所願聞也。政之理忽。言之善惡。皆是上所願聞。欲令察知以告已。得守善而改惡。故帝令臣汝當爲我聽審之也。六律六呂。當有十二。惟言六律者。鄭玄云。舉陽陰從可知也。傳以五言爲五德之言者。漢書律歷志。稱五聲播於五常。則角爲仁。商爲義。徵爲禮。羽爲智。宮爲信。志之所稱。必有舊說也。言五聲與五德相協。此論樂事而云出納五言。知是出納五德之言也。樂音和則五德之言得其理。音不和則五德之言違其度。故亦以樂音察五言也。帝之此言自說臣之大法。於舜所聽。使聽韶樂也。襄二十九年左傳。吴季札見舞韶樂而歎曰。德至矣哉。大矣。如天之無不幬也。如地之無不載也。然則韶樂盡善盡美。有理無忽。而并言忽者。韶樂自美耳。樂採人歌爲曲。若有怠忽。則音辭亦有焉。故常使聽察之也。○傳四近至察之○正義曰。冏命云。惟予一人無良。實賴左右前後有位之士。匡其不及。知四近謂前後左右四者近君之臣。勅使敬其職也。更欲告以此下之辭。故勅之。衆頑愚讒說之人。若有所行不在於是而爲非者。當察之知其非。乃撻之書之。此與以下發端也。庶頑讒說。謂朝廷之臣。格則承之。乃謂天下之人。舜之朝廷。當無讒說之人。故設爲大法。戒慎之耳。四近之臣。普謂近君之臣耳。無常人也。鄭玄以四近爲左輔右弼前疑後承。惟伏生書傳有此言。文王世子云有師保。有疑承。以外經傳無此官也。○傳當行至其過○正義曰。禮射皆張侯射之。知侯以明之。當行射侯之禮。以明善惡之教。射禮有序賓以賢詢衆擇善之義。是可以明善惡也。笞撻不是者。使記識其過。謂過輕者也。大罪刑殺之矣。古之射侯之士無以言之。案周禮司裘云。王大射則供虎侯熊侯豹侯設其鵠。諸侯則供熊侯豹侯。卿大夫則供麋侯。皆設其鵠。鄭玄注云。虎九十弓。卽方一丈八尺。熊七十弓。方一丈四尺。豹麋五十弓。方一丈。鄭又引梓人爲侯。廣與崇方。三分其廣而鵠居一焉。則丈八之侯。鵠方六尺。丈四之侯。鵠方四尺六寸大半寸。一丈之侯。鵠方三尺三寸少半寸。此皆大射之侯也。射人云王以六耦射三侯五正。諸侯以四耦射二侯三正。孤卿大夫以三耦射一侯二正。士以三耦射豻侯二正。鄭玄注云。五正者五采。中朱。次白。次蒼。次黄。玄居外。三正者去玄黄。二正者去白蒼而畫以朱緑。此賓射之侯也。鄭以賓射三侯步數高廣與大射侯同。正大如鵠。司裘及射人所云諸侯者。謂圻內諸侯。若圻外諸侯。則儀禮大射云大侯九十弓。熊侯七十弓。豹侯五十弓。皆以三耦。其賓射則無文。若天子已下之燕射。案鄉射記云。天子熊侯白質。諸侯麋侯赤質。大夫布侯。畫以虎豹。士布侯畫以鹿豕。熊侯已下。同五十弓。卽侯身高一丈。君臣共射之。

○傳書識至並生○正義曰。書識其非。亦是小過者也。欲並生哉。揔上三者。侯以明之。撻以記之。書用識哉。皆是欲其改悔。與無過之人。共並生也。○傳工樂至道之○正義曰。禮通謂樂官爲工。知工是樂官。則周禮大師瞽矇之類也。樂官掌頌詩言以納諫。以詩之義理或微。人君聽之。若有不悟。當正其義而揚道之。揚。舉也。舉而道向君也。○傳天下至威之○正義曰。言承之用之。則此人未在官也。故言謂天下民。必也能至於道。卽賢者。故承用之而任以官也。否。謂不從教者。則以刑威之而罪其身也。臣過必小。故撻之書之。人罪或大。故以刑威之。禹曰。俞哉。帝光天之下。至于海隅蒼生。〔傳〕光天之下。至于海隅。蒼蒼然生草木。言所及廣遠。萬邦黎獻。共惟帝臣。惟帝時舉。敷納以言。明庶以功。車服以庸。〔傳〕獻賢也。萬國衆賢。共爲帝臣。帝舉是而用之。使陳布其言。明之皆以功大小爲差。以車服旌其能用之。誰敢不讓。敢不敬應。〔傳〕上惟賢是用。則下皆敬應上命而讓善。○應。應對之應。帝不時敷。同日奏罔功。〔傳〕帝用臣不是。則遠近布同而日進於無功。以賢愚並位。優劣共流故。無若丹朱傲。惟慢遊是好。〔傳〕丹朱。堯子。舉以戒之。○傲。五報反。字又作奡。好。呼報反。**傲虐是作。罔晝夜額額。**〔傳〕傲戲而爲虐。無晝夜常額額肆惡無休息。○傲。五羔反。徐五報反。注同。額。五客反。**罔水行舟。朋淫于家。用殄厥世。**〔傳〕朋。羣也。丹朱習於無水陸地行舟。言無度。羣淫於家。妻妾亂。用是絕其世不得嗣。○殄。徒見反。**予創若時娶于塗山。辛壬癸甲。**〔傳〕創。懲也。塗山。國名。懲丹朱之惡。辛日娶妻。至于甲日。復往治水。不以私害公。○娶。促住反。復。扶又反。**啓呱呱而泣。予弗子。惟荒度土功。**〔傳〕啓。禹子也。禹治水過門不入。聞啓泣聲。不暇子名之。以大治度水土之功故。○呱音孤。子如字。鄭將吏反。度徒洛反。**弼成五服，至于五千，州十有二師，**傳五服，侯甸綏要荒服也。服五百里。四方相距爲方五千里。治洪水輔成之。一州用三萬人功，九州二十七萬庸。○至于五千，馬云面五千里，爲方萬里。鄭云五服已五千。又弼成爲萬里。州十有二師，二千五百人爲師。鄭云師長也。要，一遙反。**外薄四海，咸建五長。**傳薄，迫也。言至海諸侯，五國立賢者一人爲方伯，謂之五長，以相統治，以奬帝室。○薄，蒲各反。徐扶各反。長，之丈反。五長，衆官之長。**各迪有功，苗頑弗即工，帝其念哉。**傳九州五長各蹈爲有功，惟三苗頑凶，不得就官，善惡分別。○別彼列反。**帝曰：迪朕德，時乃功惟敘。**傳言天下蹈行我德。是汝治水之功有次序。敢不念乎。

疏禹曰俞至惟敘○正義曰。禹既得帝言。乃荅帝曰。然。既帝之任臣。又言當擇人。充滿大天之下。旁至四海之隅。蒼蒼然生草木之處。皆是帝德所及。其內有萬國衆賢。皆共爲帝臣。言其可用者甚衆也。帝當就是衆賢之內。舉而用之。其舉用之法。各使陳布其言。納受之。以其言之所能。從其所能而驗試之。明顯衆人所能。當以功之大小。既知有功。乃賜之以車服。以表其功。有能用。帝以此法用人。即在下之人。知官不妄授。必用度才能而使之。如此誰敢不讓有德。敢不敬應帝命而推先善人也。若帝用臣不是。不宜試驗。不知臧否。則羣臣遠近。徧布同心而日進無功之人。既戒帝擇人。又勸帝自勤。無若丹朱之傲。惟慢褻之遊。是其所好。傲戲而爲虐。是其所爲。爲此惡事。不問晝夜。而頟頟然恆爲之。無休息。又無水而陸地行舟。羣朋淫泆於室家之內。用此之故。

絕其世嗣。不得居位。我本創丹朱之惡若是也。故娶於塗山之國。歷辛壬癸甲四日。而即往治水。其後過門不入。聞啓呱呱而泣。我不暇入而子名之。惟以大治度水土之功故也。水土既平。乃輔成五服。四面相距。至于五千里。州十有二師。其治水之時所役人功。每州用十有二師。各用三萬人也。自京師外。迫及四海。其間諸侯五國皆立一長。迪相統領。以此諸侯各蹈行所職。並爲有功。惟有三苗頑凶。不能就官。我以供勤之故。得使災消沒。帝念此事哉。不可不自勤也。帝答禹曰。天下之人。皆蹈行我德。是汝治水之功。惟有次敘故也。受其戒而美其功也。○傳光天至廣遠○正義曰。堯典之序。訓光爲充。即此亦爲充。言充滿大天之下也。據其方面。即四隅爲遠。至于海隅。舉極遠之處。言帝境所及廣遠。其內多賢人也。○傳獻賢至用之○正義曰。釋言云。獻。聖也。賢是聖之次。臣德不宜言聖。故爲賢也。萬國衆賢。共爲帝臣。言求臣之處多也。帝舉是衆賢而用之。使陳布其言。令其自說已之所能。聽其言而納受之。依其言而考試之。顯明衆臣。皆以功大小爲差。然後賜車服。以旌別其人功能事用。是舉賢用人之法也。舜典云敷奏以言。明試以功。奏試二字與此異者。彼言施於諸侯。其人見爲國君。故令奏言試功。此謂方始擢用。故言納庶。納謂受取之。庶謂在羣衆。○傳帝用至流故○正義曰。帝用臣不是。不以言考功。在下知帝不分別善惡。則無遠近徧布同心。日日進於無功之人。由其賢愚並位。優劣共流故也。敷是布之義。故言遠近布同。同心妄舉也。○傳丹朱堯子○正義曰。漢書律歷志云。堯讓舜。使子朱處於丹淵爲諸侯。則朱是名。丹是國也。○傳傲戲至休息○正義曰。詩美衞武公云。善戲謔兮。不爲虐兮。丹朱反之。故傲戲而爲虐也。頟頟是不休息之意。肆謂縱恣也。晝夜常頟頟然縱恣爲惡無休息時也。○傳朋羣至得嗣○正義曰。朋輩與羣聚義同。故朋爲羣也。聖人作車以行陸。作舟以行水。丹朱乃習於無水而陸地行舟。言其所爲惡事無節度也。此乃稟受惡性。習惡事也。鄭玄云丹朱見洪水時人乘舟。今水已治。猶居舟中。頟頟使人推行之。案下句云予創若時。乃勤治水。則丹朱行舟之時。水尚未除。
非効洪水之時人乘舟也。羣淫於家。言羣娶妻妾。恣
意淫之。無男女之别。故言妻妾亂也。用是之惡。故絶
其世位。不得嗣父也。此用殄厥世一句。禹既見世絶
今始言之。以明行惡之驗。此句非禹所創。創之者創
其行之惡耳。○傳創懲至害公○正義曰。創與懲皆
是見惡自止之意。故云創懲也。哀七年左傳云。禹會
諸侯於塗山。杜預云塗山在壽春縣東北。塗山國名。
蓋近彼山也。娶于塗山。言其所娶之國耳。非就妻家
見妻也。懲丹朱之惡。故不可不勤。故辛日娶妻。至于
甲日復往治水。孔云復往則已嘗治水而輟事成昏
也。鄭玄云登用之年。始娶于塗山氏。三宿而爲帝所
命治水。鄭意娶後始受帝命。娶前未治水也。然娶後
始受帝命。當云聞命即行。不須計辛之與甲日數多
少。當如孔說輟事成昏也。此時禹父新殛而得爲昏
者。鯀放而未死。不妨禹娶。且治水四年。兗州始畢。禹
娶不必在殛鯀之年也。○傳啓禹至功故○正義曰。
啓。禹子。世本文也。孟子稱禹治水三過其門而不入。

是至門而聞啓泣聲。不暇如人父子。名爲巳子而愛念之。以其爲大治度水土之功故也。訓荒爲大治。謂去其水。度。謂量其功。故治度連言之。○傳五服至萬庸。○正義曰。據禹貢所云五服之名數。知五服卽甸侯綏要荒服也。彼五服每服五百里。四面相距爲方五千里也。王肅云五千里者直方之數。若其迴邪委曲。動有倍加之較。是直路五千里也。治洪水輔成之者。謂每服之内。爲其小數。定其差品。各有所掌。是禹輔成之也。周禮大司馬法。二千五百人爲師。每州十有二師。通計之。一州用三萬人功。摠計九州用二十七萬庸。庸亦功也。州境既有闊狹。用功必有多少。例言三萬人者。大都通率爲然。惟言用三萬人者。不知用功日數多少。治水四年乃畢。用功蓋多矣。不知用幾日也。鄭玄云輔五服而成之。至于面方各五千里。四面相距爲方萬里。九州州立十二人爲諸侯師以佐牧。堯初制五服。服各五百里。要服之内。方四千里曰九州。其外荒服曰四海。此禹所受。地記書曰。崑崙山東南。地方五千里。名曰神州者。禹所弼五服之殘數。

亦每服者合五百里。故有萬里之界。萬國之封焉。猶用要服之內爲九州。州更方七千里。七七四十九。得五千里者四十九。其一以爲圻內。餘四十八。八州分而各有六。春秋傳曰禹朝羣臣于會稽。執玉帛者萬國。言執玉帛者。則九州之內諸侯也。其制特置牧。以諸侯賢者爲之師。蓋百國一師。州十有二師。則州千二百國也。八州凡九千六百國。其餘四百國在圻內。與王制之法準之。八州通率封公侯百里之國者一。伯七十里之國二。子男五十里之國四。方百里者三。封國七十有畸。至于圻內則子男而已。鄭云禹弼成五服。面各五千里。王肅禹貢之注已難之矣。傳稱萬盈數也。萬國舉盈數而言。非謂其數滿萬也。詩桓曰綏萬邦。烝民曰揉此萬邦。豈周之建國復有萬乎。天地之勢平原者甚少。山川所在不啻居半。豈以不食之地。亦封建國乎。王圻千里。封五十里之國四百。則圻內盡以封人。王城宮室無建立之處。言不顧實。何至此也。百國一師。不出典記。自造此語。何以可從。禹朝羣臣于會稽。魯語文也。執玉帛者萬國。左傳文也。

採合二事。亦爲謬矣。○傳薄迫至帝室。○正義曰。釋
言云。逼迫也。薄者。逼近之義。故云迫也。外迫四海。言
從京師而至于四海也。釋地云九夷八狄七戎六蠻
謂之四海。謂九州之外也。王制云。五國以爲屬。屬有
長。此建五長。亦如彼文。故云諸侯五國立賢者一人
爲方伯。謂之五長。以相統治。欲以共奬帝室故也。僖
元年公羊傳曰。上無天子。下無方伯。方伯。謂周禮九
命作伯者也。王制云千里之外設方伯。方伯一州之
長。謂周禮八命作牧者也。傳言五國立一人爲方伯。
直謂五國之長耳。與彼異也。以其是當方之長。故傳
以方伯言之。○傳九州至分別。○正義曰。蹈爲有功
之長。言蹈履典法。行之有功。惟三苗頑凶。不得就官。
謂舜分北三苗之時。苗君有罪。不得就其諸侯國君
之官。而被流於遠方也。言九州五長。各蹈爲有功。則
海內諸侯皆有功矣。唯有三苗不得就官。以見天下
大治而惡者少耳。頑則不得就官。言善惡分別也。

皋陶方祗厥敘。方施象刑惟明。傳方。四方。禹五服既

成。故皋陶敬行其九德考績之次序於四方。又施其法刑。皆明白。史因禹功重美之。○重，直用反。【疏】皋陶至惟明。○正義曰：此經史述爲文，非帝言也。史以禹成五服，帝念禹功，故因美皋陶言禹既弼成五服，故皋陶於其四方敬行九德考績之法，有次敘也。又於四方施其刑法惟明白也。由禹有此大功，故史重美之也。○傳「方四至美之」。○正義曰：皋陶爲帝所任，徧及天下，故方爲四方也。天下蹈行帝德，水土既治，亦由刑法彰明。若使水害不息，皋陶法無所施。若無皋陶以刑，人亦未能奉法。天下蹈行帝德，二臣共有其功，故史因帝歸功於禹，兼記皋陶之功。舜典與大禹謨已美皋陶，故言重美之也。傳言考績之次敘者，皋陶所言九德，依德以考其功績，亦是刑法之事，故兼言也。鄭云：歸美於二臣，則以此經爲帝語，此文上無所由，下無所結，形勢非語辭也。故傳以爲史因記之。

夔曰：戛擊鳴球，搏拊琴瑟以詠祖

考來格。傳戛擊。柷敔。所以作止樂。搏拊。以韋爲之。實之以糠。所以節樂。球。玉磬。此舜廟堂之樂。民悅其化。神歆其祀。禮備樂和。故以祖考來至明之。○夔。求龜反。戛。居八反。徐古入反。馬云。櫟也。球。音求。搏。音博。拊。音撫。柷。尺叔反。所以作樂。敔。魚呂反。所以止樂。糠。音康。歆。許金反。虞賓在位。羣后德讓。傳丹朱爲王者後。故稱賓。言與諸侯助祭。班爵同。推先有德。下管鼗鼓。合止柷敔。傳堂下樂也。上下合止樂。各有柷敔。明球弦鐘籥。各自互見。○鼗。音桃。合。如字。徐音閤。籥。余若反。互。音護。見。賢遍反。下見細器同。笙鏞以間。鳥獸蹌蹌。傳鏞。大鐘。間。迭也。吹笙擊鐘。鳥獸化德。相

率而舞蹌蹌然○鏞音庸間間厠之間鳥獸孔以爲自舞也馬云鳥獸筍簴也蹌蹌七羊反舞貌說文作蹌云鳥獸求食聲迭直結反

簫韶九成鳳皇來儀傳韶舜樂名言簫見細器之備雄曰鳳雌曰皇靈鳥也儀有容儀備樂九奏而致鳳皇則餘鳥獸不待九而率舞○韶時昭反

夔曰於予擊石拊石百獸率舞庶尹允諧傳尹正也衆正官之長信皆和諧言神人治始於任賢立政以禮治成以樂所以太平○於予並如字

疏夔曰至允諧○正義曰皋陶大禹爲帝設謀大聖納其昌言天下以之致治功成道洽禮備樂和史述夔言繼之於後夔曰在舜廟堂之上戛敔擊柷鳴球玉之磬擊搏拊鼓琴瑟以詠詩章樂音和協感致幽冥祖考之神來至矣

虞之賓客丹朱者。在於臣位。與羣君諸侯。以德相讓。此堂上之樂所感深矣。又於堂下。吹竹管。擊鼗鼓。合樂用柷。止樂用敔。吹笙擊鐘。以次迭作。鳥獸相率而舞。其容蹌蹌然。堂下之樂感亦深矣。簫韶之樂。作之九成。以致鳳皇來而有容儀也。夔又曰嗚呼。歎舜樂之美。我大擊其石磬。小拊其石磬。百獸相率而舞。鳥獸感德如此。衆正官長。信皆和諧矣。言舜政敎平而樂音和。君聖臣賢。謀爲成功所致也。○傳戛擊至明之。○正義曰。戛擊是作用之名。非樂器也。故以戛擊爲柷敔。柷敔之狀。經典無文。漢初以來。學者相傳。皆云柷如漆桶。中有椎柄。動而擊其旁也。敔狀如伏虎。背上有刻。戛之以爲聲也。樂之初。擊柷以作之。樂之將末。戛敔以止之。故云所以作止樂。雙解之。釋樂云。所以鼓柷謂之止。所以鼓敔謂之籈。郭璞云。柷如漆桶。方二尺四寸。深一尺八寸。中有椎柄。連底挏之。令左右擊。止者。其椎名也。敔如伏虎。背上有二十七鉏鋙刻。以木長一尺櫟之。籈者。其名也。是言擊柷之椎名爲止。戛敔之木名爲籈。戛卽櫟也。漢禮器制度及白虎通。馬融鄭玄李巡其說皆爲然也。惟郭璞爲詳。
據見作樂器而言之。搏拊形如鼓。以韋爲之。實之以
糠。擊之以節樂。漢初相傳爲然也。釋器云。球。玉也。鳴
球。謂擊球使鳴。樂器惟磬用玉。故球爲玉磬。商頌云
依我磬聲。磬亦玉磬也。鄭玄云磬。懸也。而以合堂上
之樂。玉磬和。尊之也。然則鄭以球玉之磬懸于堂下。
尊之。故進之使在上耳。此舜廟堂之樂。謂廟內堂上
之樂。言祖考來格。知在廟內。下云下管。知此在堂上
也。馬融見其言祖考。遂言此是舜除瞽瞍之喪。祭宗
廟之樂。亦不知舜父之喪在何時也。但此論韶樂。必
在即政後耳。此說樂音之和。而云祖考來格者。聖王
先成於人。然後致力於神。言人悅其化。神歆其祀。禮
備樂和。所以祖考來至。明矣。以祖考來至。明樂之和
諧也。詩稱神之格思。不可度思。而云祖考來至者。王
肅云祖考來至者。見其光輝也。蓋如漢書郊祀志稱
武帝郊祭天。祠上有美光也。此經文次。以柷敔是樂
之始終。故先言戛擊。其球與搏拊琴瑟。皆當彈擊。故
使鳴冠於球上。使下共蒙之也。鄭玄以戛擊鳴球三

者。皆摠下樂櫟擊此四器也。樂器惟敔當櫟耳。四器不櫟。鄭言非也。○傳丹朱至有德○正義曰。微子之命云作賓于王家。詩頌微子之來。謂之有客。是王者之後。爲時王所賓也。故知虞賓謂丹朱。爲王者後。故稱賓也。王者立二代之後。而獨言丹朱者。蓋高辛氏之後。無文而言。故惟指丹朱也。王者之後。尊於羣后。故殊言在位。羣后亦在位也。後言德讓。丹朱亦以德讓矣。故言與諸侯助祭。年爵同者。推先有德也。二王之後。並爲上公。亦有與丹朱爵同。故丹朱亦讓也。丹朱之性下愚。堯不能化。此言有德者。猶上云瞽亦允若。暫能然也。○傳堂下至互見○正義曰。經言下管。知是堂下樂也。敔當戛之。柷當擊之。上言戛擊。此言柷敔。其事是一。故云上下合止樂各有柷敔也。言堂下堂上合樂。各以柷。止樂各以敔也。上言作用。此言器名。兩相備也。上下皆有柷敔。兩見其文。明球弦鍾籥。上下樂器不同。各自更互見也。弦謂琴瑟。鍾。鏞也。籥。管也。琴瑟在堂。鐘籥在庭。上下之器各別。不得兩見其名。各自更互見之。依大射禮。鍾磬在庭。今鳴球於廟堂之上者。案郊特牲云。歌者在上。貴人聲也。左傳云歌鐘二肆。則堂上有鐘。明磬亦在堂上。故漢魏已來登歌皆有鐘磬。燕禮大射。堂上無鐘磬者。諸侯樂不備也。○傳鏞大至蹌蹌然○正義曰。釋樂云大鐘謂之鏞。李巡曰。大鐘音聲大。鏞大也。孫炎曰。鏞深長之聲。釋詁云。間代也。孫炎曰。間厠之代也。釋言云。遞迭也。李巡曰。遞者。更迭間厠。相代之義。故間爲迭也。吹笙擊鐘。更迭而作。鳥獸化德。相率而舞。蹌蹌然。下云百獸率舞。知此蹌蹌然亦是舞也。禮云凡行容惕惕。大夫濟濟。士蹌蹌。是爲行動之貌。故爲舞也。○傳韶舜至率舞○正義曰。韶是舜樂。經傳多矣。但餘文不言簫。簫乃樂器。非樂名。簫是樂器之小者。言簫見細器之備。謂作樂之時。小大之器皆備也。釋鳥云。鶠鳳其雌皇。是此鳥雄曰鳳。雌曰皇。禮運云麟鳳龜龍。謂之四靈。是鳳皇爲神靈之鳥也。易漸卦上九鴻漸于陸。其羽可用爲儀。是儀謂有容儀也。成謂樂曲成也。鄭云成猶終也。每曲一終。必變更奏。故經言九成。傳言九奏。周禮謂之九變。其實一也。言簫見細器之備。備樂九奏而致鳳皇。則其餘鳥獸不待九而率舞也。尊者體盤。靈瑞難致。故九成之下。始言鳳皇來儀。鳥獸蹌蹌。乃在上句。傳據此文言鳥獸易來。鳳皇難致。故云鳥獸不待九也。樂之作也。依上下遞奏間合而後曲成。神物之來。上下共致。非堂上堂下別有所感。以祖考尊神。配堂上之樂。鳥獸賤物。故配堂下之樂。揔上下之樂。言九成致鳳。尊異靈瑞。故別言爾。非堂上之樂獨致神來。堂下之樂偏令獸舞也。鄭玄注周禮。具引此文。乃云此其在於宗廟九奏效應也。是旨祖考來格。百獸率舞。皆是九奏之事也。大司樂云。凡六樂者。六變而致象物及天神。鄭玄云。象物。有象在天。所謂四靈者。彼謂大蜡之祭。作樂以致其神。此謂鳳皇身至。故九奏也○傳尹正至太平○正義曰。尹。正。釋言文。衆正官之長。謂每職之首。周官所謂唐虞稽古。建官惟百是也。信皆和諧。言職事修理也。上云。祖考來格。此言衆正官治。言神人洽。樂音和也。此篇初說用臣之法。末言樂音之和。言其始用任賢。立政以禮。治成以樂。所以得致太平。解史錄夔言之意。帝庸作歌曰。勑天之命。惟時惟幾。傳 用庶尹允諧之政。故作歌以戒。安不忘危。勑。正也。奉正天命以臨民。惟在順時。惟在慎微。乃歌曰。股肱喜哉。元首起哉。百工熙哉。傳 元首。君也。股肱之臣。喜樂盡忠。君之治功乃起。百官之業乃廣。○樂音洛。盡津忍反。皋陶拜手稽首颺言曰。念哉。傳 大言而疾曰颺。承歌以戒帝。○颺音揚。率作興事。慎乃憲。欽哉。傳 憲。法也。天子率臣下為起治之事。當慎汝法度。敬其職。屢省乃成。欽哉。傳 屢。數也。當數顧省汝成功。敬終以善。無懈怠。○屢力具反。省悉井反。數色角反。懈佳賣反。**乃賡載歌曰。元首明哉。股肱良哉。庶事康哉。**傳賡。續。載。成也。帝歌歸美股肱。義未足。故續歌。先君後臣。衆事乃安。以成其義。○賡。加孟反。劉皆行反。說文以爲古續字。**又歌曰。元首叢脞哉。股肱惰哉。萬事墮哉。**傳叢脞。細碎無大略。君如此。則臣懈惰。萬事墮廢。其功不成。歌以申戒。○叢。徂公反。脞。倉果反。徐音瑣。馬云。叢。揔也。脞。小也。惰。徒臥反。墮。許規反。**帝拜曰。俞。往欽哉。**傳拜受其歌。戒羣臣自今以往。敬其職事哉。疏帝庸至往欽哉。○正義曰。帝既得夔言。用此庶尹允諧之政。故乃作歌自戒。將歌而先爲言曰。人君奉正天命以臨下民。惟當在於順時。惟當在於愼微。既爲此言。乃歌曰。股肱之臣喜樂其事哉。元首之君政化乃起哉。百官事業。乃得廣大哉。言君之善政由臣也。臯陶拜手稽首颺聲大言曰。帝當念是言哉。率領臣下。爲起政治之事。愼汝天子法度。而敬其職事哉。又當數自顧省已之成功而敬終之哉。乃續載帝歌曰。會是元首之君能明哉。則股肱之臣乃善哉。衆事皆得安寧哉。旣言其美。又戒其惡。元首之君。叢脞細碎哉。則股肱之臣。懈怠緩慢哉。衆事悉皆墮廢哉。言政之得失由君也。帝拜而受之曰。然。然其所歌顯是也。汝羣臣自今已往。各敬其職事哉。○傳用庶至愼微○正義曰。此承夔言之下。旣得夔言而歌。故知帝庸作歌者。用庶尹允諧之政。故作歌以自戒之。安不忘危也。勑。是正齊之意。故爲正也。言人君奉正天命以臨下民。惟在順時。不妨農務也。惟在愼微。不忽細事也。鄭玄以爲戒臣。孔以爲自戒者。以正天之命。是人君之事故也。○傳元首至乃廣○正義曰。釋詁云。元首。首也。僖三十三年左傳稱狄人歸先軫之元。則元與首各爲頭之别名。此以元首共爲頭也。君臣大體猶如一身。故元首。君也。股肱之臣。喜樂盡忠。謂樂行君之化。君之治功乃起。言無廢事業。事業在於百官。故衆功皆起。百官之業乃廣也。○傳憲法至其職○正義曰。憲。法。釋詁文。此言興事。對上起哉。天子率臣下爲起治之事。言臣不能獨使起也。○傳屢數至懈怠○正義曰。釋詁云。屢數。疾也。俱訓爲疾。故屢爲數也。顧省汝成功。謂已有成功。今數顧省之。敬終以善。無懈怠也。恐其惰於已成功。故以此爲戒。○傳賡續至其義○正義曰。詩云。西有長賡。毛傳亦以賡爲續。是相傳有此訓也。鄭玄以載爲始。孔以載爲成。各以意訓耳。帝歌歸美股肱。義未足者。非君之明。爲臣不能盡力。空責臣功。是其義未足。以此續成帝歌。必先君後臣。衆事乃安。故以此言成其義也。○傳叢脞至申戒○正義曰。孔以叢脞爲細碎無大略。鄭以叢脞總聚小小之事以亂大政。皆是以意言耳。君無大略。則不能任賢。功不見知。則臣皆懈惰。萬事墮廢。其功不成。故又歌以重戒也。庶事萬事。爲義同而文變耳。

尚書註疏卷第五

尚書注疏彙校卷五

益稷第五

一葉五行经　虞書　「虞」，十、阮作「夏」。

一葉七行疏　是禹稱其二人。　「人」上殿、庫無「二」字。

一葉七行疏　二人。佐禹有功。　「二」，永作「一」。

一葉九行疏　又合此篇於臯陶謨。　「合」，十作「今」。「謨」，十、永、閩作「謀」。○阮元《校記甲》：又合此篇於臯陶謨。「謨」，十行、閩本俱誤作「謀」。○阮元《校記乙》：又合此篇於臯陶謀。岳本「謀」作「謨」。毛本同。案：「謀」字誤。（彙校者案：岳本無疏文。）

一葉十行经　帝曰。來禹。汝亦昌言。　○山井鼎《考文》：帝曰：來禹，汝亦昌言。〔古本〕「汝」作「女」，篇内皆同。○阮元《校記甲》：帝曰：來禹，汝亦昌言。「汝」，古本作「女」。篇内皆同。

一葉十行注　因臯陶謨九德。　「謨」，八、王、李、纂、岳作「謀」。○山井鼎《考文》：因臯陶謨九德。宋板「謨」作「謀」。○盧文弨《拾補》：因臯陶謀九德。毛本「謀」作「謨」。「謨」

當作「謀」。○阮元《校記甲》：因臯陶謨九德。「謨」，宋板、岳本俱作「謀」。按：纂傳作「謨」。○阮元《校記乙》：因臯陶謨九德。宋板、岳本「謨」作「謀」，毛本作「謨」，纂傳亦是「謨」字。○《定本校記》：因臯陶謀九德。「謀」，内野本、神宫本、足利本作「謨」。

一葉十一行注　故呼禹。使亦陳當言。○山井鼎《考文》：故呼禹，使亦陳當言。〔古本〕「當」上有「其」字。○阮元《校記甲》：使亦陳當言。「當」上古本有「其」字。陸氏曰：「當」本亦作「讜」。阮元《校記乙》同。○《定本校記》：故呼禹，使亦陳當言。「當」上内野本、神宫本、足利本有「其」字。

一葉十一行釋文　當。丁浪反。本亦作讜。當蕩反。「本」上殿、庫有「注禹功甚當之當同」八字。「蕩」，十作「易」，永、閩、阮作「湯」。○阮元《校記甲》：當，當蕩反。「蕩」，十行本作「湯」，非也。

一葉十二行注　欲使帝重臯陶所陳。「臯」，八作「皐」。○山井鼎《考文》：臯陶所陳。〔古本〕下有「也」字。○阮元《校記甲》：欲使帝重臯陶所陳。「陳」下古本有「也」字。

一葉十三行注　奉承臣功而已。○山井鼎《考文》：奉承臣功而已。〔古本〕「承」作「成」。○盧文弨《拾補》：奉承臣功而已。古本「承」作「成」。○阮元《校記甲》：奉承臣功而已。「承」，古本作「成」。○《定本校記》：奉成臣功而已。「成」，〔足利〕八行本作「承」。今依内野本、神宫本、足利本。

一葉十四行注　問所以孜孜之事。　○山井鼎《考文》：孜孜之事。〔古本〕下有「也」字。「皆困水災」下同。

一葉十五行注　言天下民昬瞀墊溺。　「下」下纂無「民」字。「瞀」，八、永作「督」。○阮元《校記甲》：昬瞀墊溺。陸氏曰：「瞀」，本或作「務」。

一葉十七行經　隨山刊木。　「木」，纂作「朩」。○浦鏜《正字》：隨山刊木。「刊」誤「刋」。後並同。○盧文弨《拾補》：隨山刊木。「刊」字从干。从千者誤。

一葉十七行注　所載者四。　「載」，十作「戴」。

一葉十八行注　開通道路。以治水也。　○山井鼎《考文》：以治水也。〔古本〕「也」上有「之」字。謹按 崇禎本「也」字細書，與釋文混，非也。○盧文弨《拾補》：開通道路，以治水也。「也」字誤旁注。○阮元《校記甲》：開通道路，以治水也。「也」上古本有「之」字。山井鼎曰：崇禎本「也」字細書，與釋文混，非也。按：監本誤同。毛本亦然。阮元《校記乙》同。○《定本校記》：開通道路，以治水。「水」下各本有「也」字。與疏標題不合。今刪。

二葉一行釋文　輴。丑倫反。漢書作橇。如淳音蕝。蕝以板置泥上。　「倫」，魏作「輪」。

「橇」，魏作「撬」。王、纂、魏、十、永、閩、阮不重「蕝」字。○浦鏜《正字》：輴，丑倫切。「倫」，監本誤「偷」。○阮元《校記甲》：輴，如淳音蕝，以板置泥上。毛本重「蕝」字，非。按：漢書溝洫志注作「如淳音茅蕝之蕝」。

二葉一行釋文　擿行泥上。「擿」，魏作「樀」。

二葉二行釋文　尸子云。澤行乘蕝。「尸」，十作「户」。○浦鏜《正字》：尸子云：澤行乘蕝。「澤」，疏引作「泥」。

二葉二行釋文　蕝音子絶反。「蕝」下纂無「音」字。

二葉二行釋文　樏。力追反。史記作欙。徐音丘遥反。「欙」，王、纂、魏、十、永、殿、庫、阮作「橋」。「丘」，庫作「邱」。○山井鼎《考文》：樏，史記作欙。「欙」，正、嘉二本作「橋」。謹按經典釋文失考，不知作何字。但按史記作「橋」。徐廣曰：一作欙，音已足反。○殿本《考證》：史記作橋，徐音丘遥反。史記夏本紀作「欙」，注「徐廣曰，一作橋，音丘遥反」。河渠書作「橋」。○浦鏜《正字》：樏，史記作欙。「欙」，誤從輂。通志堂本作「橋」。案：史記夏本紀作「欙」，河渠書作「橋」。○阮元《校記甲》：樏，史記作橋。「橋」，毛本作「欙」。考文云：正、嘉二本作「橋」字。按：史記夏本紀作「欙」，河渠書作「橋」。

二葉三行釋文　**説文云衺斫。**「衺」，纂作「蓑」，魏、毛、殿、庫作「袤」。

二葉三行注　**奏。謂進於民。**○山井鼎《考文》：奏謂進於民。〔古本〕下有「也」字。「民以進食」下、「通之至海」下、「亦入海」下，共同。

二葉四行注　**與益槎木獲鳥獸。**「獲」，閩作「蒦」。

二葉四行釋文　**暨。其器反。**「暨」，十、阮作「塈」。○張鈞衡《校記》：暨，其器反。阮本「暨」作「塈」，誤。

二葉四行釋文　**鮮。徐音仙。**「音」上殿、庫無「徐」字。

二葉六行注　**通之至海。**「至」下王、纂、魏有「於」字。

二葉六行注　**一畝之間。**「畝」，十作「畎」，永作「畎」，阮作「畎」。「間」，殿、庫作「閒」。○岳本《考證》：一畂之間。案：「畂」應作「畝」。説文徐鉉曰：十四方也，久聲省，作又非。

二葉六行注　**廣尺深尺曰畎。**「畎」，阮作「甽」。○張鈞衡《校記》：廣尺深尺曰畝。阮本「畝」作「甽」。

二葉七行注　**方百里之間。**「間」，殿、庫作「閒」。

二葉七行注　**廣二尋深二仞曰澮。**「深」，十作「深」。

二葉七行注　**澮畎深之至川亦入海。**　「深」，十作「深」。○阮元《校記甲》：澮畎深之。「澮畎」二字纂傳倒。阮元《校記乙》同。

二葉七行行釋文　**畎。工犬反。**　「畎」上殿、庫有「距，音巨。濬，思俊反」七字。「畎」，永作「畎」。○山井鼎《考文》：補脱距，音巨。濬，思俊反〔據經典釋文〕。謹按當在「畎，工犬反」上。○阮元《校記甲》：畎，公犬反。「公」，十行本、毛本俱作「工」字。按：工犬即公犬。

二葉八行釋文　**深。尸鴆反。**　「深」，十作「深」。「尸」，十作「户」。「反」下殿、庫有「下深二切同」五字。○山井鼎《考文》：深，尸鴆反。〔經典釋文〕下有「下深二切同」五字。

二葉十行注　**使民鮮食之。**　○山井鼎《考文》：使民鮮食之。〔古本〕「之」作「也」。○阮元《校記甲》：使民鮮食之。「之」，古本作「也」。

二葉十行釋文　**艱。工閑反。**　「閑」，阮作「閒」。

二葉十行經　**懋遷有無化居。**　「懋」，十作「懋」。

二葉十一行注　**徙有之無。**　「徙」，李作「徒」。「無」，王作「无」。

二葉十二行注　**魚鹽徙山林。木徙川澤。**　二「徙」字，李均作「徒」。○山井鼎《考文》：魚鹽徙山林，木徙川澤。〔古本〕「木」上有「竹」字。○盧文弨《拾補》：魚鹽徙山林，木徙川澤。疏自「山」字句絶。「林」下古本有「竹」字，衍。○阮元《校記甲》：魚鹽徙山林，木徙川澤。「木」上古本有「竹」字。盧文弨云：依疏當以「林木徙川澤」爲句，不必增「竹」字。阮元《校記乙》同。

二葉十二行注　交易其所居積。○山井鼎《考文》：「居積」下、「治本」下、「師法」下、下傳「受其戒」、下「必用直人」下、「以待帝志」下、「重命用美」下、「相須而成」下、「言大體若身」下、「汝翼成我」下、「立治之功」下、「法象之服制」下、「衣服旌旗」下，〔古本〕共有「也」字。

二葉十二行釋文　懋。音茂。鹽。余廉反。「余」，閩作「佘」。

二葉十四行釋文　烝。之承反。「承」，殿、庫作「丞」。○阮元《校記甲》：烝，之丞反。「丞」，十行本、毛本俱作「承」字。按：「之承」即「之丞」。

二葉十五行注　言禹功甚當。○阮元《校記甲》：言禹功甚當。「功」，纂傳作「言」。

二葉十五行釋文　當。丁浪反。殿、庫無「當丁浪反」四字。

二葉十六行疏　禹拜曰。嗚呼。「呼」，十、阮作「乎」。○阮元《校記甲》：禹拜曰：嗚呼。「呼」，十行本作「乎」。

二葉十六行疏　每日孜孜勤於臣職而已。　「日」，永作「曰」。

三葉一行疏　惟有槎木所獲衆鳥獸鮮肉爲食也。　「獲」，閩作「穫」。「獸」，永作「默」。

三葉二行疏　與稷播種五穀。　「穀」，十作「榖」，永作「榖」。

三葉二行疏　乃決水所得魚鼈鮮肉爲食也。　「鼈」，十作「鱉」。「食」上要無「爲」字。

三葉二行疏　人既皆得食矣。　「得」下魏無「食」字。

三葉二行疏　又勸勉天下徙有之無。　「勸」，魏作「勤」。

三葉三行疏　乃皆是米粒之食。　「是」，單、八、魏、要、十、永、閩、殿、庫、阮作「得」。○要「米」下有「之」字，「之食」作「食之」。○物觀《補遺》：乃皆是米粒之食。宋板「是」作「得」。○盧文弨《拾補》：乃皆得米粒之食。毛本「得」作「是」。「是」當作「得」。○阮元《校記甲》：乃皆是米粒之食。「是」，宋板、十行、閩本俱作「得」。

三葉五行疏　明上篇。皐陶雖與益相應。　○《定本校記》：明上篇，皐陶雖與益相應。「益」當作「禹」。

三葉五行疏　上傳云皐陶爲帝舜謀者。　「皐」，十作「臯」。

三葉五行疏　以此而知也。　「此」，十作「北」，永作「比」。

三葉七行疏　故言已思惟日孜孜。　「日」，單作「曰」。

三葉八行疏　奉成臣職而已。　○浦鏜《正字》：奉承臣職而已。「承」誤「成」。○盧文弨《拾補》：奉成臣職而已。「成」，宋、元本同。與古本合。

三葉八行疏　勉功不怠之意。　「功」，單、八、魏、毛作「力」。

三葉八行疏　正義曰。瞀者。眩惑之意。　「瞀」，十作「瞀」。

三葉九行疏　精神昏瞀迷惑。　「迷」，魏作「述」。「惑」，十、永、阮作「或」。○盧文弨《拾補》：昏瞀迷惑。元本「惑」作「或」，乃古字。○阮元《校記甲》：精神昏瞀迷惑。「惑」，十行本作「或」。○阮元《校記乙》：精神昏瞀迷或。毛本「或」作「惑」。

三葉九行疏　又苦沉溺。　「苦」，單作「若」。「沉」，單、八、阮作「沈」。○《定本校記》：又苦沈溺。「苦」，單疏本誤作「若」。

三葉九行疏　皆困此水災也。　「災」，永作「𡿧」。

三葉十行疏　墊。陷也。　「陷」，永作「掐」。

三葉十一行疏　夏書曰。禹湮洪水十三年。　○浦鏜《正字》：夏書曰：禹抑洪水。「抑」誤「湮」。○盧文弨《拾補》：禹抑洪水。毛本「抑」作「陻」，誤。（彙校者案：毛本「抑」作「湮」。）

三葉十一行疏　泥行蹈橇。音蕝。山行即橋。丘遥反。徐廣曰。橋一作輂。几玉反。輂直轅車也。尸子云。山行乘欙。泥行乘蕝。子絶反。漢書溝洫志云。泥行乘毳。山行則梮。居足反。

「音蕝」、「丘遥反」、「居足反」，單、八、要作疏中小注。「丘」，庫作「邱」。「几玉反」、「子絶反」，單、八作疏中小注。「几」，魏作「凡」。「作輂」下要無「几玉反」三字。「欙」，永作「樏」。「乘蕝」下要無「子絶反」三字。「絶」，庫作「蕝」。「毳」，要作「橇」。○浦鏜《正字》：徐廣曰：橋，一作輂。「輂」，史記註作「㯂」。○盧文弨《拾補》：泥行蹈橇，山行即橋。「橇」下毛本有「音蕝」二字。「橋」下毛本有「丘遥反」三字。案：此類乃疏中之旁注。下「子絶反」、「居足反」皆倣此。又：徐廣曰：橋，一作輂。集解「輂」作「㯂」，同。○劉承幹《校記》：泥行蹈橇，音蕝。山行即橋。丘遥反。泥行乘蕝，子絶反。山行則梮。居足反。此注中之音宜雙行，各本同。阮本直下，誤。

三葉十三行疏　毳形如箕。擿行泥上。「形」，單、八、魏、要、十、永、阮作「行」。「泥」，魏作「昵」。○浦鏜《正字》：毳形如箕，擿行泥上。上當脱「孟康曰」三字。○盧文弨《拾補》：毳形如箕，摘（擿）行泥上。浦云：上脱「孟康曰」三字。○孫詒讓《校記》：「行」當爲「形」。○《定本校記》：毳形如箕。「行」，閩本作「形」。案：溝洫志注引「孟康曰：毳形如箕」。

三葉十三行疏　應劭云。　「劭」，單作「邵」。

三葉十三行疏　或作樏。　「樏」，永作「⿰禾累」。

三葉十四行疏　梮。謂以鐵如錐。頭长半寸。　「鐵」，殿作「鐵」，庫作「鐵」。○阮元《校記甲》：謂以鐵如錐頭。「鐵」，纂傳作「鐵」。

三葉十五行疏　如今轝牀。人轝以行也。　○浦鏜《正字》：如今轝牀，人擧以行也。「擧」誤「轝」。○盧文弨《拾補》：如今轝牀，人轝以行也。浦疑下「轝」字爲「擧」。

三葉十五行疏　輴與毳爲一。樏與梮輂爲一。　「與毳爲」下「一」字十爲空白。「輂」，要作「輂」，毛、阮作「轝」。○浦鏜《正字》：輴與橇毳爲一，樏與梮橋輂爲一。脱「橇」、「橋」二字。「輂」誤「轝」。○盧文弨《拾補》：楯與毳爲一，樏與梮轝爲一。上「與」字下浦補「橇」字。「梮」字下浦補「橋」字。「轝」，浦云乃「輂」字之誤。○阮元《校記甲》：樏與梮轝爲一。「轝」，十行、閩、監俱作「輂」。

三葉十七行疏　襄二十五年。　「二」，十作「三」。

三葉十七行疏　并堙木刊。　「并」，單、八、魏、要、十、永、毛、殿、庫、阮作「井」。「堙」，永作「堙」。

三葉十七行疏　刊是除木之義也。　「是」上要無「刊」字。

三葉十八行疏　傳奏至進食。　「奏」下單、八、魏、毛有「謂」字。○阮元《校記甲》：傳奏謂至進食。十行、閩、監俱無「謂」字。

四葉一行疏　魚鼈新殺亦曰鮮也。　「新」上魏有一字空白。

四葉二行疏　故言與益槎木獲禽獸。人以進食。　「禽」，單、八、魏、十、永、閩、阮作「鳥」。○盧文弨《拾補》：故言與益槎木獲鳥獸。毛本「鳥」作「禽」。「禽」當作「鳥」。

四葉四行疏　廣尺深尺謂之畎。　「畎」，要作「畖」。○浦鏜《正字》：廣尺深尺謂之畎。「畎」，考工記作「甽」。

四葉五行疏　井間廣四尺深四尺謂之溝。　「間」，單作「閒」。

四葉五行疏　成間廣八尺深八尺謂之洫。　「間」，單作「閒」。

四葉六行疏　同間廣二尋深二仞謂之澮。　「間」，單作「閒」。

四葉六行疏　是畎遂溝洫澮。　「畎」，要作「畖」。

四葉七行疏　惟言畎澮。　「惟」，十作「推」。

四葉七行疏　舉大小而略其餘也。　○殿本《考證》：惟言畎澮，舉大小而略其餘也。臣召南按：「畧」字疑是「包」字之訛。

四葉九行疏　先須教導以救之。　「導」，要作「道」。

四葉十行疏　意在救人難危之厄。　「難」，單、八、魏、殿、庫作「艱」。○山井鼎《考文》：難危之厄。宋板「難」作「艱」。○盧文弨《拾補》：意在救人艱危之厄。毛本「艱」作「難」。「難」當作「艱」。○阮元《校記甲》：意在救人難危之厄。「難」，宋板作「艱」，是也。阮元《校記乙》同。

四葉十行疏　故舉難得食之處以言之。　「食」下單、八、魏、十、阮無「之」字。「食之」，永、閩作「之食」。○山井鼎《考文》：故舉難得食之處以言之。〔宋板〕無「之」字。嘉靖本作「難得之食處」。○盧文弨《拾補》：故舉難得食處。毛本「食」下有「之」字，衍。○阮元《校記甲》：故舉難得食之處以言之。宋板無「之」字。嘉靖本、閩本「食之」俱作「之食」。按：十行本「食」下無「之」字，當與宋板同。○阮元《校記乙》：故舉難得食處以言之。宋板同。嘉靖本、閩本「食之」作「之食」。○張鈞衡《校記》：故舉難得之食處。各本無「之」字，此誤衍。

四葉十行疏　得穀猶少。　「穀」，永作「榖」，閩作「殺」。

四葉十二行疏　稷功在於種穀。　「穀」，永作「榖」。

四葉十二行疏　不主種菜蔬也。「主」，殿、庫作「在」。○《定本校記》：不主種菜蔬也。「主」，殿本改作「在」。疑是。

四葉十三行疏　變化是改易之義。「義」，殿、庫作「意」。

四葉十三行疏　居謂所宜居積者。「宜」，永作「它」。

四葉十五行疏　當蒲而去。「蒲」，十作「蒲」，永作「蒲」。

四葉十六行疏　人非穀不生。「穀」，永作「榖」。

四葉十七行疏　政由穀而就。「穀」，永作「榖」。

四葉十七行疏　言天下由此穀爲治政之本也。「穀」，永作「榖」。

四葉十七行疏　當孜孜不怠。「怠」，十作「怠」。

四葉十八行經　帝愼乃在位。「乃」下王有一字空白。

五葉三行釋文　好惡。上呼報反。下烏路反。「好惡，上呼報反，下烏路反」，殿、庫作「好，呼報反。惡，烏路反」。

五葉四行注　徯。待也。「待」，岳作「待」。

五葉四行注　帝先安所止。「安」，王、纂作「定」。

五葉四行注　順命以待帝志。「命」上八有「天」字。○物觀《補遺》：順命以待。〔古本〕

「命」上有「天」字，宋板同。○阮元《校記甲》：順命以待帝志。「命」上古本、宋板俱有「天」字。阮元《校記乙》同。○《定本校記》：順命以待帝志。「命」上〔足利〕八行本衍「天」字。

五葉七行釋文　施。始豉反。　「豉」，王、魏、十作「豉」。

五葉十行疏　必用正直之人。　「人」，毛作「臣」。○物觀《補遺》：必用正直之臣。〔宋板〕「臣」作「人」。○盧文弨《拾補》：必用正直之人。毛本「人」作「臣」。「臣」當作「人」。○阮元《校記甲》：必用正直之臣。「臣」，宋板、十行、閩、監俱作「人」。

五葉十一行疏　以明受天之布施。於天其重命帝用美道也。　殿、庫「布」作「報」，「天」上無「於」字。○盧文弨《拾補》：以明受天之布施於天。「布」字官本改爲「報」。官本删「於」字。官本下「天」字屬下句。○劉承幹《校記》：受天之報施於天。阮本「報」作「布」，下節同。○《定本校記》：以明受天之布施，於天其重命帝用美道也。殿本「布」作「報」，删「於」字。

五葉十四行疏　言惡以形好也。　「形」，十、永、閩、阮作「刑」。○阮元《校記甲》：言惡以形好也。「形」，十行、閩本俱誤作「刑」。○阮元《校記乙》：言惡以刑好也。閩本同。毛本「刑」作「形」。「刑」字誤也。

五葉十四行疏　大學云爲人君止於仁。　「大」，單、魏、十、永、阮作「太」。○《定本校記》：大學云。「大」，單疏作「太」。

五葉十四行疏　傳意以上惟爲念。　「惟」，十作「推」，永作「推」。

五葉十六行疏　則天下大應之。　「大」，永作「太」。

六葉一行疏　或當前後非一。　「一」處十爲空白。

六葉三行疏　反覆言此。欲其志心入禹。　○殿本《考證》：反覆言此，欲其志心入禹。臣召南按：「欲其志心入禹」六字無理。各本俱然，無可取正。以文義推之，當作「欲其忠心入告」也。

六葉四行釋文　肱。古弘反。　「弘」，岳作「閎」。

六葉八行注　蟲。雉也。　「蟲」上要有「華」字。

六葉九行注　畫三辰山龍華蟲於衣服旌旗。　「畫」處十爲空白，永作「○」。

六葉十行注　會。五采也。　○山井鼎《考文》：會，五采也。〔古本〕「會」下復有「會」字。○盧文弨《拾補》：會，五采也。古本重「會」字。○阮元《校記甲》：會，五采也。古本重「會」字。按：疏標目不重。○《定本校記》：會，五采也。内野本、神宮本、足利本重「會」字。

六葉十行注　亦以山龍華蟲爲飾。　「亦」，魏作「帝」。

六葉十一行釋文　會。胡對反。馬鄭作繪。　○阮元《校記甲》：會，馬鄭作繪，胡對反。「胡對反」三字，十行本、毛本俱在「馬」字上。按：「作繪」當作「作繢」。説詳段玉裁尚書撰異。

六葉十一行釋文　彝音夷。馬同。鄭云。宗彝。虎也。　「鄭」上纂有「又」字。○阮元《校記甲》：彝，宗彝，虎也。段玉裁校本「虎」下有「蜼」字，是也。

六葉十一行經　藻。火。粉米。黼黻。　「黼黻」，李作「黼黻」。○阮元《校記甲》：藻，火，粉米。陸氏曰：「藻」本又作「薻」。「米」，徐本作「䋛」，音米。阮元《校記乙》同。

六葉十三行注　黼。若斧形。黻爲兩巳相背。　「黼」，李作「黼」。「黻」，李作「黻」，十、永作「黄」。○浦鏜《正字》：黻爲兩巳相背。案：楊氏旭云：古「黼黻」作「𠀠弫」形。「𠀠」象斧，取其斷。「弫」象兩弓相背，取其辨。「弓」俗訛作「巳」，讀爲戊巳之巳，非是。弓不成字，無音可讀。

六葉十四行注　五色備曰繡。　○山井鼎《考文》：五色備曰繡。〔古本〕下有「也」字。

六葉十四行釋文　本又作藻。　「藻」，永作「薻」。

六葉十四行釋文　説文作黺𪓐。　「黺𪓐」，魏作「黺𪓐」。

六葉十四行釋文　徐本作絑。「本」，阮作「米」。

六葉十四行釋文　白與黑謂之黼。「黼」，魏作「黻」。

六葉十五行釋文　刺也。「刺」，王、纂、魏、十、永、閩、殿、庫作「刺」。

六葉十五行經　以五采彰施于五色作服。「于」，要作「於」。

六葉十六行注　天子服日月而下。諸侯自龍衮而下至黼黻。「黼黻」，李作「黼黻」。○山井鼎《考文》：天子服日月而下。〔古本〕「服」下有「自」字。又：諸侯自龍衮而下。〔古本〕「自」上有「服」字。○盧文弨《拾補》：天子服日月而下，諸侯自龍衮而下至黼黻。古本「服」下有「自」字，「侯」下有「服」字。○阮元《校記甲》：天子服日月而下。「服」下古本有「自」字。又：諸侯自龍衮而下。「自」上古本有「服」字。

六葉十七行注　士服藻火。大夫加粉米。「士」，魏作「土」。

六葉十八行注　以五采明施于五色。「于」，要作「於」。

六葉十八行注　作尊卑之服。「卑」，庫作「畁」。

七葉一行經　予欲聞六律五聲八音。在治忽。以出納五言。○殿本《考證》：予欲聞六律五聲八音，在治忽，以出納五言。臣召南按：「在治忽，以出納五言」，史記夏本紀作「來始滑」，注云：「尚書滑作曶，音忽。」漢書律歷志作「七始詠以出納五言」。李光地曰：「七始，宮、徵、商、羽、角、變宮、變徵也。七音之清濁皆始於人聲，故曰七始也。詠，即舜典所謂『歌永言』也。五言，即『詩言志』之言，以其言不離乎五音，故曰五言。蓋上所謂『五聲』，以調言也，通調而名之以宮、以商是也。『七始』，以字言也，逐字而名之以宮、以商是也。舜典言五聲，可包七始，以調爲重也。此以音爲重，則非七而音有缺矣。二變之不爲調，與調之外自有音，皆賴漢志此文而可見也。」按：七音、七律，晏子及伶州鳩皆嘗言之。七始之名，据伏生大傳曰「定以六律、五聲、八音、七始，著其素」。又曰「七始，天統也」。漢初安世房中樂詞曰「七始華始，肅倡和聲」。似今文確有根據。但「詠」字須連「以出納五言」爲句，義始通耳。古文作「在治忽」，則是審音以知政也。○岳本《考證》：在治忽。案：史記夏本紀作「來始滑」。註云：尚書「滑」作「曶」。又漢書律歷志作「七始詠」。文義互異。

七葉二行注　在察天下治理及忽怠者。○阮元《校記甲》：在察天下治理及忽怠者。「怠」，纂傳作「亂」。

七葉四行注　汝當聽審之。○山井鼎《考文》：汝當聽審之。〔古本〕「之」作「也」。○阮元《校記甲》：汝當聽審之。「聽審」二字纂傳倒。「之」，古本作「也」。阮元《校記乙》同。

七葉四行釋文　出。如字。又尺遂反。注同。「尺」，殿、庫作「勑」。○山井鼎《考文》：出，又尺遂反。經典釋文「尺」作「勑」。○阮元《校記甲》：出，又勑遂反，注同。「勑」，葉本、十行本、毛本俱作「尺」。案：作「尺」是也。

七葉六行注　而退後有言我不可弼。　○山井鼎《考文》：我不可弼。〔古本〕下有「也」字。「勑使敬其職」下同。○《定本校記》：而退後有言我不可弼。内野本、神宮本無「有」字。

七葉七行注　衆頑愚讒說之人。　「讒」，李作「讒」。

七葉八行注　當察之。　○山井鼎《考文》：當察之。〔古本〕作「當審也」。○阮元《校記甲》：當察之。古本作「當審也」。

七葉八行經　侯以明之。　○阮元《校記甲》：侯以明之。石經「侯」字偏寫于右。阮元《校記乙》同。

七葉九行注　荅撻不是者。　「荅」，纂作「答」。

七葉十一行注　欲使改悔。　「悔」，纂作「海」。

七葉十一行注　與共並生。　「共」，殿、庫作「其」。

七葉十二行注　當誦詩以納諫。　「當」，八、李、王、纂、魏、岳作「掌」。○山井鼎《考文》：當誦詩以納諫。〔古本〕「當」作「掌」。宋板同。○浦鏜《正字》：掌誦詩以納諫。「掌」誤「當」。○盧文弨《拾補》：掌誦詩以納諫。毛本「掌」作「當」。「當」當作「掌」。○阮元《校記甲》：當誦詩以納諫。「當」，古本、岳本、宋板、纂傳俱作「掌」。按：「當」字非也。○阮元《校記乙》：當誦詩以納諫。古本、岳本、宋板、纂傳「當」作「掌」。按：「當」字非也。

七葉十二行注　當是正其義而颺道之。「而」，纂作「使」。○山井鼎《考文》：而颺道之。〔古本〕「之」作「也」。物觀《補遺》：古本「道」作「導」。○盧文弨《拾補》：當是正其義而颺道之。古本「道」作「導」。○阮元《校記甲》：當是正其義而颺道之。「道」，古本、纂傳俱作「導」。按：釋文無音，作「導」爲是。「之」，古本作「也」。阮元《校記乙》同。

七葉十三行經　否則威之。○山井鼎《考文》：否則威之。〔古本〕「威」作「畏」。○盧文弨《拾補》：否則威之。古本「威」作「畏」，薛同。○阮元《校記甲》：否則威之。「威」，古本作「畏」。阮元《校記乙》同。

七葉十三行注　天下人能至于道。○山井鼎《考文》：天下人。〔古本〕作「天下之人」。○盧文弨《拾補》：天下之人能至于道。毛本脱「之」字。○阮元《校記甲》：天下人能至于道。「人」上古本有「之」字。

七葉十四行注　則以刑威之。○山井鼎《考文》：則以刑威之。〔古本〕下有「也」字。下傳「所及廣遠」下同。

七葉十八行疏　又畫山龍華蟲於宗廟彝鐏。「鐏」，殿、庫作「樽」。

七葉十八行疏　其藻火粉米黼黻於絺葛而刺繡。「刺」，八、魏、十、永、閩、殿、庫作「刺」。

七葉十八行疏　以五種之彩。「彩」，殿、庫作「采」。

八葉二行疏　汝無得知我違非而對面從我。「面」，魏作「向」，閩、庫作「而」。

八葉三行疏　乃摠勑之。「摠」，殿、庫作「總」。

八葉五行疏　書其過者。以識之。「之」，單、八、魏作「哉」。「以識之」，十、永、阮作「以以識」。○山井鼎《考文》：書其過者以識之。〔宋板〕「之」作「哉」。○盧文弨《拾補》：書其過者以識哉。毛本「哉」作「之」。「之」當作「哉」。○阮元《校記甲》：書其過者以識之。「之」，宋板作「哉」。十行本「識之」誤作「以識」。○阮元《校記乙》：書其過者以〔以〕識。宋板「識」下有「哉」字。毛本作「以識之」。

八葉六行疏　又摠言御下之法。「摠」，殿、庫作「總」。

八葉六行疏　天下之人。「人」，殿、庫作「大」。

八葉八行疏　言大體若身○正義曰。君爲元首。「言大體若身」，殿、庫在「正義曰」下。

八葉九行疏　左右助。慮也。○浦鏜《正字》：左右助，勴也。「勴」誤「慮」。下「爲勴」同。○盧文弨《拾補》：左右助勴。毛本「勴」誤「慮」，浦改，下同。

八葉十一行疏　當須翼成。○浦鏜《正字》：當須翼成。「當」字監本誤。

八葉十二行疏　標顯尊卑。「標」，單、八、魏、永、閩作「摽」。

八葉十三行疏　四方于宣。「于」，單作「子」。「宣」，十作「宜」。

八葉十五行疏　易辭云黄帝堯舜。「易」下單、八、魏、要有「繫」字。○山井鼎《考文》：易辭云。〔宋板〕「易」下有「繫」字。○盧文弨《拾補》：易繫辭云。毛本脱「繫」字。○阮元《校記甲》：易辭云。「易」下宋板有「繫」字，是也。阮元《校記乙》同。

八葉十六行疏　未知何代而具彩章。「彩」，要、殿、庫作「采」。「章」，要作「彰」。

八葉十七行疏　故日月星爲三辰。「月」，十作「日」。

八葉十八行疏　揔上三事爲辰。「揔」，要、殿、庫作「總」。

九葉一行疏　彼鄭以偏祭天之諸神。十二次也次亦當祭之。「十二」下單、八、魏、要、毛、殿、庫無「次也」二字。○山井鼎《考文》：十二次亦當祭之。正、嘉、萬曆三本「次」下有「也次」二字，似非。宋板與崇禎本同。○浦鏜《正字》：十二次亦當祭之。「二次」下監本衍「也次」二字。○阮元《校記甲》：彼鄭以偏祭天之諸神，十二次亦當祭之。「次」下十行、正、嘉閩、監俱有「也次」二字。山井鼎曰：似非。宋板與崇禎本同。○阮元《校記乙》：彼鄭以偏祭天之諸神，十二次也，次亦當祭之。閩本、明監本同。毛本無「也次」二字。山井鼎曰：似非。宋板與崇禎本同。

九葉一行疏　此云畫之於衣。「此」，毛作「以」。○物觀《補遺》：以云畫之於衣。〔宋板〕「以」作「此」。○浦鏜《正字》：此云畫之於衣。「此」，毛本誤「以」。○盧文弨《拾補》：此云畫之於衣。毛本「此」作「以」。「以」當作「此」。○阮元《校記甲》：以云畫之於衣。「以」，宋板、十行、閩、監俱作「此」。

九葉二行疏　周禮司常掌九旗之物。○浦鏜《正字》：司常掌九旗之物。下脱「名」字，註物名者，所畫異物，則異名也。○盧文弨《拾補》：司常掌九旗之物名。毛本脱「名」字。浦云：物名者，所畫異物，則異名也。

九葉三行疏　蓋太常之上又畫星也。「太」，單、要作「大」。○浦鏜《正字》：蓋太常之上又畫星也。「又」當「不」字誤。○盧文弨《拾補》：蓋太常之上不畫星也。毛本「不」誤「又」，浦改。

九葉三行疏　畫日月七星。○浦鏜《正字》：畫日月七星。案：穆天子傳作「日月之旗，七星之文」。○盧文弨《拾補》：畫日月七星。傳本作「日月之旗，七星之文」。

九葉四行疏　鷙則雉焉。○浦鏜《正字》：鷙則雉焉。疑「鷙」即「雉鳥」之誤。○《定本校記》：鷙則雉焉。「雉」，〔足利〕八行本誤作「雞」。

九葉四行疏　**月令五時皆云其蟲。**　「時」，要作「色」。

九葉五行疏　**蟲是鳥獸之摠名也。**　「摠」，要、殿、庫作「總」。

九葉五行疏　**左傳言三辰旂旗。**　「言」，要作「云」。

九葉六行疏　**王者禮有沿革。**　「王」，殿、庫作「三」。

九葉六行疏　**故知舜時三辰。**　「舜」，要作「受」。

九葉六行疏　**亦畫之於旌旗也。**　「之」下要無「於」字。

九葉七行疏　**享先王則衮冕。**　「王」，要作「生」。

九葉七行疏　**則所畫自龍巳下。**　「巳」，單、八、要作「以」。

九葉八行疏　**祭之日。王被衮冕以象天也。**　○浦鏜《正字》：祭之日，王被衮冕以象天也。案：禮記無「冕」、「也」二字。○盧文弨《拾補》：祭之日，王被衮冕以象天也。記無「冕」字，無「也」字。

九葉九行疏　**設日月畫於衣服旌旗也。**　「畫」下要無「於」字。○浦鏜《正字》：設日月畫于（於）衣服旌旗也。案：鄭註作「畫于旗上」。○盧文弨《拾補》：設日月畫於衣服旌旗也。浦云：鄭注作「畫於旗上」。

九葉九行疏　衮冕之服。　「衮」，十作「衮」。

九葉十行疏　或當二代天子衣上亦畫三辰。　「二」，單、八、魏、要、永作「三」。○山井鼎《考文》：或當二代天子。〔宋板〕「二」作「三」。○盧文弨《拾補》：或當三代天子。毛本「三」作「二」。「二」當作「三」。○阮元《校記甲》：或當二代天子。「二」，宋板作「三」。阮元《校記乙》同。○汪文臺《識語》：或當二代天子。宋板「二」作「三」。案：「二代」謂夏、商。周衣上不畫三辰，疏有明文，不得言「三代」也。○張鈞衡《校記》：或當三代天子。阮本「三」作「二」，誤。

九葉十一行疏　但如孔解。　「但」，八作「但」。

九葉十二行疏　下云以五彩彰施於五色。　「彩」，單、八、要、殿、庫作「采」。

九葉十三行疏　故云以五彩成此畫焉。　「彩」，單、八、要、殿、庫作「采」。

九葉十四行疏　故云宗廟彝尊。　「云宗廟」，要作「宗廟云」。「尊」，單、八、魏、要、十、永、閩、殿、庫、阮作「樽」。

九葉十五行疏　周禮有山罍。龍勺。雞彝。鳥彝。　○浦鏜《正字》：周禮有山罍、龍勺、雞彝、鳥彝。案：「雞彝」、「鳥彝」見司尊彝。「山罍」作「山尊」，註「山罍也」。「龍勺」，見禮記明堂位。

九葉十五行疏　知彝樽以山龍華蟲爲飾。　「樽」，要作「尊」。

九葉十五行疏　周禮彝器所云犧象雞鳥者。鄭玄皆爲畫飾。　○浦鏜《正字》：周禮彝器所云犧象雞鳥者，鄭玄皆爲畫飾。「皆爲」當「皆謂」誤。「犧」，經文作「獻」。鄭司農云：獻讀爲犧。○盧文弨《拾補》：周禮彝器所云犧象雞鳥者，鄭玄皆爲畫飾。「爲」原作「謂」，浦云當作「爲」，是。

九葉十八行疏　謂刺繡爲火字也。　「刺」，單、八、魏、十、永、閩、殿、庫作「剌」。

九葉十八行疏　鄭司農云謂圜形似火也。　○孫詒讓《校記》：「謂」，當依考工記注作「爲」。

十葉一行疏　刺繡爲文。　「刺」，單、八、魏、要、十、永、閩、庫作「剌」。

十葉二行疏　考工記云。白與黑謂之黼。　「云」，毛作「曰」。○阮元《校記甲》：考工記曰：白與黑謂之黼。「曰」，十行、閩、監俱作「云」。

十葉三行疏　黻謂兩巳相背。　「謂」，單、八、要、毛作「爲」。○浦鏜《正字》：黻爲兩巳相背。「爲」，監本誤「謂」。○阮元《校記甲》：黻爲兩己相背。「爲」，十行、閩、監俱作「謂」。

十葉三行疏　謂刺繡爲巳字。　「刺」，單、八、魏、要、十、永、閩、庫作「剌」。

十葉三行疏　刺繡爲兩巳字。　「刺」，單、八、魏、要、十、永、閩、庫作「剌」。

十葉四行疏　爲天子削瓜者副之。　「瓜」，單、八、魏、要、十、永、閩、阮作「瓜」。

十葉五行疏　五色備謂之繡。　○浦鏜《正字》：五色備謂之繡。「色」，考工記作「采」。○盧文弨《拾補》：五色備謂之繡。考工記「色」作「采」。

十葉八行疏　顧氏取先儒等説。　「顧」，永作「顔」。

十葉十行疏　粉取潔白。　單、八、阮作「絜」，十、永作「絜」。

十葉十行疏　黼取能斷。　○浦鏜《正字》：黼取能斷。「黼」，監本誤「翻」。○阮元《校記甲》：黻（黼）取能斷。「黼」，監本誤作「翻」。

十葉十一行疏　絺讀爲黹。黹，紩也。　二「黹」字，單皆作「黹」，魏皆作「黹」，十、阮皆作「黹」，永、閩皆作「黹」，殿、庫皆作「黹」。

十葉十二行疏　刺者爲繡。　「刺」，單、八、魏、要、十、永、閩、庫作「刺」。

十葉十二行疏　至周而變之。　「至」，單作「三」。○《定本校記》：至周而變之。「至」，單疏本誤作「三」。

十葉十三行疏　更其等差。　「其」，魏作「有」。

十葉十四行疏　故以宗彝爲虎蜼也。　「爲」，殿、庫作「謂」。

十葉十六行疏　更其等差。　「其」，魏作「有」。

十葉十七行疏　至周而以日月星畫於旌旗。　「畫」下要無「於」字。

十葉十七行疏　登火於宗彝。　「火」，要作「虎」。

十葉十七行疏　次四曰火。　「曰」，十作「口」。

十葉十八行疏　以絺爲繡則衮之衣五章。　○浦鏜《正字》：皆絺以爲繡。「絺以」字誤倒。「絺」，鄭依經文作「希」，讀爲絺。○盧文弨《拾補》：絺以爲繡。「絺以」，毛本倒作「以絺」，誤。○《定本校記》：以絺爲繡。浦氏云「以絺」二字疑倒。

十一葉一行疏　其衣三章裳四章凡七也。　「七」，毛作「十」。○物觀《補遺》：其衣三章裳四章凡十也。〔宋板〕「十」作「七」。○浦鏜《正字》：其衣三章裳四章凡七也。「七」，毛本誤「十」。○盧文弨《拾補》：其衣三章裳四章爲(凡)七也。毛本「七」作「十」。「十」當作「七」。○阮元《校記甲》：其衣三章裳四章凡十也。「十」，宋板、十行、閩、監俱作「七」，是也。

十一葉三行疏　於絺繡之義摠爲消帖。　「摠」，要、殿、庫作「總」。「帖」，單、八作「怗」。○《定本校記》：摠爲消帖。「帖」字單疏、〔足利〕八行作「怗」。今從十行本。

十一葉四行疏　取理太迴。　「太」，單、八、永作「大」。

十一葉四行疏　故傳辯其等差。　「辯」，魏、十、永、阮作「辨」。

十一葉六行疏　謂天子諸侯卿大夫士。　「卿」，十作「鄉」。

十一葉七行疏　上古朴質。　「朴」，阮作「樸」。

十一葉八行疏　故合三爲一等。　「故」，十、永作「放」。

十一葉八行疏　且禮諸侯多同爲一等。　「且」，八作「且」。

十一葉八行疏　故雜記云天子九虞。諸侯七虞。　○浦鏜《正字》：故雜記云天子九虞，諸侯七虞。天子九虞，見公羊文二年傳何休註。雜記無文。○盧文弨《拾補》：故雜記云天子九虞。浦云此見公羊文二年傳，雜記無。

十一葉十二行疏　當以黼爲裳。故首舉黼以言其事如孔説也。　○《定本校記》：當以黼爲裳，故首舉黼以言。「故首」二字疑倒。

十一葉十四行疏　以五種之彩明制於五色。　「彩」，殿、庫作「采」。「制」，單、八、魏、要、十、永、毛、阮作「施」。

十一葉十四行疏　作尊卑之服。　「卑」，庫作「畀」。

十一葉十五行疏　以本性施於繒帛。　「繒」，要、庫作「繪」。

十一葉十六行疏　卿大夫自粉米而下。亦是以意説也。　「亦」上魏重「下」字。

十一葉十六行疏　惟據衣服。　「惟」，十、永、阮作「推」。

十一葉十八行疏　皆是彩飾。　「彩」，殿、庫作「采」。

十一葉十八行疏　彼服以明尊卑。　「彼」，阮作「被」。

十一葉十八行疏　故揔云作服以結之。　「揔」，殿、庫作「總」。

十一葉十八行疏　傳言欲至審之○正義曰。此經大意。　「此」上「傳言欲至審之○正義曰」，殿、庫作「欲以六律和聲音在察天下治理及忽怠者」。

十二葉一行疏　察世之治否以報君也。　「世」，十作「山」。

十二葉一行疏　金石絲竹。　「絲」，單作「絲」。

十二葉六行疏　則改以修之。　「以」，單、八、魏、要作「而」。○物觀《補遺》：知其忽怠，則改以修之。〔宋板〕「以」作「而」。○盧文弨《拾補》：知其忽怠，則改而修之。毛本「而」作「以」。「以」當作「而」。○阮元《校記甲》：則保（改）以修之。「以」，宋板作「而」。

十二葉六行疏　人君所願聞也。　「願」，庫作「顧」。「也」，要作「者」。

十二葉六行疏　若樂音合度。　「音」，十、永、閩、阮作「云」。○阮元《校記甲》：若樂音合度。「音」，十行、閩本俱誤作「云」。○阮元《校記乙》：若樂云合度。岳（毛）本「云」作「音」，是也。閩本亦誤。

十二葉七行疏　乃君之發言。合彼五德。　○浦鏜《正字》：乃君之發言，合彼五德。「乃」疑衍字。○盧文弨《拾補》：乃君之發言，合彼五德。「乃」字爲衍文。

十二葉八行疏　人之五言合彼五德。　「五」，單、八作「乃」，要作「所」。○《定本校記》：人之乃言。「乃」，十行本改作「五」。案：作「乃」、作「五」，似皆未是。

十二葉九行疏　亦人君之所願聞也。　「願」，庫作「顧」。

十二葉九行疏　皆是上所願聞。　「願」，庫作「顧」。

十二葉十一行疏　漢書律歷志。　「歷」，單作「曆」，八作「曆」。

十二葉十四行疏　如天之無不幬也。　「幬」，單、八、魏作「燾」，十作「壽」，永作「壽」。

十二葉十五行疏　韶樂自美耳。　「耳」，阮作「取」。○張鈞衡《校記》：韶樂自美耳。阮本「耳」作「取」，誤。不如此本「耳」下斷句。

十二葉十五行疏　若有怠忽。　「有」，單、八、魏、十、永、閩、阮作「其」。○物觀《補遺》：若有怠忽。〔宋板〕「有」作「其」。○盧文弨《拾補》：若其怠忽。毛本「其」作「有」。「有」當作「其」。○阮元《校記甲》：若有怠忽。「有」，宋板、十行、閩本俱作「其」。○阮元《校記乙》：若其怠忽。宋板、閩本同。毛本「其」作「有」。

十二葉十八行疏　乃撻之書之。「書」，要作「言」。

十三葉一行疏　故設爲大法。「設」，庫作「説」。

十三葉一行疏　普謂近君之臣耳。「君」，要作「臣」。

十三葉二行疏　前疑後承。「承」，庫、薈作「丞」。○《薈要》案語：前疑後丞。刊本「丞」訛「承」，今改。

十三葉二行疏　有疑承。「承」，薈作「丞」。○浦鏜《正字》：有師保，有疑承。「承」，禮記作「丞」。

十三葉三行疏　當行至其過。「過」，毛作「道」。

十三葉三行疏　當行射侯之禮。「禮」，毛作「體」。○盧文弨《拾補》：當行射侯之禮。毛本「禮」作「體」。「體」當作「禮」。○阮元《校記甲》：當行射侯之體。「體」，十行、閩、監俱作「禮」，是也。

十三葉五行疏　古之射侯之士無以言之。「士」，單、八作「事」。○山井鼎《考文》：古之射侯之士無以言之。〔宋板〕「士」作「事」。○浦鏜《正字》：古之射侯之士無以言之。「士」

疑「事」字誤。○盧文弨《拾補》：古之射侯之事。毛本「事」作「士」。「士」當作「事」。○阮元《校記甲》：古之射侯之士。「士」，宋板作「事」。阮元《校記乙》同。

十三葉六行疏　即方一丈八尺。「一」，永作「二」。○浦鏜《正字》：虎九十弓，即方一丈八尺。鄭註作「侯中廣丈八尺」。下同。

十三葉七行疏　鄭又引梓人爲侯。「梓」，永作「拃」。

十三葉七行疏　三分其廣而鵠居一焉。○浦鏜《正字》：三分其廣而鵠居一焉。「三」，考工記作「參」。

十三葉八行疏　一丈之侯。鵠方三尺三寸少半寸。○浦鏜《正字》：一丈之侯，鵠方三尺三寸少半寸。「半」，監本誤「牛」。○阮元《校記甲》：鵠方三尺三寸少半寸。「半」，監本誤作「牛」。

十三葉九行疏　士以三耦射豻侯二正。「豻」，阮作「豹」。

十三葉九行疏　中朱。「朱」，魏作「失」。

十三葉十一行疏　則儀禮大射云大侯九十弓。熊侯七十弓。豹侯五十弓。○浦鏜《正字》：大侯九十弓，熊侯七十弓，豹侯五十弓。「熊侯」、「豹侯」，當作「糝侯」、「豻侯」。案大射儀云：大侯九十，參七十，干五十。註云：大侯、熊侯謂之大者，與天子熊侯同。參，讀爲縿。縿，雜也。雜侯者，豹侯而麋飾，下天子大夫也。干，讀爲豻。豻侯者，豻鵠豻飾也。○盧文弨《拾補》：大侯九十弓，熊侯七十弓，豹侯五十弓。「熊」當作「縿」，「豹」當作「豻」。浦云：案大射儀云：大侯九十，參七十，干五十。注云：大侯，熊侯謂之大者，與天子熊侯同。參，讀爲縿。縿，雜也。雜侯者，豹侯而麋飾，下天子大夫也。干，讀爲豻。豻侯者，豻鵠豻飾也。

十三葉十二行疏　皆以三耦。　「耦」，單作「藕」。

十三葉十二行疏　案卿射記云。　「卿」，單、八、毛、殿、庫、阮作「鄉」。○殿本《考證》：鄉射記云。「鄉」，監本訛「卿」。今改正。

十三葉十三行疏　士布侯畫以鹿豕。　「豕」，毛作「家」。○物觀《補遺》：士布侯，畫以鹿家。〔宋板〕「家」作「豕」。○浦鏜《正字》：士布侯，畫以鹿豕。「豕」，毛本誤「家」。○盧文弨《拾補》：畫以鹿豕。毛本「豕」作「家」。「家」當作「豕」。○阮元《校記甲》：士布侯，畫以鹿家。「家」，宋板、十行、閩、監、纂傳俱作「豕」，是也。

十三葉十三行疏　熊侯已下。　「熊」，毛作「諸」。○浦鏜《正字》：熊侯以(已)下云云。「熊」，毛本誤「諸」。○盧文弨《拾補》：熊侯已下，同五十弓。毛本「熊」作「諸」。「諸」當作「熊」。○阮元《校記甲》：諸侯已下，同五十弓。「諸」，十行、閩、監、纂傳俱作「熊」。○

阮元《校記乙》：熊侯已下，同五十弓。閩本、明監本、纂傳同。毛本「熊」作「諸」。

十三葉十三行疏　君臣共射之。　「共」，永作「其」。

十三葉十四行疏　摠上三者。　「摠」，殿、庫作「總」。

十三葉十五行疏　皆是欲其改悔。　「悔」，魏、十、永作「侮」。

十三葉十七行疏　故言謂天下民。必也能至於道。　○《定本校記》：故言謂天下民必也。

此句疑有譌。

十三葉十八行疏　故撻之書之。　○殿本《考證》：「故撻之」，監本訛「故捷之」。今改正。

十四葉三行經　明庶以功。　○山井鼎《考文》：明庶以功。〔古本〕「庶」作「試」。○盧文弨《拾補》：明庶以功。古本「庶」作「試」，與左傳同。○阮元《校記甲》：明庶以功。「庶」，古本作「試」。按：正義作「庶」。又僖二十七年左傳引夏書曰：「賦納以言，明試以功，車服以庸。」疏云：此古文虞書益稷之篇。古文作「敷納以言，明庶以功」。「敷」作「賦」，「庶」作「試」。師受不同，古字改易耳。按：王符潛夫論引亦作「試」，正與左氏合。阮元《校記乙》同。

十四葉四行注　萬國衆賢。　「萬」，王作「万」。

十四葉五行注　明之皆以功大小爲差。「差」，李作「差」。○山井鼎《考文》：明之皆以功大小爲差。〔古本〕無「大小」二字。○阮元《校記甲》：明之皆以功大小爲差。古本無「大小」二字。

十四葉六行注　以車服旌其能用之。○山井鼎《考文》：以車服旌其能用之。〔古本〕「之」作「也」。○阮元《校記甲》：以車服旌其能用之。「之」，古本作「也」。阮元《校記乙》同。

十四葉六行經　誰敢不讓。○山井鼎《考文》：誰敢不讓。〔古本〕「不」作「弗」。下皆同。○盧文弨《拾補》：誰敢不讓。古本「不」作「弗」。下竝同。

十四葉七行注　則下皆敬應上命而讓善。○山井鼎《考文》：而讓善。〔古本〕下有「也」字。「共流故」下、「言無度」下、「妻妾亂」下、「不得嗣」下、「塗山國名」下、「不以私害公」下、「水土之功故」下、「二十七萬庸」下、「言至海」下、「以奬帝室」下、「善惡分別」下、「有次序」下、「敢不念乎」下、下傳「史因禹功重美之」下、「所以作止樂」下、「所以節樂」下、「廟堂之樂」下、「故以祖考來至明之」下並同。

十四葉八行注　則遠近布同而日進於無功。「無」，王作「无」。

十四葉九行經　無若丹朱傲。○阮元《校記甲》：無若丹朱傲。釋文云：傲，五報反。字又作奡。説文夰部：奡，嫚也，讀若傲。則「奡」、「傲」古字通。徐鍇曰：今文尚書作傲。則作「奡」者，古文也。阮元《校記乙》同。

十四葉九行經　惟慢遊是好。　○山井鼎《考文》：惟慢遊是好。〔古本〕無「惟」字。○盧文弨《拾補》：惟慢遊是好。古本無「惟」字。○阮元《校記甲》：惟慢遊是好。古本無「惟」字。

十四葉十行經　傲虐是作。　「傲」，纂、岳作「敖」。○阮元《校記甲》：傲虐是作。「傲」，岳本作「敖」。按：傲，倨也，五報反。敖，遊也，五羔反。傳釋傲虐云：傲戲而爲虐。釋文音五羔反。則當作敖明矣。釋文又云：徐五報反。則與上文傲字無别。唐石經及近刻皆沿其誤。薛氏古文訓兩句俱作「奡」，亦非也。惟岳本得之。阮元《校記乙》同。

十四葉十一行經　罔晝夜頟頟。　「頟頟」，八作「額額」，李、王、魏、岳、永、閩、毛、殿作「頟頟」。○山井鼎《考文》：「罔晝夜頟頟」、「罔水行舟」，〔古本〕「罔」作「亡」，下同。○張鈞衡《校記》：罔晝夜頟頟。阮本「頟」作「頟」，誤。此字从「各」不从「名」。

十四葉十一行注　傲戲而爲虐。　「傲」，纂、岳作「敖」。

十四葉十一行注　無晝夜常頟頟肆惡無休息。　二「無」字，王皆作「无」。「頟頟」，八、李、王、魏、岳、永、閩、毛、殿作「頟頟」。○張鈞衡《校記》：無晝夜常頟頟。説見上。

十四葉十二行釋文　傲。五羔反。「傲」，纂作「敖」，殿、庫作「傲虐之傲」。

十四葉十二行經　用殄厥世。○山井鼎《考文》：用殄厥世。〔古本〕「厥」作「亓」。

十四葉十三行注　丹朱習於無水陸地行舟。「無」，王作「无」。

十四葉十三行注　言無度。「無」，王作「无」。

十四葉十四行釋文　殄。徒見反。「見」，王、纂、魏、殿、庫作「現」。○阮元《校記甲》：殄，徒現反。「現」，十行本、毛本俱作「見」。

十四葉十五行經　娶于塗山。○盧文弨《拾補》：娶于塗山。古本「塗」作「峹」。

十四葉十五行經　辛壬癸甲。「癸」，閩作「癸」。

十四葉十六行注　至于甲日。「于」，十作「壬」。

十四葉十八行注　聞啓泣聲。「聲」，十、永作「声」。

十五葉一行注　以大治度水土之功故。「土」，魏作「士」。

十五葉二行注　五服。侯甸綏要荒服也。○阮元《校記甲》：侯甸綏要荒服也。「侯甸」二字纂傳倒。○《定本校記》：五服甸侯綏要荒服也。「甸侯」二字各本倒。今依内野本、神宮本、足利本正。

十五葉三行注　一州用三萬人功。　「萬」，王作「万」。

十五葉四行注　九州二十七萬庸。　「十」，永作「千」。「萬」，王作「万」。「庸」下王、纂有「也」字。

十五葉四行釋文　至于五千。馬云面五千里。爲方萬里。鄭云五服已五千。又弼成爲萬里。州十有二師。二千五百人爲師。鄭云師。長也。　「至于」上魏有「乂」字。「至于五千」至「長也」四十五字釋文魏作注文。二「萬」字，王皆作「万」。

十五葉七行釋文　長。之丈反。　「之」，王、纂、魏、岳、十、永、閩、阮作「丁」。○山井鼎《考文》：長，之丈反。〔經典釋文〕「之」作「丁」。○阮元《校記甲》：長，丁丈反。「丁」，毛本作「之」字。按：毛本非也。

十五葉九行注　惟三苗頑凶。　「惟」，八、王、纂、魏、岳作「唯」。

十五葉十一行注　是汝治水之功有次序。　「序」，纂作「叙」。

十五葉十一行疏　禹曰俞至惟敘　「曰」下單、八、魏、十、永、閩、阮無「俞」字。○阮元《校記甲》：禹曰俞至惟敘。十行、閩本俱無「俞」字。閩本「禹」上有圈。

十五葉十二行疏　乃答帝曰然。　「答」，單、八、魏、十、永、閩、阮作「荅」。

十五葉十二行疏　既帝之任臣。　○浦鏜《正字》：既帝之任臣。「既」下當脱「然」字。○《定本校記》：既帝之任臣。浦氏云：「既」下當脱「然」字。

十五葉十二行疏　充滿大天之下。「滿」，十作「備」。

十五葉十五行疏　以表其功有能用。○浦鏜《正字》：以表其功有能用。「有能」二字疑誤倒。○盧文弨《拾補》：以表其功有能用。「有能」二字浦疑倒。

十五葉十六行疏　不宜試驗。「宜」，單、八、魏作「甞」，毛、殿作「嘗」，庫作「甞」。○浦鏜《正字》：不嘗試驗。「嘗」，監本誤「宜」。○阮元《校記甲》：不嘗試驗。「嘗」，十行、閩、監俱作「宜」。

十五葉十七行疏　又勸帝自勤。「又」，永作「文」。

十五葉十七行疏　惟慢褻之遊是其所好。「褻」，永作「䙝」。

十五葉十八行疏　而頟頟然恒爲之無休息。「頟頟」，單、八、十、永、閩、毛、殿作「額額」。「恒」，永作「桓」。

十五葉十八行疏　又無水而陸地行舟。「舟」，永作「冊」。

十五葉十八行疏　羣朋淫泆於室家之内。「朋」，魏作「明」。

十六葉三行疏　各用三萬人也。「萬」，永作「万」。

十六葉四行疏　其間諸侯五國皆立一長。　「間」，單作「閒」。

十六葉四行疏　迤相統領。　「迤」，魏作「迆」，殿、庫作「遞」。

十六葉四行疏　惟有三苗頑凶。　「三」，毛作「二」。○浦鏜《正字》：惟有三苗頑凶，不能就官。「三」，毛本誤「二」。○盧文弨《拾補》：惟有三苗頑凶。毛本「三」作「二」。「二」當作「三」。○阮元《校記甲》：惟有二苗頑凶。「二」，十行、閩、監俱作「三」，是也。

十六葉五行疏　得使災消没。　「使」下單、八、魏、毛、殿、庫有「天」字。○浦鏜《正字》：得使天災消没。監本脱「天」字。○阮元《校記甲》：得使天災消没。十行、閩、監俱無「天」字。○阮元《校記乙》：得使天災消没。閩本、明監本同。毛本「災」上有「天」字。（彙校者案：《校記乙》摘句多「天」字。）

十六葉五行疏　帝答禹曰。　「答」，單、八、魏、十、永、閩、阮作「荅」。

十六葉七行疏　據其方面。　「面」，永作「而」。

十六葉十一行疏　彼言施於諸侯。　「於」，毛作「施」。○浦鏜《正字》：彼言施於諸侯。「於」，毛本誤「施」。○盧文弨《拾補》：彼言施於諸侯。毛本「於」作「施」。「施」當作「於」。○阮元《校記甲》：彼言施施諸侯。下「施」字，十行、閩、監、纂傳俱作「於」。是也。

十六葉十三行疏　日日進於無功之人。　「無」，十、阮作「无」。

十六葉十四行疏　漢書律歷志云。　「歷」，單作「曆」，八作「暦」。

十六葉十五行疏　頷頷。是不休息之意。　「頷頷」，單、八、要、永、閩、毛、殿作「頟頟」。

十六葉十六行疏　晝夜常頷頷然縱恣爲惡。　「頷頷」，單、八、要、永、閩、毛、殿作「頟頟」。

十六葉十六行疏　○傳朋羣至得嗣。　「傳」上永、阮無「○」。○張鈞衡《校記》：傳朋羣至得嗣。上脱一「○」，阮本同。

十六葉十八行疏　鄭玄云丹朱見洪水時人乘舟。　「朱」，十作「未」。

十六葉十八行疏　頷頷使人推行之。　「頷頷」，單、八、永、閩、毛、殿作「頟頟」。

十七葉一行疏　言羣娶妻妾。　「娶」，單、八、魏、十、永、閩、毛、殿、庫、阮作「聚」。

十七葉四行疏　禹會諸侯於塗山。　○浦鏜《正字》：禹會諸侯於塗山。「會」，左傳作「合」。

十七葉四行疏　杜預云塗山。在壽春縣東北。　「杜」，要作「社」。○浦鏜《正字》：塗山，在壽春縣東北。「春」，監本誤「眷」。○阮元《校記甲》：在壽春縣東北。「春」，監本誤作「眷」。

十七葉五行疏　蓋近彼山也。　「也」，魏作「色」。

十七葉五行疏　娶于塗山。　「于」，要作「於」。

十七葉五行疏　至于甲日復往治水。　「于」，要作「於」。

十七葉六行疏　孔云復往則巳嘗治水而輟事成昏也。　「巳」，要作「以」。

十七葉六行疏　始娶于塗山氏。　「于」，要作「於」。

十七葉七行疏　當云聞命即行。　「聞」，十作「間」，永作「間」。

十七葉八行疏　且治水四年。　「且」，十作「目」。

十七葉十行疏　以其爲大治度水土之功故也。　「功」下要無「故」字。

十七葉十一行疏　知五服即甸侯綏要荒服也。　「知」，要作「之」。

十七葉十四行疏　每州十有二師。　「師」，八作「千」。

十七葉十四行疏　摠計九州用二十七萬庸。　「摠」，要、殿、庫作「總」。

十七葉十五行疏　庸亦功也。　「功」下要無「也」字。

十七葉十五行疏　惟言用三萬人者。　「者」，要作「也」。

十七葉十六行疏　至于面方各五千里。　「于」，要作「於」。

十七葉十八行疏　地記書曰。崑崙山東南。　「南」下要有「道」字。○浦鏜《正字》：地記書曰：崑崙山云云。案：語出河圖括地象。○盧文弨《拾補》：地記書曰：崑崙山云云。

語出河圖括地象。

十八葉二行疏　得五千里者四十九。　「五」，單、八、魏、十、永、閩、殿、庫、阮作「方」。○物觀《補遺》：得五千里者。〔宋板〕「五」作「方」。○盧文弨《拾補》：得方千里者四十九。毛本「方」作「五」。「五」當作「方」。○阮元《校記甲》：得五千里者四十九。「五」，宋板、十行、閩本俱作「方」。按：「五」字非也。

十八葉二行疏　禹朝羣臣于會稽。　「于」，要、毛作「於」。

十八葉二行疏　執玉帛者萬國。　「萬」，永作「万」。

十八葉三行疏　言執玉帛者。　「玉」，十作「王」。

十八葉五行疏　封國七十有畸。　○汪文臺《識語》：封國七十有奇（畸）。補：毛本同。案：「十」字當衍，禮記王制疏引鄭注可證。○孫詒讓《校記》：「十」字衍，據王制正義刪。○《定本校記》：封國七十有畸。王制疏引無「十」字，此疑衍。

十八葉五行疏　至于圻内。　「于」，要作「於」。

十八葉六行疏　詩桓曰綏萬邦。　「桓」，八作「桓」。「萬」，永作「万」。

十八葉七行疏　烝民曰揉此萬邦。　「烝」，要作「丞」，毛作「蒸」。「揉」，閩作「楺」。○浦鏜《正字》：烝民曰揉此萬邦。案：語在崧高篇，作「烝民」誤。○盧文弨《拾補》：蒸民曰揉此萬邦。「蒸民」當作「崧高」。○《定本校記》：烝民曰揉此萬邦。浦氏云：案：語在崧高篇，作「烝民」誤。

十八葉七行疏　豈周之建國復有萬乎。　「豈」，魏作「豈」。

十八葉九行疏　禹朝羣臣于會稽。魯語文也。　「于」，要作「於」。○浦鏜《正字》：禹朝羣臣于會稽，魯語文也。案：魯語作「禹致羣神于會稽之山」，註：「羣神謂主山川之君，爲羣神之主，故謂之神。」○盧文弨《拾補》：禹朝羣臣于會稽，魯語文也。魯語：禹致羣神于會稽之山。注云：羣神謂主山川之君，爲神之主，故謂之羣神。○阮元《校記甲》：禹朝羣臣於會稽。浦鏜云：魯語作「禹致羣神于會稽之山」，注：羣神謂主山川之君，爲羣神之主，故謂之神。許宗彦曰：鄭答張逸云：欲明守土之祀，故兼用外傳、内傳語，蓋稱諸侯爲羣神，明其守土之祀也。今書疏、禮疏引鄭注均作「羣臣」，當是淺人所改。阮元《校記乙》同。

十八葉十二行疏　欲以共奬帝室故也。　「共」，要作「供」，十作「其」。

十八葉十三行疏　方伯一州之長。　「州」，阮作「爲」。

十八葉十四行疏　直謂五國之長耳。　「謂」，單、八、魏、要、永、阮作「是」。○山井鼎《考文》：直謂五國之長耳。〔宋板〕「謂」作「是」。○盧文弨《拾補》：直是五國之長耳。毛本「是」作「謂」。「謂」當作「是」。○阮元《校記甲》：直謂五國之長耳。「謂」，宋板作「是」。

阮元《校記乙》同。

十八葉十五行疏　蹈爲有功之長。　○《定本校記》：蹈爲有功之長。「之長」二字疑衍。

十八葉十五行疏　行之有功。　「行」，阮作「持」。

十八葉十六行疏　謂舜分北三苗之時。　「北」，毛作「比」。○浦鏜《正字》：謂舜分北三苗之時。「北」，毛本誤「比」。○盧文弨《拾補》：謂舜分北三苗之時。毛本「北」作「比」。「比」當作「北」。○阮元《校記甲》：謂舜分比三苗之時。「比」，十行、閩、監俱作「北」，是也。

十八葉十七行疏　唯有三苗不得就官。　「唯」，單、八、魏、阮作「惟」。

十八葉十八行經　皋陶方祗厥敘。　「祗」，八、要作「祇」。

十八葉十八行注　禹五服既成。　○阮元《校記甲》：禹五服既成。毛氏曰：「五」作「玉」。誤。

十九葉一行注　故皋陶敬行其九德考績之次序於四方。　○阮元《校記甲》：考績之次序於四方。毛氏曰：「四」作「日」。誤。

十九葉八行疏　歸美於二臣。　「二」，永作「三」。

十九葉九行經　夔曰。戛擊鳴球。　「夔」，李作「夒」。「戛」，毛作「戞」。○盧文弨《拾補》：戛擊鳴球。毛本「戛」作「戞」，譌。下竝同。

十九葉十行注　戛擊。柷敔。所以作止樂。「柷」，十作「柷」。

十九葉十一行注　搏拊。以韋爲之。實之以糠。○浦鏜《正字》：搏拊，以韋爲之，實之以糠。「糠」，釋文從禾旁作〔穅〕。

十九葉十二行注　禮備樂和。故以祖考來至明之。「和」，王作「和」。「來」，李作「夾」。

十九葉十三行釋文　馬云。擽也。「擽」，王、十作「檪」，纂、魏、永、殿、庫、阮作「櫟」。○浦鏜《正字》：馬云櫟也。「櫟」誤「擽」，下同。

十九葉十三行釋文　柷。尺叔反。「柷」，十、永作「祝」。

十九葉十三行釋文　糠。音康。「糠」，永作「穅」。

十九葉十三行釋文　歆。許金反。魏無「歆許金反」四字釋文。「金」，纂作「今」。

十九葉十四行注　丹朱爲王者後。○阮元《校記甲》：丹朱爲王者後。毛氏曰：「王」作「三」。誤。

十九葉十五行注　言與諸侯助祭。「與」，王作「与」。

十九葉十五行注　班爵同。推先有德。「班」，八、李、要、岳作「年」。○山井鼎《考文》：班爵同，推先有德。〔古本〕「班」作「年」，宋板同。〔古本〕「德」下有「也」字。○浦鏜《正字》：年爵同，推先有德。「年」誤「班」。○盧文弨《拾補》：年爵同，推先有德。毛本「年」

作「班」。「班」當作「年」。○阮元《校記甲》：班爵同。「班」，古本、岳本、宋板俱作「年」，與疏合。按：纂傳作「班」。○阮元《校記乙》：班爵同。古本、岳本、宋板「班」作「年」，與疏合。按：纂傳作「班」，與此同。

十九葉十六行注　各有柷敔。明球弦鐘籥。　「柷」，十作「祝」。「弦」，十作「以」。「鐘」，八、李、王、纂、魏、十、永、閩、阮作「鍾」。○物觀《補遺》：各有柷敔，明球弦。〔古本〕「明」下有「柷敔明」三字。○《定本校記》：明球絃鐘籥。内野本、神宫本、足利本如此。「絃」，〔足利〕八行本作「弦」。案：作「絃」與疏合。

十九葉十七行注　各自互見。　○山井鼎《考文》：各自互見。〔古本〕下有「之也」。○阮元《校記甲》：各自互見。古本下有「之也」二字。

十九葉十七行釋文　合。如字。徐音閤。　「閤」，魏、毛作「閣」。○物觀《補遺》：合，如字，徐音閤。〔經典釋文〕「閤」作「閣」。○浦鏜《正字》：合，徐音閤。「閤」誤「閣」。○阮元《校記甲》：合，徐音閤。「閤」，毛本作「閣」字。按：「閣」字誤。

十九葉十七行釋文　互音護。　「護」，王、纂作「冱」，魏、殿、庫作「沍」。○山井鼎《考文》：互，音護。〔經典釋文〕「護」作「冱」。○阮元《校記甲》：互，音冱。「冱」，毛本作「護」。盧文弨云：「冱」乃「沍」之變體也。按：毛居正於顧命篇引此文，「冱」作「互」，殆非也。

十九葉十七行經　笙鏞以間。「間」，石、岳、殿、庫作「閒」。

十九葉十八行注　鏞。大鐘。「鐘」，八、李、王、纂、魏、十、永、閩、阮作「鍾」。○山井鼎《考文》：鏞，大鐘。〔古本〕下有「也」字。「蹌蹌然」下、「韶舜樂名」下同。

十九葉十八行注　間。迭也。「間」，岳、十、殿、庫作「閒」。○浦鏜《正字》：間，迭也。「迭」，監本誤「送」。○阮元《校記甲》：間，迭也。「迭」，監本誤作「送」。

十九葉十八行注　吹笙擊鐘。「鐘」，八、李、王、纂、魏、十、永、閩、阮作「鍾」。

二十葉一行釋文　間。間廁之間。三「間」字，岳、殿、庫均作「閒」。「廁」，十、永、閩、阮作「側」。

二十葉一行釋文　鳥獸筍簴也。「筍」，殿作「荀」。「簴」，十、永作「簾」，閩作「簾」，阮作「箎」。○張鈞衡《校記》：鳥獸筍簴。阮本「簴」作「箎」。案：當作「簴」，此本落下截。

二十葉一行釋文　蹌蹌。七羊反。舞貌。説文作蹌。云鳥獸求食聲。「蹌蹌」，魏、永、殿、庫、阮不重「蹌」字。「作蹌」，王、纂、魏、毛作「作搶」，殿、庫作「作槍」。「鳥」上纂無「云」字。「聲」，王作「声」。○浦鏜《正字》：蹌，説文作牄，云鳥獸求食聲。「牄」，監本誤「蹌」，毛本誤「搶」。「求食」，説文作「來食」。○阮元《校記甲》：蹌，説文作槍，鳥獸求食聲。「槍」，葉本、毛本俱从手，十行本誤作「蹌」字。按：説文作「牄」，从倉爿聲。引虞書曰鳥獸䑺䑺，與周禮大司樂注引書同。段玉裁云：「求食」，説文作「來食」。此「求」字誤。

二十葉二行釋文　迭。直結反。○浦鏜《正字》：迭，直結切。案：毛氏居正云：直，當作廸。

二十葉二行經　鳳皇來儀。「皇」，纂作「凰」。

二十葉三行注　言簫。見細器之備。○山井鼎《考文》：言簫，見細器之備。〔古本〕「見」上有「以」字。○盧文弨《拾補》：言簫，見細器之備。古本「見」上有「以」字。○阮元《校記甲》：言簫，見細器之備。「見」上古本有「以」字。○《定本校記》：言簫，見細器之備。「見」上内野本、神宮本、足利本有「以」字。

二十葉三行注　雄曰鳳。雌曰皇。「雌」，李作「雌」。「皇」，纂作「凰」。

二十葉四行注　儀。有容儀。○山井鼎《考文》：儀，有容儀。〔古本〕下有「也」字。「而率舞」下同。

二十葉四行注　備樂九奏而致鳳皇。「皇」，纂作「凰」。

二十葉四行注　不待九而率舞。「待」，纂作「侍」。

二十葉六行注　信皆和諧。○阮元《校記甲》：信皆和諧。「和諧」二字纂傳倒。

二十葉六行注　言神人治。「治」，八、岳、殿、庫作「洽」。○山井鼎《考文》：言神人治。〔古本〕「治」作「洽」，宋板同。〔古本〕「洽」下有「也」字。○浦鏜《正字》：言神人洽。

「治」誤「治」。○盧文弨《拾補》：言神人洽。毛本「洽」作「治」。「治」當作「洽」。○阮元《校記甲》：言神人洽。「治」，古本、岳本、宋板俱作「洽」。阮元《校記乙》同。

二十葉七行注　治成以樂。　「成」，纂、魏作「神」。

二十葉七行注　所以太平。　○山井鼎《考文》：所以太平。〔古本〕作「所以致太平也」。○盧文弨《拾補》：所以太平。古本「以」下有「致」字，「平」下有「也」字。○阮元《校記甲》：所以太平。古本作「所以致太平也」。○《定本校記》：所以太平。「太」上内野本、神宫本、足利本有「致」字。

二十葉八行疏　大聖納其昌言。　「大」，永作「太」。

二十葉八行疏　功成道洽。　「洽」，永作「治」。

二十葉九行疏　鳴球玉之磬。　「球」，十、永作「求」。

二十葉十行疏　此堂上之樂所感深矣。　「深」，永作「㴱」。「深」下魏無「矣」字。

二十葉十一行疏　止樂用敔。　「敔」，毛作「歒」。

二十葉十一行疏　吹笙擊鐘。　「鐘」，八、魏、十、永、閩、阮作「鍾」。

二十葉十二行疏　作之九成。　「九」，單作「几」。

二十葉十三行疏　言舜政教平而樂音和。　「政」，魏、十、永、阮作「致」。○阮元《校記甲》：言舜政教平。「政」，十行本誤作「致」。

二十葉十四行疏　漢初以來。　「以」，單、八、魏、十、永、閩作「巳」，阮作「已」。

二十葉十六行疏　柷如漆桶。　「漆」，永作「漆」。

二十葉十七行疏　連底挏之。　「底」，單、八、魏、要、十、永、閩、阮作「氐」。

二十葉十七行疏　令左右擊。　「左」，毛作「右」。○物觀《補遺》：令右右擊止者。〔宋板〕「右右」作「左右」。○盧文弨《拾補》：令左右擊。毛本「左」作「右」。「右」當作「左」。○阮元《校記甲》：令右右擊。上「右」字宋板、十行、閩、監俱作「左」，是也。

二十葉十八行疏　以木長一尺擽之。　「擽」，單、八、魏、要、十、永、閩、阮作「櫟」。

二十葉十八行疏　戛敔之本名爲鼚。　「本」，單、八、魏、要、十、永、閩、殿、庫、阮作「木」。○浦鏜《正字》：戛敔之木名爲鼚。「木」誤「本」。○盧文弨《拾補》：戛敔之木名爲鼚。毛本「木」作「本」。「本」當作「木」。○阮元《校記甲》：戛敔之本名爲鼚。「本」，十行、閩本俱作「木」。○阮元《校記乙》：戛敔之木名爲鼚。閩本同。毛本「木」作「本」。

二十葉十八行疏　戛即櫟也。　「櫟」，毛、殿、庫作「擽」。

二十葉十八行疏　漢禮器制度及白虎通。「器」，永「噐」。

二十一葉一行疏　馬融鄭玄李巡其説皆爲然也。○浦鏜《正字》：馬融、鄭玄、李廵其説皆爲然也。監本「廵」字缺。

二十一葉一行疏　實之以糠。「實」，十作「寘」。

二十一葉二行疏　釋器云。球。玉也。○浦鏜《正字》：釋器云：球，玉也。「釋器」誤「釋樂」。「球」，爾雅作「璆」。

二十一葉二行疏　商頌云依我磬聲。「頌」，十作「頒」。「云」，要作「曰」。

二十一葉三行疏　磬亦玉磬也。「玉磬」，殿、庫作「玉聲」。

二十一葉三行疏　鄭玄云磬。懸也。而以合堂上之樂。「玄」下魏無「云」字。○浦鏜《正字》：磬，懸也，而以合堂上之樂。續通解無「也」字。案：所引與詩箋微異。○盧文弨《拾補》：磬，懸也，而以合堂上之樂。浦云：續通解無「也」字。案：所引與詩箋微異。

二十一葉三行疏　然則鄭以球玉之磬懸于堂下。「于」，要作「於」。

二十一葉八行疏　以柷敔是樂之始終。「敔」，八作「[illegible]」。

二十一葉九行疏　皆當彈擊。「彈」，永作「強」。

二十一葉九行疏　鄭玄以戛擊鳴球三者。　○阮元《校記甲》：鄭元以戛擊鳴球三者。按：「球」，衍文。阮元《校記乙》同。

二十一葉十行疏　皆摠下樂擽擊此四器也。　「摠」，殿、庫作「總」。「擽」，單、八、魏、十、永、閩、阮作「櫟」。

二十一葉十行疏　樂器惟敔當擽耳。　「擽」，單、八、魏、十、永、阮作「櫟」。

二十一葉十行疏　四器不擽。　「擽」，單、八、魏、十、永、閩、阮作「櫟」。

二十一葉十二行疏　尊於羣后。　「后」，十、永作「治」。

二十一葉十三行疏　丹朱亦以德讓矣。　「矣」，單、八作「也」。○山井鼎《考文》：丹朱亦以德讓矣。〔宋板〕「矣」作「也」。○盧文弨《拾補》：丹朱亦以德讓也。毛本「也」作「矣」。「矣」當作「也」。○阮元《校記甲》：丹朱亦以德讓矣。「矣」，宋板、纂傳俱作「也」。阮元《校記乙》同。

二十一葉十三行疏　故言與諸侯助祭年爵同者。　「年」，殿、庫作「班」。

二十一葉十三行疏　推先有德也。　「推」，永作「惟」。

二十一葉十八行疏　各自更互見之。　○盧文弨《拾補》：其名各自更互見也。毛本「也」作「之」。「之」當作「也」。

二十二葉三行疏　釋詁云。間。代也。　「間」，單、殿、庫作「閒」。

二十二葉三行疏　間厠之代也。　「間」，單、殿、庫作「閒」。

二十二葉四行疏　更迭間厠。　「間」，單、殿、庫作「閒」。

二十二葉四行疏　故間爲迭也。　「間」，單、殿、庫作「閒」。

二十二葉五行疏　禮云凡行容惕惕。大夫濟濟。士蹌蹌。　「凡」，八作「几」。「惕惕」，單作「愓愓」，十、阮作「惕惕」，永作「揚揚」。○盧文弨《拾補》：禮云凡行容惕惕，大夫濟濟，士蹌蹌。「惕惕」二字誤「愓愓」，此玉藻文，音傷。「士蹌蹌」，此曲禮文。○阮元《校記甲》：凡行容惕惕。「惕惕」，十行本作「愓愓」，是也。○張鈞衡《校記》：行容惕惕（揚揚）。阮本作「惕惕（愓愓）」。

二十二葉六行疏　正義曰。韶是舜樂。　「曰」，魏作「云」。

二十二葉八行疏　是儀謂有容儀也。　「謂」，單、八、魏、十、永、阮作「爲」。○山井鼎《考文》：是儀謂有容儀也。〔宋板〕「謂」作「爲」。○盧文弨《拾補》：是儀爲有容儀也。毛本「爲」作「謂」。「謂」當作「爲」。○阮元《校記甲》：是儀謂有容儀也。「謂」，宋板、十行俱作「爲」。

二十二葉十一行疏　鳳皇難致。　「難」，魏作「雖」。

二十二葉十一行疏　依上下遞奏間合而後曲成。　「間」，單、殿、庫作「閒」。

二十二葉十二行疏　非堂上堂下別有所感。　「所」，阮作「忻」。

二十二葉十三行疏　摠上下之樂。　「摠」，要、殿、庫作「總」。

二十二葉十三行疏　言九成致鳳。　「鳳」，永、阮作「奉」。○阮元《校記甲》：言九成致鳳。「鳳」，十行本誤作「奉」。○阮元《校記乙》：言九成致奉。案：「鳳」誤作「奉」。

二十二葉十三行疏　故別言爾。　「爾」，薈作「耳」。

二十二葉十四行疏　具引此文。　「具」，永作「其」。

二十二葉十四行疏　乃云此其在於宗廟九奏効應也。　○浦鏜《正字》：此其在于宗廟九奏效應也。鄭周禮記(注)無「在」字。○盧文弨《拾補》：此其在於宗廟九奏効應也。鄭注無「在」字。

二十二葉十五行疏　六變而致象物及天神。　「象」下「物」字十爲空白。「及」，十、永作「反」。

二十二葉十五行疏　有象在天。　「象」下永有「有」字。

二十二葉十七行疏　周官所謂唐虞稽古。　「古」，閩作「右」。

二十二葉十七行疏　祖考來格。　「格」，魏作「恪」。

二十二葉十七行疏　言神人洽。　「洽」，魏作「治」。○《定本校記》：言神人洽。「洽」，〔足利〕八行本誤作「治」。

二十二葉十八行疏　言其始用任賢。　「用」，單、八、魏作「於」。○山井鼎《考文》：言其始用任賢。〔宋板〕「用」作「於」。○浦鏜《正字》：言其始于（於）任賢。「於」誤「用」。○盧文弨《拾補》：言其始於任賢。毛本「於」作「用」。「用」當作「於」。○阮元《校記甲》：言其始用任賢。「用」，宋板作「於」。阮元《校記乙》同。

二十三葉一行經　勅天之命。　○盧文弨《拾補》：勅天之命。毛本「勅」作「勑」。「勑」當作「勅」。薛作「敕」，與「勅」同。

二十三葉二行注　奉正天命以臨民。　「正」，十作「天」。

二十三葉三行注　惟在慎微。　○山井鼎《考文》：惟在慎微。〔古本〕下有「也」字。「百官之業乃廣」下、「敬其職」下、「無懈怠」下、「以成其義」下、「無大略」下並同。

二十三葉四行注　股肱之臣。　「臣」，永作「目」。

二十三葉五行注　**君之治功乃起。**　「起」，王作「成」。

二十三葉九行釋文　**省。悉井反。**　「井」，殿、庫作「并」。○物觀《補遺》：省，悉井反。〔經典釋文〕「井」作「并」。○阮元《校記甲》：省，悉井反。「并」，毛本作「井」字。按：葉抄亦作「井」，與集韻合。

二十三葉十行釋文　**懈。佳賣反。**　「佳」，殿、庫作「隹」。

二十三葉十行經　**乃賡載歌曰。**　○盧文弨《拾補》：乃賡載歌曰。毛本「賡」作「賡」，譌。

二十三葉十一行注　**賡。續。載。成也。**　○物觀《補遺》：賡，續。載，成也。〔古本〕「續」下有「也」字。

二十三葉十四行注　**其功不成。歌以申戒。**　○山井鼎《考文》：歌以申戒。〔古本〕作「故歌以申戒也」。○阮元《校記甲》：歌以申戒。古本作「故歌以申戒也」。

二十三葉十五行釋文　**叢。徂公反。**　「徂」，王、纂、魏、岳、殿、庫作「才」，十、永、閩、阮作「太」。○山井鼎《考文》：叢，徂公反。〔經典釋文〕「徂」作「才」。○阮元《校記甲》：叢，才公反。「才」，毛本作「徂」，十行本誤作「太」字。按：「徂公」即「才公」。

二十三葉十五行釋文　**徐音瑣。**　「瑣」，王、魏、十、閩、阮作「鎻」，纂、永作「鎖」。○阮元《校記甲》：脞，徐音瑣。「瑣」，十行本誤作「鎻」。

二十三葉十五行釋文　馬云叢。揔也。「揔」，殿、庫作「總」。

二十三葉十五行經　帝拜曰。俞。往欽哉。○山井鼎《考文》：帝拜曰：俞，往欽哉。〔古本〕無「帝拜」二字。○阮元《校記甲》：帝拜曰：俞。古本無「帝拜」二字。阮元《校記乙》同。

二十三葉十六行注　戒羣臣自今以往。「以」，永作「日」。

二十三葉十六行疏　帝庸至往欽哉。「至」下魏無「往」字。

二十三葉十七行疏　將歌而先爲言曰。人君奉正天命以臨下民。「正」，永作「政」。「天」，十、永、閩作「大」。

二十四葉二行疏　又當數自顧省巳之成功而敬終之哉。「又」，永作「及」。

二十四葉四行疏　則股肱之臣。懈怠緩慢哉。「怠」，單、八、魏作「惰」。

二十四葉四行疏　帝拜而受之曰然。「曰」，十作「口」。

二十四葉五行疏　正義曰。此承夔言之下。「曰」，十作「日」。

二十四葉六行疏　言人君奉正天命以臨下民。「人君」，單、八、魏、十、永、閩、阮作「天合」。「正」，毛作「政」。○山井鼎《考文》：言人君奉政天命以臨下民。〔宋板〕作「言天合奉正天命以臨下民」，正、嘉二本同。謹按不可解也。○浦鏜《正字》：言人君奉正天命。「正」，毛本誤「政」。○盧文弨《拾補》：言人君奉正天命以臨下。毛本「正」作「政」。「政」當作「正」。○阮元《校記甲》：人君奉政天命。宋板、十行、正、嘉閩本俱作「言天合奉正天命」。山井鼎曰：不可解也。按：「天合」當作「人君」，「政」當作「正」，惟監本得之。○阮元《校記乙》：天合奉正天命。宋板、閩本同。山井鼎曰：不可解也。按：「天合」當作「人君」，明監本得之。毛本「正」誤「政」。○《定本校記》：言天合奉正天命。「天合」二字監本改作「人君」，是也。

二十四葉七行疏　不忽細事也。「忽」，永、阮作「忍」。○阮元《校記甲》：惟在慎微，不忽細事也。「忽」，十行本誤作「忍」。○阮元《校記乙》：惟在慎微，不忍細事也。案：「忍」當作「忽」，各本皆不誤。

二十四葉八行疏　正義曰。釋詁云。元首。首也。「詁」，要作「古」。「元首」，單、八、魏、要、十、永、閩、阮作「元良」。○阮元《校記甲》：元首，首也。「元首」，十行、閩本俱作「元良」，與釋詁合。○阮元《校記乙》：元良，首也。毛本「元良」作「元首」。案：「元良」與釋詁合。

二十四葉九行疏　此以元首共爲頭也。「以元」，要作「元以」。

二十四葉十行疏　言無廢事業。「廢」，阮作「變」。○張鈞衡《校記》：無廢事業。阮本「廢」作「變」。

二十四葉十行疏　故衆功皆起。「皆」，永作「背」。

二十四葉十行疏　憲法至其職。「職」，魏、永、阮作「識」。○阮元《校記甲》：傳憲法至其職。「職」，十行本誤作「識」。○阮元《校記乙》：傳憲法至其識。毛本「識」作「職」，是也。

二十四葉十一行疏　天子率臣下爲起治之事。「子」，永作「下」。

二十四葉十二行疏　今數顧省之。「今」，單、八、十、永、阮作「令」。○物觀《補遺》：今數顧省之。〔宋板〕「今」作「令」。○盧文弨《拾補》：令數顧省之。毛本「令」作「今」。「今」當作「令」。○阮元《校記甲》：今數顧省之。「令」，宋板、十行俱作「令」。○阮元《校記乙》：令數顧省之。宋板同。毛本「令」作「今」。

二十四葉十二行疏　敬終以善。「善」，十、永作「盖」，閩作「蓋」。

二十四葉十三行疏　正義曰。詩云。西有長賡。○浦鏜《正字》：詩云西有長賡。「賡」，毛本作「庚」。（彙校者案：毛本作「賡」。）○盧文弨《拾補》：詩云西有長賡。「賡」本作「庚」。○阮元《校記甲》：西有長賡。孫志祖云：詩作「長庚」。阮元《校記乙》同。

二十四葉十六行疏　鄭以叢脞△揔△聚小小之事以亂大政。　「脞」，魏作「挫」。「揔」，要、殿、庫作「總」。

二十四葉十七行疏　爲義△同而文變耳。　「義」，單、八、魏、要、十、永、閩作「一」。○阮元《校記甲》：爲義同而文變耳。「義」，十行、閩本俱作「一」，是也。○《定本校記》：爲一同而文變耳。「一」，監本改作「義」，恐是。

尚書註疏卷第六　漢孔氏傳　唐孔穎達疏

皇明朝列大夫國子監祭酒臣田一儁

奉訓大夫司經局洗馬管司業事臣盛訥等奉

勑重校刊

禹貢第一　夏書

禹別九州。傳 分其圻界。○別。彼列反。九州。周公職錄云。黄帝受命。風后受圖。割地布九州。鄹子云。中國爲赤縣。内有九州。春秋說題辭云。州之言殊也。圻。其依反。

隨山濬川。傳 刊其木。深其流。○濬。思俊反。刊。若安反。

任土作貢。傳 任其土地所有。定其貢賦之差。此堯時事。而在夏書之首。禹之王

萬曆十五年刊

以是功。○任，而鴆反。貢，字或作贛。王，于況反。

疏 禹別至作貢○正義曰：禹分別九州之界，隨其所至之山，刊除其木，深大其川，使得注海。水害既除，地復本性，任其土地所有，定其貢賦之差。史錄其事，以爲禹貢之篇。○傳分其圻界○正義曰：詩傳云：圻，疆。分其疆界，使有分限，計九州之境，當應舊定，而云禹別者，以堯遭洪水，萬事改新，此爲作貢生文，故言禹別耳。○傳刊其木深其流○正義曰：經言隨山刊木，序以較略爲文，直言隨山，不云隨山爲何事，故傳明之。隨山，刊其木也；濬川，深其流也。隨山本爲濬川，故連言之。○傳任其至是功○正義曰：九州之土，物產各異，任其土地所有，以定貢賦之差。既任其所有，亦因其肥瘠多少不同，制爲差品。鄭玄云：任土，謂定其肥磽之所生。是言用肥瘠多少爲差也。賦者，自上稅下之名，謂治田出穀，故經定其差等，謂之厥賦。貢者，從下獻上之稱，謂以所出之穀市其土地所生異物，獻其所有，謂之厥貢。雖以所賦之物爲貢用，賦物不盡有也，亦有全不用賦物，直隨地所有，採取以爲貢者。此之所貢。卽與周禮大宰九貢不殊。但周禮分之爲九耳。其賦與周禮九賦全異。彼賦謂口率出錢。不言作賦而云作貢者。取下供上之義也。諸序皆言作某篇。此序不言作禹貢者。以發首言禹。句末言貢。篇名足以顯矣。百篇之序。此類有三。微子作誥父師少師。不言作微子。仲虺作誥。不言作仲虺之誥。與此篇皆爲理足而略之也。又解篇在此之意。此治水是堯末時事。而在夏書之首。禹之得王天下。以是治水之功。故以爲夏書之首。此篇史述時事。非是應對言語。當是水土既治。史卽錄此篇。其初必在虞書之內。蓋夏史抽入夏書。或仲尼始退其第。事不可知也。

禹貢。

傳　禹制九州貢法。

疏　禹貢○正義曰。此篇史述爲文。發首奠高山大川。言禹治九州之水。水害既除。定山川次秩。與諸州爲引序。自導岍至嶓冢。條說所治之山。言其首尾相及也。自導弱水至導洛。條說所治之水。言其發源注海也。自九州攸同至成賦中邦。

總言水土既平。貢賦得常之事也。錫土姓三句。論天子於土地在行德教之事也。自五百里甸服至二百里流。總言四海之內。量其遠近。分爲五服之事也。自東漸于海以下。總結禹功成受錫之事也。○傳禹制九州貢法○正義曰。禹制貢法。故以禹貢名篇。貢賦之法。其來久矣。治水之後。更復改新。言此篇貢法是禹所制。非禹始爲貢也。

禹敷土。隨山刊木。傳洪水汎溢。禹分布治九州之土。隨行山林。斬木通道。○敷。芳無反。馬云。分也。汎。敷劒反。行。下孟反。**奠高山大川。**傳奠。定也。高山。五岳。大川。四瀆。定其差秩。祀禮所視。○奠。田遍反。瀆。音獨。下同。疏禹敷至大川○正義曰。言禹分布治此九州之土。其治之也。隨行所至之山。除木通道。決流其水。水土既平。乃定其高山大川。謂定其次秩尊卑。使知祀禮所視。言禹治其山川使復常也。○傳洪水至通道。○正義曰。詩傳云。汎汎流也。汎是水流之貌。洪水流而汎溢。漫壞民居。故禹分布治之。知者。文十八年左傳云。舉八凱使主后土。則伯益之輩。佐禹多矣。禹必身行九州。規謀設法。乃使佐己之人。分布治之。於時平地盡爲流潦。鮮有陸行之路。故將欲治水。隨行山林。斬木通道。鄭云必隨州中之山而登之。除木爲道以望觀所當治者。則規其形而度其功焉。是言禹登山之意也。孟子曰。禹三過門不入。其家門猶三過之。則其餘所歷多矣。來而復往。非止一處。故言分布治之也。○傳奠定至所視。○正義曰。禮定器於地。通名爲奠。是奠爲定也。山之高者。莫高於岳。川之大者。莫大於瀆。故言高山五岳。謂嵩岱衡華恒也。大川四瀆。謂江河淮濟也。此舉高大爲言。卑小亦定之矣。舜典云。望秩於山川。故言定其差秩。定其大小次敘也。定其祀禮所視。謂王制所云五岳視三公。四瀆視諸侯。其餘視伯子男。往者洪水滔天。山則爲水所包。川則水皆汎溢。祭祀禮廢。今始定之。以見水土平。復舊制也。經云。荆岐既旅。蔡蒙旅平。九山刊旅。是次秩既定。故旅祭之。**冀州既載。**【傳】堯所都也。先施貢賦役載於書。○冀。居器反。州九州名義見爾雅音。載。如字。載。載於書也。馬同。鄭韋昭云。載事。

也。【疏】冀州○正義曰。九州之次。以治爲先後。以水性下流。當從下而泄。故治水皆從下爲始。冀州帝都。於九州近北。故首從冀起。而東南次兗。而東南次青。而南次徐。而南次揚。從揚而西次荆。從荆而北次豫。從豫而西次梁。從梁而北次雍。雍地最高。故在後也。自兗已下。皆準地之形勢。從下向高。從東向西。青徐揚三州。並爲東偏。雍州高於豫州。豫州高於青徐。雍豫之水。從青徐而入海也。梁高於荆。荆高於揚。梁荆之水。從揚而入海也。兗州在冀州東南。冀兗二州之水。各自東北入海也。冀州之水。不經兗州。以冀是帝都。河爲大患。故先從冀起。而次治兗。若使冀州之水東入兗州。水無去處。治之無益。雖是帝都。不得先也。此經大體。每州之始。先言山川。後言平地。青州梁州。先山後川。徐州雍州。先川後山。兗揚荆豫。有川無山。揚豫不言平地。冀州田賦之下。始言恆衛既從。史以大略爲文。不爲例也。每州之下。言水路相通。通向帝都之道。言禹每州事了。入朝以白帝也。○傳堯所至於書。○正義曰。史傳皆云堯都平陽。五子之歌曰。惟彼陶唐。有此冀方。是冀州堯所都也。諸川冀爲其先。治水先從冀起。爲諸州之首。記其役功之法。既載者。言先施貢賦役。載於書也。謂計人多少。賦功配役。載於書籍。然後徵而用之。以治水也。冀州如此。則餘州亦然。故於此特記之也。王肅云。言已賦功屬役。載於書籍。傳意當然。鄭云。載之言事。事謂作徒役也。禹知所當治水。又知用徒之數。則書於策以告帝。徵役而治之。惟解載字爲異。其意亦同孔也。

壺口。治梁及岐。傳壺口在冀州。梁岐在雍州。從東循山治水而西。○壺音胡。馬云。壺口。山名。治。如字。岐。其宜反。雍。於用反。後州名同。疏傳壺口至而西

○正義曰。史記稱高祖入咸陽。蕭何先收圖籍。則秦焚詩書。圖籍皆在。孔君去漢初七八十年耳。身爲武

帝博士。必當具見圖籍。其山川所在。必是驗實而知
壺口在冀州。梁岐在雍州。當時疆界爲然也。此於冀
州之分。言及雍州之山者。從東循山治水而西故也。
鄭云於此言治梁及岐者。蓋治水從下起以襄水害
易也。班固作漢書地理志。據前漢郡縣言山川所在。
志云壺口在河東北屈縣東南。應劭云。已有南屈。故
稱北屈。梁山在左馮翊夏陽縣西北。岐山在右扶風
美陽縣西北。然則壺口西至梁山。梁山西至岐山。從
東而向西言之也。經於壺口之下言**既修太原。至于**
治者。孔意蓋云欲見上下皆治也。

岳陽。（傳）高平曰太原。今以爲郡名。岳。太岳。在太原西
南。山南曰陽。○岳字又作嶽。太岳。山名。陽。山南曰陽。水北亦曰陽。【疏】（傳）高平至曰陽。○正
義曰。太原。原之大者。漢書以爲郡名。傳欲省文。故云
高平曰太原。今以爲郡名。即晉陽縣是也。釋地云。廣
平曰原。高平曰陸。孔以太原地高。故言高平。其地高
而廣也。下文導山云壺口雷首。至于太岳。知此岳即

太岳也。屬河東郡。在太原西南也。地理志。河東彘縣東有霍太山。此彘縣周厲王所奔。順帝改爲永安縣。周禮職方氏。冀州其山鎮曰霍山。即此太岳是也。山南見日。故山南曰陽。此說循理平地。言從太原至岳山之南。故云岳陽也。

覃懷厎績。至于衡漳。（傳）覃懷近河地名。漳水横流入河。從覃懷致功至横漳。○覃徒南反。厎之履反。衡如字。横也。馬云水名。漳音章。近附近之近。

【疏】（傳）覃懷至衡漳。○正義曰。地理志。河内郡有懷縣。在河之北。蓋覃懷二字共爲一地。故云近河地名。衡即古横字。漳水横流入河。故云横漳。漳在懷北五百餘里。從覃懷致功而北至横漳也。地理志云。清漳水出上黨沾縣大黽谷。東北至勃海阜城縣入河。過郡五。行千六百八十里。此沾縣因水爲名。志又云。沾水出壺關。志又云。濁漳水出長子縣。東至鄴縣入清漳。鄭玄亦云。横漳。漳水横流。王肅云。衡漳。二水名。

厥土惟白壤。（傳）無塊曰壤。水去。土復其性色白而壤○壤若丈反馬云天性和美也埴若對反【疏】傳無塊至而壤○正義曰九章筭術穿地四爲壤五壤爲息土則壤是土和緩之名故云無塊曰壤此土本色爲然水去土復其性色白而壤雍州色黄而壤豫州直言壤不言其色蓋州内之土不純一色故不得言色也

厥賦惟上上錯。傳賦謂土地所生以供天子上上第一錯雜雜出第二之賦○上如字賦第一錯倉各反馬云地有上下相錯通率第一供音恭【疏】傳賦謂至之賦○正義曰以文承厥土之下序云任土作貢又賦者稅斂之名往者洪水爲災民皆墊溺九州賦稅蓋亦不行水災既除土復本性以作貢賦之差故云賦謂土地所生以供天子謂稅穀以供天子鄭玄云此州入穀不貢是也因九州差爲九等上上是第一也交錯是間雜之義故錯爲雜也顧氏云上上之下即次上中故云雜出第二之賦也孟子稱稅什一爲正輕之於堯舜爲大貊小貊重之於堯舜爲大桀小桀。則此時亦什一。稅俱什一而得爲九等差者。人功有强弱。收穫有多少。傳以荆州田第八。賦第三。爲人功修也。雍州田第一。賦第六。爲人功少也。是據人功多少。揔計以定差。此州以上上爲正。而雜爲次等。言出上上時多。而上中時少也。多者爲正。少者爲雜。故云第一。此州言上上錯者。少在正下。故先言上上而後言錯。豫州言錯上中者。少在正上。故先言錯而後言上中。揚州云下上上錯。不言錯下上者。以本設九等。分三品爲之上中下。下上本是異品。故變文言下上上錯也。梁州云下中三錯者。梁州之賦凡有三等。其出下中時多。故以下中爲正。上有下上。下有下下。三等雜出。故言三錯。足明雜有下上下下可知也。此九等所較無多。諸州相準爲等級耳。此計大率所得。非上科定也。但治水據田責其什一。隨土豐埆。是上之任土。而下所獻自有差降。即以差等爲上之定賦也。然一升一降不可常同。冀州自出第二。與豫州同時則無第一之賦。豫州與冀州等一同時。則無第二之賦。或容如此。事不可恆。鄭玄云賦之差。

一井。上上出九夫稅。下下出一夫稅。通率九州一井稅五夫。如鄭此言。上上出稅九倍多於下下。鄭詩箋云井稅一夫。其田百畝。若上上一井稅一夫。則下下九井乃出一夫。稅太少矣。若下下井稅一夫。則上上全入官矣。豈容輕重頓至是乎。**厥田惟中中。**傳 田之高下肥瘠。九州之中爲第五。○中竹仲反。又如字。中。馬云。土地有高下。肥符非反。瘠在亦反。疏 傳田之至第五。○正義曰。鄭玄云。田著高下之等者。當爲水害備也。則鄭謂地形高下爲九等也。王肅云。言其土地各有肥瘠。則肅定其肥瘠以爲九等也。如鄭之義。高處地瘠。出物既少。不得爲上。如肅之義。肥處地下。水害所傷。出物既少。不得爲上。故孔云。高下肥瘠共相參對以爲九等。上言敷土。此言厥田。田土異者。鄭玄云。地當陰陽之中。能吐生萬物者曰土。據人功作力競得而田之。則爲之田。田土異名。義當然也。**恆衛既從。大陸既作。**傳 二水已治。從其故道。大陸之地。

巳可耕作。○從才容反。【疏】傳二水至耕作。○正義曰。二水汎溢漫流。巳治。從其故道。故今巳可耕作也。青州濰淄其道。與此恒衛既從。同是從故道也。荊州雲土夢作乂。與此大陸既作。同是水治可耕作也。其文不同。史異辭耳。無義例也。壺口與雍州之山連文。故傳言壺口在冀州。此無所嫌。故不言在冀州。以下皆如此也。地理志云。恒水出常山上曲陽縣。東入滱水。衛水出常山靈壽縣。東北入滹沲。大陸在鉅鹿縣北。釋地十藪云。晉有大陸。孫炎等皆云。今鉅鹿縣北廣河澤也。郭璞云。廣河猶大陸。以地名言之。近爲是也。春秋魏獻子畋于大陸。焚焉。還卒于甯。杜氏春秋說云。嫌鉅鹿絕遠。以爲汲郡修武縣吴澤也。甯卽修武也。然此二澤。相去甚遠。所以得爲大陸者。以爾雅廣平曰陸。但廣而平者。則名大陸。故異所而同名焉。然此二澤地形卑下。得以廣平爲陸者。澤雖卑下。旁帶廣平之地。故統名焉。故大陸澤名。廣河。以旁近大陸故也。

島夷皮服。（傳）海曲謂之島。居島之夷還服其皮。明水害除。○島當老反。馬云。島夷。北夷國。疏 傳海曲至害除○正義曰。孔讀鳥爲島。島是海中之山。九章筭術所云海島邈絕不可踐量是也。傳云。海曲謂之島。謂其海曲有山。夷居其上。此居島之夷。常衣鳥獸之皮。爲遭洪水。衣食不足。今還得衣其皮服。以明水害除也。鄭玄云。鳥夷東方之民。搏食鳥獸者也。王肅云。鳥夷東北夷國名也。與孔不同。

夾右碣石入于河。傳碣石。海畔山。禹夾行此山之右。而入河逆上。此州帝都。不說境界。以餘州所至則可知。先賦後田。亦殊於餘州。不言貢篚。亦差於餘州。○夾音協。註同。帶也。碣其列反。韋昭其逝反。上時掌反。篚方尾反。疏 傳碣石至餘州○正義曰。地理志。碣石山在北平驪城縣西南。是碣石爲海畔山也。鄭云。戰國策。碣石在九門縣。今屬常山郡。蓋別有碣石與此名同。今驗九門無此山也。下文導河入于海。

傳云。入於渤海。渤海之郡。當以此海爲名。計渤海北距碣石五百餘里。河入海處遠在碣石之南。禹行碣石。不得入於河也。蓋遠行通水之處。北盡冀州之境。然後南迴入河而逆上也。夾右者。孔云。夾行此山之右。則行碣石山西。南行入河。在碣石之右。故云夾右也。顧氏亦云。山西曰右。鄭玄云。禹由碣石山西。北行盡冀州之境。還從山東南行入河。鄭以北行則東爲右。南行西爲右。故夾山兩旁。山常居右。與孔異也。梁州傳云。浮東渡河而還帝都。白所治也。則入河逆上。爲還都白所治也。禹之治水。必每州巡行。度其形勢。計其人功。施設規模。指授方略。令人分布並作。還都白帝所治。於時帝都近河。故於每州之下。皆言浮水達河。記禹還都之道也。冀兗徐荆豫梁雍州各自言河。惟青揚二州不言河耳。兗州云浮于濟漯。達于河。故青州直云達于濟。徐州云浮于淮泗。達于河。故揚州云達于淮泗。皆記禹入河之道也。王肅云凡每州之下說諸治水者。禹功主於治水。故詳記其所治之州。往還所乘涉之水名。肅惟不言還都白帝。亦謂爲治水故浮水也。鄭玄以爲治水既畢。更復行之。觀地肥瘠。定貢賦上下。其意與孔異也。八州皆言境界。而此獨無。故解之。此州帝都不說境界。以餘州所至則可知也。兗州云濟河。自東河以東也。豫州云荆河。自南河以南也。雍州云西河。自西河以西也。明東河之西。西河之東。南河之北。是冀州之境也。馬鄭皆云冀州不書其界者。時帝都之。使若廣大然。文既局以州名。復何以見其廣大。是妄說也。又解餘州先田後賦。此州先賦後田。田亦如境界殊於餘州也。言殊者當爲田賦以收穫爲差。田以肥瘠爲等。若田在賦上。則賦宜從田。田美則宜賦重。無以見人功修否。故令賦先於田也。以見賦由人功。此州既見此理。餘州從而可知。皆令賦在田下。欲見賦從田出。爲此故殊於餘州也。鄭玄云此州入穀不貢。下云五百里甸服。傳云爲天子服治田。是田入穀。故不獻貢篚。差異於餘州也。甸服止方千里。冀之北上境界甚遥。遠都之國必有貢篚。舉大略而言也。

濟河惟兗州。（傳）東南據濟。西北距河。○濟子禮

反。下同。兗。【疏】兗州○傳東南至距河○正義曰。此下
悅轉反。八州。發首言山川者。皆謂境界所及也。
據。謂跨之距。至也。濟河之間相去路近。兗州之境跨
濟而過東南越濟水。西北至東河也。李巡注爾雅解
州名云。兩河間其氣清。性相近。故曰冀。冀近也。濟河
間其氣專質。性信謙。故云兗。兗信也。淮海間其氣寬
舒。稟性安徐。故曰徐。徐舒也。江南其氣燥勁。厥性輕
揚。故曰揚。揚輕也。荆州其氣燥剛。稟性彊梁。故曰荆。
荆彊也。河南其氣著密。厥性安舒。故曰豫。豫舒也。河
西其氣蔽壅。受性急凶。故云雍。雍壅也。爾雅九州無
梁青。故李巡不釋。所
言未必得其本也。

九河既道。傳河水分爲九道。在此州界。平原以北是。○九河徒駭一。太史二。馬頰三。覆釜四。胡蘇五。簡六。絜七。鉤盤八。鬲津九。出爾雅。【疏】傳河水至北是○正義曰。河自大陸之北敷爲九河。謂大陸在冀州。嫌九河亦在冀州。故云在此州界也。河從大陸東畔北行。而東北入海。冀州之東境至河之西畔。水分大河東爲九

道。故知在兖州界平原以北是也。釋水。載九河之名云。徒駭。太史。馬頰。覆釜。胡蘇。簡。絜。鉤盤。鬲津。李巡曰。徒駭。禹疏九河。以徒衆起。故云徒駭。太史。禹大使徒衆。通其水道。故曰太史。馬頰。河勢上廣下狹。狀如馬頰也。覆釜。水中多渚。往往而處。形如覆釜。胡蘇。其水下流。故曰胡蘇。胡。下也。蘇。流也。簡。大也。河水深而大也。絜。言河水多山石。治之苦絜。絜。苦也。鉤盤。言河水曲如鉤。屈折如盤也。鬲津。河水狹小。可鬲以爲津也。孫炎曰。徒駭。禹疏九河。用功雖廣。衆懼不成。故曰徒駭。胡蘇。水流多散胡蘇然。其餘同李巡。郭璞云徒駭。今在成平東光縣。今有胡蘇亭。覆釜之名同李巡。餘名皆云其義未詳。計禹陳九河。云復其故道。則名應先有。不宜徒駭太史因禹立名。此郭氏所以未詳也。或九河雖舊有名。至禹治水。更別立名。即爾雅所云是也。漢書溝洫志。成帝時。河隄都尉許商上書曰。古說九河之名。有徒駭胡蘇鬲津。今見在成平東光鬲縣界中。自鬲津以北至徒駭。其間相去二百餘里。是知九河所在。徒駭最北。鬲津最南。蓋徒駭是河之本道東出分爲八枝也。許商上言三河。下言三縣。則徒駭在成平。胡蘇在東光。鬲津在鬲縣。其餘不復知也。爾雅九河之次。從北而南。既知三河之處。則其餘六者。太史馬頰覆釜。在東光之北。成平之南。簡絜鉤盤在東光之南。鬲縣之北也。其河塡塞。時有故道。鄭玄云。周時齊桓公塞之。同爲一河。今河間弓高以東。至平原鬲津。往往有其遺處。春秋緯寶乾圖云。移河爲界在齊呂。塡閼八流以自廣。鄭玄蓋據此文。爲齊桓公塞之也。言閼八流拓境。則塞其東流八枝。并使歸於徒駭也。

雷夏既澤灉沮會同

傳　雷夏。澤名。灉沮二水。會同此澤。○灉。徐音邕。王於用反。沮。七餘反。

疏　傳雷夏至此澤○正義曰。洪水之時。高原亦水。澤不爲澤。雷夏既澤。高地水盡。此復爲澤也。於澤之下。言灉沮會同。謂二水會合而同入此澤也。地理志云。雷澤在濟陰城陽縣西北。

桑土既蠶是降丘宅土

傳　地高曰丘。大水去。民下丘居平土。就

桑蠶。○蠶在南反。疏桑土至宅土○正義曰。宜桑之土既得桑養蠶矣。洪水之時。民居丘上。於是得下丘陵。居平土矣。○傳地高至桑蠶○正義曰。釋丘云。非人爲之丘。孫炎曰。地性自然也。是地高曰丘也。降丘宅土。與既蠶連文。知下丘居平土就桑蠶也。計下丘居土。諸處皆然。獨於此州言之者。鄭玄云。此州寡於山。而夾川兩大流之間。遭洪水。其民尤困。水害既除。於是下丘居土。以其免於厄。尤喜。故記之。

厥土黑墳。傳色黑而墳起。○墳。扶粉反。後同。韋昭音勃僨反。起也。馬云。有膏肥也。

厥草惟繇。厥木惟條。傳繇。茂。條。長也。○繇。音遙。馬云。抽也。疏傳繇茂條長也○正義曰。繇是茂之貌。條是長之體。言草茂而木長也。九州惟此州與徐揚三州言草木者。三州偏宜之也。宜草木。則地美矣。而田非上者。爲土下濕故也。

厥田惟中下。傳田第六。

厥賦貞。傳貞。正也。州第九。賦正與九相當。疏傳貞正至相當。○正義曰：周易象象皆以貞爲正也。諸州賦無下下，貞即下下，爲第九也。此州治水最在後畢，州爲第九成功，其賦亦爲第九，列賦於九州之差，與第九州相當，故變文爲貞，見此意也。作十有三載乃同。傳治水十三年，乃有賦法，與他州同。○載，馬、鄭本作年。疏傳治水至州同。○正義曰：作者，役功作務，謂治水也。治水十三年，乃有賦法，始得貢賦，與他州同也。他州十二年，此州十三年，此於他州最在後也。堯典言鯀治水九載，績用不成，然後堯命得舜，舜乃舉禹治水，三載功成，堯即禪舜。此言十三載者，并鯀九載數之。祭法云禹能脩鯀之功，明鯀已加功，而禹因之也。此言十三載者，記其治水之年，言其水害除耳，非言十三年內皆是禹之治水施功也。馬融曰：禹治水三年，八州平，故堯以爲功而禪舜。是十二年而八州平，十三年而兗州平。兗州平在舜受終之年也。厥貢漆絲，厥篚織文。傳地宜漆林，又宜桑蠶織文。

萬曆十五年刊　尚書疏卷六　十二

錦綺之屬。盛之筐篚而貢焉。○漆。音七。盛。音成。疏傳地宜至貢焉。○正義曰。任土作貢。此州貢漆。知地宜漆林也。周禮載師云。漆林之征。故以漆林言之。繒是織繒之有文者。是綾錦之別名。故云錦綺之屬。皆是織而有文者也。篚是入貢之時盛在於篚。故云盛之筐篚而貢焉。鄭玄云。貢者。百功之府受而藏之。其實於篚者。入於女功。故以貢篚別之。歷檢篚之所盛。皆供衣服之用。入於女功。如鄭言矣。檿絲中琴瑟之弦。亦是女功所爲也。織貝。鄭玄以爲織如貝文。傳謂織爲細紵。貝爲水物。則貝非服飾所須。蓋恐其損缺。故以筐篚盛之也。諸州無厥篚者。其諸州無入篚之物。故不貢也。漢世陳留襄邑縣置服官。使制作衣服。是兗州綾錦美也。

浮于濟漯達于河。

傳順流曰浮。濟。漯。兩水名。因水入水曰達。○漯。天答反。篇韻作他合反。疏傳順流至曰達。○正義曰。地理志云。漯水出東郡東武陽縣。至樂安千乘縣入海。過郡三。行千二十里。其濟。則下文具矣。是濟漯爲二水名也。言因水入水曰達。當謂從水入水。不須舍舟而陸行也。揚州云。沿于江海。達于淮泗。傳云沿江入海。自海入淮。自淮入泗。是言水路相通得乘舟經達也。案青州云浮于汶。達于濟。經言濟會于汶。浮汶得達濟也。此云浮于濟漯。達于河。從漯入濟。自濟入河。徐州云浮于淮泗。達于河。蓋以徐州北接青州。既浮淮泗。當浮汶入濟。以達于河也。

海岱惟青州。傳 東北據海。西南距岱。○岱。音代。疏 青州○傳東北至距岱泰山也。○正義曰。海非可越。而言據者。東萊東境之縣。浮海入海曲之間。青州之境非至海畔而已。故言據也。漢末有公孫度者。竊據遼東。自號青州刺史。越海收東萊諸郡。堯時青州當越海而有遼東也。舜爲十二州。分青州爲營州。營州即遼東也。

嵎夷既略。濰淄其道。傳 嵎夷地名。用功少曰略。濰淄二水復其故道。○嵎。音隅。濰。音惟。本亦作惟。又作維。淄。側其反。疏 傳嵎夷至故道○正義曰嵎夷地名即堯典宅嵎夷是也嵎夷萊夷和夷爲地名淮夷爲水名島夷爲狄名皆觀文爲說也略是簡易之義故用功少爲略也地理志云濰水出琅邪箕屋山北至都昌縣入海過郡三行五百二十里淄水出泰山萊蕪縣原山東北至千乘博昌縣入海

厥土白墳海濱廣斥

傳 濱涯也言復其斥鹵○濱必人反斥徐音尺說文云東方謂之斥西方謂之鹵鄭云斥謂地鹹鹵涯魚佳反

疏 傳濱涯至斥鹵○正義曰濱涯常訓也說文云鹵鹹地也東方謂之斥西方謂之鹵海畔迥闊地皆斥鹵故云廣斥言水害除復舊性也

厥田惟上下厥賦中上

傳 田第三賦第四

厥貢鹽絺海物惟錯

傳 絺細葛錯雜非一種○鹽餘占反絺勑其反種章勇反

岱畎絲枲鉛松怪石

傳 畎谷也怪異好石似玉者岱山之谷出此五物

皆貢之○畎工犬反徐本作畎谷臬思似反鉛寅專反字從谷谷音以選反怪如字怪石碱砆之屬【疏】傳畎谷至貢之○正義曰釋水云水注川曰谿注谿曰谷谷是兩山之間流水之道畎谷畎去水故言谷也怪石奇怪之石故云好石似玉也臬麻也鉛錫也岱山之谷有此五物美於他方所有故貢之也

萊夷作牧傳萊夷地名可以放牧○萊音來牧牧養之牧徐音目一音茂註同

厥篚檿絲傳檿桑蠶絲中琴瑟弦○檿烏簟反山桑也【疏】傳檿桑至瑟弦○正義曰釋木云檿桑山桑郭璞曰柘屬也檿絲是蠶食檿桑所得絲韌中琴瑟弦也

浮于汶達于濟【疏】浮于汶○正義曰地理志云汶水出泰山萊蕪縣原山西南入濟也

海岱及淮惟徐州傳東至海北至岱南及淮○汶音問

淮沂其乂蒙羽其藝傳二水已治二山已可種藝○沂

魚依反。水名。蓺。魚世反。【疏】徐州○【傳】二水至種蓺○正義曰。又訓治也。故云二水已治。地理志云。沂水出泰山蓋縣臨樂子山。南至下邳入泗。過郡五。行六百里。淮出桐柏山。發源遠矣。於此州言之者。淮水至此而大。爲害尤甚。喜得其治。故於此記之。地理志云。蒙山在泰山蒙陰縣西南。羽山在東海祝其縣南。詩云。蓺之荏菽。故蓺爲種也。

大野既豬。東原厎平。【傳】大野。澤名。水所停曰豬。東原致功而平。言可耕。○豬。張魚反。馬云。水所停止深者曰豬。劉東胡反。【疏】【傳】大野至可耕○正義曰。地理志云。大野澤在山陽鉅野縣北。鉅即大也。檀弓云。汚其宮而豬焉。又澤名孟豬。停水處也。故云水所停曰豬。往前漫溢。今得豬水爲澤也。東原。即今之東平郡也。致功而地平。言其可耕也。

厥土赤埴墳。草木漸包。【傳】土黏曰埴。漸。進長。包。叢生。○埴。市力反。鄭作識。徐鄭王皆讀曰熾。韋昭音試。漸。如字。本又作蔪。字林才舟反。草之相包裹也。包，必茅反，字或作苞，非。叢生也。馬云：相包裹也。黏，女占反。長，之丈反。叢，才公反。疏傳「土黏」至「叢生」。○正義曰：戠、埴音義同。考工記用土爲瓦，謂之摶埴之工，是埴爲黏土，故土黏曰埴。易漸卦彖云：漸，進也。釋言云：苞，稹也。孫炎曰：物叢生曰苞，齊人名曰稹。郭璞曰：今人呼叢緻者爲稹。漸苞謂長進叢生，言其美也。

厥田惟上中，厥賦中中。傳 田第二，賦第五。

厥貢惟土五色。傳 王者封五色土爲社，建諸侯，則各割其方色土與之，使立社。燾以黄土，苴以白茅，茅取其潔，黄取王者覆四方。○燾，徒報反，覆也。苴，子餘反，包裹也。疏傳「王者」至「四方」。○正義曰：傳解貢土之意。王者封五色土以爲社，若封建諸侯，則各割其方色土與之，使歸國立社。其上燾以黄，上燾，覆也。四方各依其方色，皆以黄土覆之。其割土與之時，苴以白茅，用白茅裹土與之。必用白茅者。取其潔清也。易稱藉用白茅。茅色白而潔美。韓詩外傳云。天子社廣五丈。東方青。南方赤。西方白。北方黑。上冒以黄土。將封諸侯。各取其方色土。苴以白茅以爲社。明有土謹敬潔清也。蔡邕獨斷云。天子大社。以五色土爲壇。皇子封爲王者。授之太社之土。以所封之方色。苴以白茅。使之歸國以立社。謂之茅社。是必古書有此說。故先儒之言皆同也。

羽畎夏翟。嶧陽孤桐。［傳］夏翟。翟。雉名。羽中旌旄。羽山之谷有之。孤。特也。嶧山之陽特生桐。中琴瑟。○夏。行雅反。翟。徒歷反。嶧音亦。一音夕。［疏］［傳］夏翟至琴瑟。○正義曰。釋鳥云。翟。山雉。此言夏翟。則夏翟共爲雉名。周禮立夏采之官。取此名也。周禮司常云。全羽爲旞。析羽爲旌。用此羽爲之。故云羽中旌旄也。地理志云。東海下邳縣西有葛嶧山。即此山也。

泗濵浮磬。

淮夷蠙珠暨魚。［傳］泗。水涯。水中見石。可以爲磬。蠙珠。

珠名。淮夷二水。出蠙珠及美魚○泗。音四。水名。淮夷。鄭云。淮水之夷民也。馬云淮夷二水名。孔傳云淮夷之水本亦有作淮夷二水也。蠙。音蒲邊反。徐扶堅反。字又作玭。韋昭薄迷反。蚌也。暨。其器反。見賢遍反。疏傳泗水至美魚○正義曰。泗水旁山而過。石爲泗水之涯。石在水旁水中見石。似若水上浮然。此石可以爲磬。故謂之浮磬也。貢石而言磬者。此石宜爲磬。猶如砥礪然也。蠙是蚌之別名。此蠙出珠。遂以蠙爲珠名。蠙之與魚。皆是水物。而以淮夷冠之。知淮夷是二水之名。淮即四瀆之淮也。夷蓋小水。後來竭涸。不復有其處耳。王肅亦以淮夷爲水名。鄭玄以爲淮水之上夷民。獻此珠與魚也。地理志。泗水出濟陰乘氏縣東南。至臨淮睢陵縣入淮。行千一百一十里也。厥篚玄纖縞。傳玄。黑繒。縞。白繒。纖。細也。纖在中。明二物皆當細。○纖。息廉反。縞。古老反。徐古到反。繒。似陵反。疏傳玄黑至當細○正義曰。篚之所盛。例是衣服之用。

此單言玄。玄必有質。玄是黑色之别名。故知玄是黑繒也。史記稱高祖爲義帝發喪。諸侯皆縞素。是縞爲白繒也。

浮于淮泗達于河。○河。如字。說文作菏。工可反。云水出山陽湖陵南。

淮海惟揚州。傳北據淮。南距海。

彭蠡既豬陽鳥攸居。傳彭蠡。澤名。隨陽之鳥。鴻鴈之屬。冬月所居。於此澤。○彭蠡音禮。張勃吳錄云。今名洞庭湖。案今在九江郡界。

疏揚州○傳彭蠡至此澤○正義曰。彭蠡。是江漢合處。下云導漾水。南入于江。東匯爲彭蠡。是也。日之行也。夏至漸南。冬至漸北。鴻鴈之屬。九月而南。正月而北。左思蜀都賦所云。木落南翔。冰泮北徂。是也。日陽也。此鳥南北。與日進退。隨陽之鳥。故稱陽鳥。冬月所居。於此彭蠡之澤也。

三江既入震澤厎定。傳震澤。吳南大湖名。言三江已入。致定爲震澤。○三江。韋昭云。謂吳松江錢塘江也。吳地記云。

松江東北行七十里。得三江口。東北入海爲婁江。東南入海爲東江。并松江爲三江。○震澤。吴都太湖。厎。之履反。致也。史記音致。大湖。音太湖。疏傳震澤至震澤。○正義曰。地理志云。會稽吴縣。故周泰伯所封國也。具區在西。古文以爲震澤。是吴南大湖名。蓋縣治居澤之東北。故孔傳言南。志言西。大澤畜水。南方名之曰湖。三江既入此湖也。治水致功。令江入此澤。故致定爲震澤也。下傳云。自彭蠡江分爲三入震澤。遂爲北江而入海。是孔意江從彭蠡而分爲三。又共入震澤。從震澤復分爲三。乃入海。鄭云。三江分於彭蠡爲三孔。東入海。其意言三江既入。入海耳。不入震澤也。又案周禮職方。揚州藪曰具區。浸曰五湖。五湖卽震澤。若如志云。具區卽震澤。則浸藪爲一。案餘州浸藪皆異。而揚州同者。蓋揚州浸藪同處。論其水謂之浸。指其澤謂之藪。

篠簜既敷。傳篠。竹箭。簜。大竹。水去已布生。

○篠。西了反。簜。徒黨反。或作簜。他莽反。疏傳篠竹箭簜大竹。○正義曰。釋草云。篠。竹箭。郭璞云。别二名也。又云簜竹。李巡曰。竹節相去一丈曰簜。孫炎曰。竹闊節者曰簜。郭璞云竹別名。是篠爲小竹。簜爲大竹。**厥草惟夭。厥木惟喬。**傳 少長曰夭。喬。高也。○夭。於嬌反。馬云。長也。夭。其嬌反。徐音驕。少。詩照反。長。之丈反。疏 傳少長曰夭喬高也。○正義曰。夭。是少長之貌。詩曰。桃之夭夭是也。喬。高。釋詁文。詩曰。南有喬木是也。**厥土惟塗泥。**傳 地泉濕。**厥田惟下下。厥賦下上上錯。**傳 田第九。賦第七。雜出第六。**厥貢惟金三品。**傳 金銀銅也。疏 傳金銀銅也。○正義曰。金既總名。而云三品。黃金以下。惟有白銀與銅耳。故爲金銀銅也。釋器云。黃金謂之璗。其美者謂之鏐。白金謂之銀。其美者謂之鐐。郭璞曰。此皆道金銀之別名。及其美者也。鏐即紫磨金也。鄭玄以爲金三品者。銅三色也。**瑤琨篠簜。**傳 瑤。琨。皆美玉。○瑤。音遙。琨。音昆。美石也。馬本作瓉。韋昭音貫。疏傳瑤琨皆美玉。○正義曰。美石似玉者也。玉石其質相類。美惡別名也。王肅云。瑤琨美石。次玉者也。

齒革羽毛惟木。傳齒。象牙。革。犀皮。羽。鳥羽。毛。旄牛尾。木。楩梓豫章。○犀。細兮反。旄音毛。楩。音緶。又婢善反。疏傳齒象至豫章。○正義曰。詩云。元龜象齒。知齒是象牙也。說文云。齒。口斷骨也。牙。牡齒也。隱五年左傳云。齒牙骨角。牙齒小別。統而名之。齒亦牙也。考工記。犀甲七屬。兕甲六屬。宣二年左傳云。犀兕尚多。棄甲則那。是甲之所用。犀革爲上。革之所美。莫過於犀。知革是犀皮也。說文云。獸皮治去其毛爲革。革與皮。去毛爲異耳。說文云。羽。鳥長毛也。知羽是鳥羽。南方之鳥。孔雀翡翠之屬。其羽可以爲飾。故貢之也。說文云。犛。西南夷長旄牛也。此犛牛之尾。可爲旌旗之飾。經傳通謂之旄。牧誓云。右秉白旄。詩云。建旐設旄。皆謂此牛之尾。故知毛是旄牛尾也。直云惟木。不言木名。故言楩梓豫章。此三者。是揚州美木。故傳舉以言之。所貢之木。不止於此。

島夷卉

服。傳南海島夷草服葛越。○卉。徐許貴反。疏○傳南海至葛越○正義曰。上傳海曲謂之島。知此島夷是南海島上之夷也。釋草云卉。草。舍人曰。凡百草一名卉。知卉服是草服葛越也。葛越。南方布名。用葛爲之。左思吳都賦云蕉葛升越。弱於羅紈是也。冀州云。島夷皮服。是夷自服皮。皮非所貢也。此言島夷卉服。亦非所貢也。此與萊夷作牧並在貢篚之間。古史立文不次也。鄭玄云此州下濕。故衣草服。貢其服者。以給天子之官。與孔異也。

厥篚織貝。傳織。細紵。貝。水物。

疏○傳織細至水物○正義曰。傳以貝非織物。而云織貝。則貝織異物。織是織而爲之。揚州紵之所出。此物又以篚盛之。爲衣服之用。知是細紵。謂細紵布也。此釋魚之篇。貝有居陸居水。此州下濕。故云水物。釋魚有玄貝貽貝。餘貾黃白文。餘泉白黃文。當貢此有文之貝。以爲器物之飾也。鄭玄云。貝。錦名。詩云萋兮斐兮。成是貝錦。凡爲織者。先染其絲。乃織之。則文成矣。禮記曰。士不衣織。與孔異也。

厥包橘柚

錫貢。傳 小曰橘。大曰柚。其所包裹而致者。錫命乃貢。言不常。○橘，均必反。柚，由究反。裹音果。疏 傳小曰至不常 ○正義曰。相比。則柚大。橘小。故云小曰橘。大曰柚。猶詩傳云大曰鴻。小曰鴈。亦別種也。此物必須裹送。故云其所包裹而送之。以須之有時。故待錫命乃貢。言不常也。文在篚下。以不常故耳。荆州納錫大龜。豫州錫貢磬錯。皆爲非常。並在篚下。荆州言包。傳云橘柚也。文在篚上者。荆州橘柚爲善。以其常貢。此州則不常也。王肅云。橘與柚。錫其命而後貢之。不常入。當繼荆州之無也。鄭云有錫則貢之。此州有錫而貢之。或時無則不貢。錫所以柔金也。周禮考工記云。攻金之工。掌執金錫之齊。故也。

沿于江海達于淮泗。傳 順流而下曰沿。沿江入海。自海入淮。自淮入泗。○沿，悅專反。鄭本作松。松當爲沿。馬本作均。云均平。疏 傳順流至入泗 ○正義曰。文十年左傳云。沿漢沂江。沂是逆。沿是順。故順流而下曰沿。沿江入海。順也。自海入淮。自淮入泗。逆也。**荆及衡陽**北據荆山。南及衡山之陽。疏荆州○傳北據至之陽○正義曰。此州北界至荆山之北。故言據也。南及衡山之陽。其境過衡山也。以衡是大山。其南無復有名山大川可以爲記。故言陽。見其南至山南也。

惟荆州。傳

江漢朝宗于海。傳二水經此州而入海。有似於朝。百川以海爲宗。宗。尊也。○朝直遥反。疏

傳二水至宗尊也○正義曰。周禮大宗伯。諸侯見天子之禮。春見曰朝。夏見曰宗。鄭云。朝猶朝也。欲其來之早也。尊。宗也。欲其尊王也。朝宗是人事之名。水無性識。非有此義。以海水大而江漢小。以小就大。似諸侯歸於天子。假人事而言之也。詩云。沔彼流水。朝宗於海。毛傳云。水猶有所朝宗。朝宗是假人事而言水也。老子云。滄海所以能爲百谷王者。以其下之。是百川以海爲宗。鄭云。江水。漢水。其流遄疾。又合爲一。共

赴海也。猶諸侯之同心尊天子而朝事之。荆楚之域。國有道則後服。國無道則先彊。故記其水之義。以著人臣之禮。

九江孔殷。傳江於此州界。分爲九道。甚得地勢之中。○九江。潯陽地記云。一曰烏白江。二曰蚌江。三曰烏江。四曰嘉靡江。五曰畎江。六曰源江。七曰廩江。八曰提江。九曰箘江。張須元緣江圖云。一曰三里江。二曰五州江。三曰嘉靡江。四曰烏土江。五曰白蚌江。六曰白烏江。七曰箘江。八曰沙提江。九曰廩江。參差隨水長短。或百里。或五十里。始於鄂陵。終於江口。會于桑落洲。太康地記曰。九江。劉歆以爲湖漢九水入彭蠡澤也。

疏傳江於至之中○正義曰。傳以江是此水大名。九江謂大江分而爲九。猶大河分爲九河。故言江於此州之界。分爲九道。訓孔爲甚。殷爲中。言甚得地勢之中也。鄭云。殷猶多也。九江從山谿所出。其孔衆多。言治之難也。地理志。九江在今廬江潯陽縣南。皆東合爲大江。如鄭此意。九江各自別源。其源非大江也。下流合於大江耳。然則江以南。水無大小。俗人皆呼爲江。或從江分出。或從外合來。故孔鄭各爲別解。應劭注地理志云。江自潯陽分爲九道。符於孔說。潯陽記有九江之名。一曰烏江。二曰蚌江。三曰烏白江。四曰嘉靡江。五曰畎江。六曰源江。七曰廩江。八曰提江。九曰箘江。雖名起近代。義或當然。

沱潛既道。傳沱。江別名。潛水名。皆復其故道。○沱。徒河反。潛。捷廉反。馬云。沱湖也。其中泉出而不流者謂之潛。

疏傳沱江至故道。○正義曰。下文岷山導江。東別爲沱。是沱爲江之別名也。經無潛之本源。直云水名。釋水云。水自江出爲沱。漢爲潛。鄭注此既引爾雅。乃云今南郡枝江縣有沱水。其尾入江耳。首不於江出也。華容有夏水。首出江。尾入沔。蓋此所謂沱也。潛則未聞象類。此解荆州之沱潛發源此州。若如鄭言。此水南流。不入荆州界。非此潛也。此下梁州注云。二水亦謂自江漢出者。地理志。在今蜀郡郫縣江沱及漢中安陽皆有沱水潛水。其尾入江漢耳。首不於此出。江源有鄗江。首出江。南至犍爲武陽又入江。豈沱之類與潛蓋漢西出嶓冢東南至巴郡江州入江行二千七百六十里此解梁州之沱潛也郭璞爾雅音義云沱水自蜀郡都水縣揃山與江別而更流璞又云有水從漢中沔陽縣南流至梓潼漢壽入大穴中通峒山下西南潛出一名沔水舊俗云卽禹貢潛也郭璞此言亦解梁州沱潛與鄭又異然地理志及鄭皆以荆梁二州各有沱潛又郭氏所解沱潛惟據梁州不言荆州之沱潛而孔梁州注云沱潛發源此州入荆州以二州沱潛爲一者然彼州山水古今不可移易孔爲武帝博士地理志無容不知蓋以水從江漢出者皆曰沱潛但地勢西高東下雖於梁州合流還從荆州分出猶如濟水入河還從河出故孔舉大略爲發源梁州耳

雲土夢作乂　傳 雲夢之澤在江南其中有平土丘水去可爲耕作畎畝之治　○雲徐本作云夢亡弄反一音武仲反徐莫公反治直吏反

疏 傳雲夢至之治　○正義曰昭三年左傳楚子與鄭伯田于江南之夢是雲夢之

澤在江南也。地理志。南郡華容縣南有雲夢澤。杜預云南郡枝江縣西有雲夢城。江夏安陸縣亦有雲夢。或曰南郡華容縣東南有巴丘湖。江南之夢。雲夢一澤。而每處有名者。司馬相如子虛賦云。雲夢者。方八九百里。則此澤跨江南北。每處名存焉。定四年左傳。稱楚昭王寢于雲中。則此澤亦得單稱雲。單稱夢。經之土字在二字之間。蓋史文兼上下也。此澤既大。其內有平土。有高丘。水去可爲耕作畎畝之治。

厥土惟塗泥。厥田惟下中。厥賦上下。傳 田第八。賦第三。人功修。

厥貢羽毛齒革惟金三品。傳 土所出與揚州同。疏 傳土所至州同。○正義曰。與揚州同。而揚州先齒革。此州先羽毛者。蓋以善者爲先。由此而言之。諸州貢物多種。其次第皆以當州貴者爲先也。

杶榦栝柏。傳 榦。柘也。柏葉松身曰栝。○杶。勑倫反。徐勑荀反。木名。又作櫄。榦本又作幹。故旦反。栝。古活反。馬云。白栝也。柘。

章夜反。【疏】【傳】幹柘至曰栝○正義曰。幹爲弓幹。考工記云。弓人取幹之道也。以柘爲上。知此幹是柘也。釋木云。栝。柏葉松身。陸機毛詩義疏云。杶櫄栲漆。相似如一。則杶似櫄漆也。杶栝柏皆木名也。以其所施多矣。柘木惟用爲弓幹。弓幹莫若柘木。故舉其用也。

礪砥砮丹。【傳】砥細於礪。皆磨石也。砮。石中矢鏃。丹。朱類。○礪。力世反。砥音脂。徐之履反。韋昭音旨。砮音奴。韋昭乃固反。磨。末佐反。鏃。子木反。一音七木反。【疏】【傳】砥細至朱類○正義曰。砥以細密爲名。礪以麤糲爲稱。故砥細於礪。皆磨石也。鄭云。礪。磨刀刃石也。精者曰砥。魯語曰。肅慎氏貢楛矢石砮。賈逵云。砮。矢鏃之石也。故曰砮。石中矢鏃。丹者。丹砂。故云朱類。王肅云。丹可以爲采。

惟箘簵楛。三邦底貢厥名。【傳】箘。簵。美竹。楛。中矢幹。三物皆出雲夢之澤。近澤三國。常致貢之。其名天下稱善。○箘。求隕反。韋昭一名盼風。簵。音路。楛。音戶。馬云木名。可以爲箭。毛詩草木疏云。葉如荆而赤。莖似著。近。附近之近。【疏】〔傳〕箘簵至稱善。○正義曰。箘簵。美竹。當時之名。猶然。鄭云。箘簵。簵風也。竹有二名。或大小異也。箘簵是兩種竹也。肅愼氏貢楛矢。知楛中矢幹。三物皆出雲夢之澤。當時驗之猶然。經言三邦厎貢。知近澤三國致此貢也。文續厥名。則其物特有美名。故云其名天下稱善。鄭玄以厥名下屬包匭菁茅。

包〔傳〕橘柚。

【疏】〔傳〕橘柚。○正義曰。包下言匭菁茅。說文云。匚。受物之器。象形也。凡匚之屬皆從匚。匱匣之字皆從匚。匭亦從匚。故匭是匣也。菁茅既以匭盛。非所包之物。明包必有裹也。此州所出。與揚州同。揚州厥包橘柚。知此包是橘柚也。王肅云。揚州厥包橘柚。從省而可知也。

匭菁茅。〔傳〕匭。匣也。菁以爲菹。茅以縮酒。○匭。音軌。菁。子丁反。徐音精。馬同。鄭云。茅有毛刺曰菁茅。匣。胡甲反。又音甲。菹。切韻側魚反。縮。所六反。

【疏】〔傳〕匭匣也。菁以爲菹。茅以縮酒。○正義曰。匣是匱之別名。匱之小者。

菁茅所盛。不須大匭。故用匣也。周禮醢人有菁菹鹿臡。故知菁以爲菹。鄭云菁蔓菁也。蔓菁處處皆有。而令此州貢者。蓋以其味善也。僖四年左傳齊桓公責楚云爾貢包茅不入。王祭不供。無以縮酒。是茅以縮酒也。郊特牲云。縮酒用茅。明酌也。鄭注云以茅縮酒也。周禮甸師云。祭祀供蕭茅。鄭興云蕭字或爲莤。莤讀爲縮。束茅立之祭前。沃酒其上。酒滲下。若神飮之。故謂之縮。杜預解左傳。用鄭興之說。未知誰同孔旨。特令此州貢茅。茅當異於諸處。杜預云茅之爲異未審也。或云茅有三脊。案史記齊桓公欲封禪。管仲覩其不可窮以辭。因設以無然之事云。古之封禪。江淮之間。三茅脊以爲藉。此乃懼桓公耳。非荆州所有也。鄭玄以菁茅爲一物。匭猶纏結也。菁茅之有毛刺者重之。故既包裹而又纏結也。

厥篚玄纁璣組。（傳）此州染玄纁色善。故貢之。璣珠類。生於水。組綬類。○纁許云反。璣其依反。又音機。馬同。說文云珠不圜也。字書云小珠也。玉篇渠依居沂二反。組。

音祖。馬云。組。文也。【疏】傳此州至綬類。○正義曰。釋器云三染謂之纁。李巡云。三染其色已成爲絳。纁絳一名也。考工記云。三入爲纁。五入爲緅。七入爲緇。鄭云。纁者三入而成。又再染以黑則爲緅。又再染以黑則爲緇。玄色在緅緇之間。其六入者。是染玄纁之法也。此州染玄纁色善。故令貢之。說文云。璣。珠不圓者。故爲珠類。玉藻說佩玉所懸者皆云組綬。是組綬相類之物也。

九江納錫大龜。（傳）尺二寸曰大龜。出於九江水中。龜不常用。錫命而納之。○馬云。納。入也。【疏】傳尺二至納之。○正義曰。史記龜策傳云。龜千歲滿尺二寸。漢書食貨志云。元龜。距髯長尺二寸。故以尺二寸爲大龜。冠以九江。知出九江水中也。文在篚下。而言納錫。是言龜不常用。故錫命乃納之。言此大龜。錫命乃貢之也。

浮于江沱潛漢。逾于洛。至于南河。（傳）逾。越也。河在冀州南。東流。故越洛而至南河。○江沱潛漢。四水名。本或作潛于漢非。逾羊朱反。【疏】浮于江沱潛漢○正義曰。浮此四水。乃得至洛。本或潛下有于。誤耳。

荊河惟豫州【傳】西南至荊山。北距河水。

伊洛瀍澗既入于河【傳】伊出陸渾山。洛出上洛山。澗出沔池山。瀍出河南北山。四水合流而入河。○瀍直然反。澗。故晏反。渾。音魂。又胡困胡昆二反。沔。亡淺反。又亡忍反。下同。陸渾。沔池。二縣屬河南郡。【疏】豫州○傳伊出至入河○正義曰。地理志云。伊水出弘農盧氏縣東熊耳山。東北入洛。洛水出弘農上洛縣冢領山。東北至鞏縣入河。瀍水出河南穀城縣潛亭北。東南入洛。澗水出弘農新安縣。東南入洛。志與傳異者。熊耳山在陸渾縣西。冢領山在上洛縣境之內。沔池在新安縣西。穀城潛亭北。此卽是河南境內之北山也。志詳而傳略。所據小異耳。伊瀍澗三水入洛。合流而入河。言其不復爲害也。

滎波既豬【傳】滎澤

波水已成遏豬。○滎戶扃反。滎澤也。波如字。馬本又播。滎播。澤名。遏。烏葛反。[疏]傳滎澤至遏豬。○正義曰。沇水入河而溢爲滎。滎是澤名。洪水之時。此澤水大動成波浪。此澤其時波水已成遏豬。言壅遏而爲豬。畜水而成澤。不濫溢也。鄭云今塞爲平地。滎陽民猶謂其處爲滎澤。在其縣東。言在滎澤縣之東也。馬鄭王本皆作滎播。謂此澤名滎播。春秋閔二年。衛侯及狄人戰于滎澤。不名播也。鄭玄謂衛狄戰在此地。杜預云此滎澤當在河北。以衛敗方始渡河。戰處必在河北。蓋此澤跨江南北。多而得名耳。

導菏澤。被孟豬。[傳]菏澤在胡陵。孟豬。澤名。在菏東北。水流溢覆被之。○導音道。下同。菏徐音柯。又士可反。註同。韋胡阿反。被。皮寄反。徐扶義反。註同。豬。張魚反。又音諸。左傳及爾雅皆作孟諸。宋數澤也。[疏]傳菏澤至被之。○正義曰。地理志山陽郡有胡陵縣。不言其縣有菏澤也。又云菏澤在濟陰定陶縣東。孟豬在梁國睢陽縣東北。以今地驗之。

則胡陵在睢陽之東。定陶在睢陽之北。其水皆不流溢東北被孟豬也。然郡縣之名。隨代變易。古之胡陵。當在睢陽之西北。故得東出被孟豬也。於此作孟豬。左傳爾雅作孟諸。周禮作望諸。聲轉字異。正是一地也。

厥土惟壤下土墳壚。傳 高者壤。下者墳壚。疏 傳壚音盧。說文黑剛土也。

厥田惟中上。厥賦錯上中。傳 田第四。賦第二。又雜出第一。

厥貢漆枲絺紵。厥篚纖纊。傳 纊細綿。○絺勑其反。紵直呂反。纊音曠。綿切韻武延反。疏 傳纊細綿。○正義曰。禮喪大記侯死者屬纊以俟絕氣。郎纊是新綿耳。纖是細。故言細綿。

錫貢磬錯。傳 治玉石曰錯。治磬錯。疏 傳治玉至磬錯。○正義曰。詩云。佗山之石。可以攻玉。又曰可以爲錯。磬有以玉爲之者。故云治玉石曰錯。謂治磬錯也。

浮于洛。達于河。華陽黑水惟梁州。傳 東據華山之南，西距黑水。○華，胡化反。又胡瓜反。【疏】梁州○（傳）東據至黑水○正義曰：周禮職方氏，豫州其山鎮曰華山，在豫州界內。此梁州之境東據華山之南，不得其山，故言陽也。此山之西，雍州之境也。

岷嶓既藝，沱潛既道。（傳）岷山、嶓冢皆山名。水去已可種藝，沱、潛發源此州，入荊州。○岷，武巾反。嶓，音波。徐甫河反。韋音播。【疏】（傳）岷山至荊州○正義曰：漢制，縣有羌夷曰道。地理志云：蜀郡有湔道，岷山在西徼外，江水所出。隴西郡西，嶓冢山，西漢水所出。是二者皆山名。沱出于江，潛出于漢，二水發源此州而入荊州，故荊州亦云沱潛既道。

蔡蒙旅平，和夷厎績。（傳）蔡、蒙，二山名。祭山曰旅。平言治功畢。和夷之地，致功可藝。○旅，如字。韋音盧。和，如字。又作龢。鄭云：和讀曰洹。治，直吏反。下同。【疏】（傳）蔡蒙至可藝○正義曰：地理志云：蒙山在蜀郡青衣縣

應劭云順帝改曰漢嘉縣蔡山不知所在論語云季
氏旅於泰山是祭山曰旅也平者言其治水畢猶上
既藝也和夷平地之名致**厥土青黎**傳色青黑而沃
功可藝藝與平互言耳
壤○黎鄭力兮反徐力疏傳色青黑而沃壤○正義
私反馬云小疏也曰孔以黎爲黑故云色青
黑其地沃壤言其美也王
肅曰青黑色黎小疏也**厥田惟下上厥賦下中三**
錯傳田第七賦第八雜出第七第九三等疏傳田第
至三等
○正義曰傳以既言下中復云三錯舉下中第八爲
正上下取一故雜出第七第九與第八爲三也鄭云
三錯者此州之地有當出下之賦者少耳又
有當出下上中下者差復益小與孔異也**厥貢璆**
鐵銀鏤砮磬傳璆玉名鏤剛鐵○璆音虯徐又居虯
反又閭幼反馬周韋
昭郭璞云紫磨金案郭注爾雅璆疏傳璆玉至剛鐵
即紫磨金鐵天結反鏤婁豆反○正義曰釋器

萬曆十五年刊　書疏卷六　二十五

云。璆琳。玉也。郭璞云。璆琳。美玉之
别名。鏤者。可以刻鏤。故爲剛鐵也。**熊羆狐貍織皮。**傳
貢四獸之皮。織金罽。○熊。音雄。羆。彼宜反。如熊
而黄。貍。力疑反。罽。紀例反。疏傳貢
四至金罽。○正義曰。與織皮連文。必不貢生獸。故云
貢四獸之皮。釋言云。氂罽也。舍人曰。氂謂毛罽也。胡
人績羊毛作衣。孫炎曰。毛氂爲罽。織毛
而言皮者。毛附於皮。故以皮表毛耳。**西傾因桓是**
來。浮于潛。逾于沔。傳西傾。山名。桓水自西傾山南行。
因桓水是來。浮于潛。漢上曰沔。○傾。窺
幷反。疏傳西傾至曰沔。○正
義曰。下文導山有西傾。知是山名也。地理志云。西傾
在隴西臨洮縣西南。西傾在雍州。自西傾山南行。因
桓水是來。浮於潛水也。地理志云。桓水出蜀郡蜀山。
西南行羌中入南海。則初發西傾。未有水也。不知南
行幾里得桓水也。下傳云。泉始出山爲漾水。東
南流爲沔水。至漢中東行爲漢水。是漢上曰沔。**入于**

渭亂于河。傳 越沔而北入渭。浮東渡河而還帝都白所治。正絕流曰亂。○渭音謂。疏 傳越沔至曰亂。○正義曰。計沔在渭南五百餘里。故越沔陸行而北入渭。渭水入河。故浮渭而東。帝都在河之東。故渡河陸行而還帝都也。以每州之下。言入河之事。河近帝都。知是還都白所治也。正絕流曰亂。釋水文。孫炎曰。橫渡也。

黑水西河惟雍州。傳 西距黑水。東據河。龍門之河。在冀州西。○雍。於用反。疏 雍州。○傳西距至州西。○正義曰。禹治豫州乃次梁州。自東向西。故言梁州之境。先以華陽而後黑水。從梁適雍。自南向北。故先黑水而後西河。計雍州之境。被荒服之外。東不越河。而西踰黑水。王肅云。西據黑水。東距西河。所言得其實也。偏檢孔本皆云西據黑水。東據河。必是誤也。又河在雍州之東。而謂之西河者。龍門之河。在冀州西界。故謂之西河。王制云。自東河至於西河。千里而近。是河相對而爲東西也。**弱水既西**傳導之西流至於合黎。疏傳導之至合黎。○正義曰。諸水言既導，此言既西，由地勢不同，導之使西流也。鄭云：衆水皆東，此水獨西，故記其西下也。**涇屬渭汭**傳屬，逮也。水北曰汭。言治涇水入於渭。○涇音經。屬之蜀反。汭本又作內，同。如銳反。馬云：入也。逮音代。疏傳屬逮至於渭。○正義曰。屬謂相逮屬，故訓爲逮。逮，及也。言水相及。詩毛傳云：汭，水涯也。鄭云：汭之言內也。蓋以人皆南面望水，則北爲汭也。且涇水南入渭而名爲渭汭，知水北曰汭。言治涇水使之入渭，亦是從故道也。地理志云：涇水出安定涇陽縣西幵頭山，東南至馮翊陽陵縣入渭，行千六百里。**漆沮既從，灃水攸同**傳漆沮之水已從入渭，灃水所同，同之於渭。○沮七徐反。灃芳弓反。疏傳漆沮至於渭。○正義曰。詩云：自土沮漆。毛傳云：沮水、漆水也。則漆沮本爲二水。地理志云：漆水出扶風漆縣西。闕駰十三州志云。漆水出漆縣西北岐山東入渭。沮則不知所出。蓋東入渭時已與漆合。渭發源遠。以渭爲主。上云涇屬渭是矣。故此言漆沮既從。已從於渭。灃水所同。亦同於渭。以渭爲王故也。地理志灃水出扶風鄠縣東南。北過上林苑入渭也。

荆岐既旅。傳已旅祭。言治功畢。此荆在岐東。非荆州之荆。○治直吏反。疏傳已旅至之荆。○正義曰。洪水之時。祭祀禮廢。已旅祭。而言治功畢。治水從下。自東而西。先荆後岐。荆在岐東。嫌與上荆爲一。故云非荆州之荆也。地理志云。禹貢北條荆山在馮翊懷德縣南。南條荆山在南郡臨沮縣北。彼是荆州之荆也。

終南惇物至于鳥鼠。傳三山名。言相望。○終南山名。漢書地理志一名太一山。秦記云。又名地肺。惇物山名。漢書云垂山也。疏傳三山至相望。○正義曰。以荆岐單名。此山復名。故辯之云三山名也。至於爲首尾之辭。故言相望也。三山空舉山名。不言治意。蒙上既旅之文也。

地理志云扶風武功縣有太一山。古文以爲終南垂山。古文以爲惇物。皆在縣東。

原隰厎績。至于豬野。[傳]下濕曰隰。豬野地名。言皆致功。[疏][傳]下溼至致功。○正義曰：下濕曰隰，釋地文。地理志云豬野澤在武威縣東北，有休屠澤，古文以爲豬野澤。鄭玄以爲詩云度其隰原，即此原隰是也。原隰䦨地，從此致功，西至豬野之澤也。

三危既宅，三苗丕敘。[傳]西裔之山已可居，三苗之族大有次敘，美禹之功。○丕，普悲反。[疏][傳]西裔至之功。○正義曰：左傳稱舜云四凶投之四裔，舜典云竄三苗於三危，是三危爲西裔之山也。其山必是西裔，未知山之所在。地理志杜林以爲敦煌郡，即古瓜州也。昭九年左傳云：先王居檮杌于四裔，故允姓之姦居于瓜州。杜預云：允姓之祖，與三苗俱放於三危。瓜州今敦煌也。鄭玄引地記書云：三危之山在鳥鼠之西，南當岷山，則在積石之西南。地記乃妄書，其言未必可信。

要知三危之山必在河之南也禹治水未已竄三苗水災既除彼得安定故云三危之山已可居三苗之族大有次敘記此事以美禹治之功也

厥土惟黃壤厥田惟上上厥賦中下傳田第一賦第六人功少疏傳田第一至功少○正義曰此與荆州賦田升降皆較六等荆州升之極故云人功修此州降之極故云人功少其餘相較少者從此可知也王制云凡居民量地以制邑度地以居民地邑民居必參相得也則民當相準而得有人功修人功少者記言初置邑者可以量之而州境闊遠民居先定新遭洪水存亡不同故地勢有美惡人功有多少治水之後即爲此差在後隨人少多必得更立其等此非永定也

厥貢惟球琳琅玕傳球琳皆玉名琅玕石而似玉○球音求琳韋音來金反琅音郎玕音干山海經云崐崘山有琅玕樹疏傳球琳至似珠○正義曰釋地云西北之美者有崐崘虛之璆琳琅玕焉

說者皆云球琳。美玉名。琅玕。石而似珠者。必相傳驗實有此言也。**浮于積石至于龍門西河。**傳 積石山。在金城西南河所經也。沿河順流而北。千里而東。千里而南。龍門山。在河東之西界。疏 傳積石至西界。○正義曰。地理志云。積石山在金城河關縣西南羌中。河行塞外。東北入塞內。積石非河之源。故云河所經也。河從西來。至此北流。故禹沿河順流而北。釋水云。河千里一曲一直。故千里而東。千里而南。至于龍門西河也。地理志云。龍門山在馮翊夏陽縣北。此山當河之道。禹鑿以通河。東郡之西界也。禹至此渡河而還都白帝也。沿或誤爲治。此說禹行。不說治水也。**會于渭汭。**傳 逆流曰會。自渭北涯逆水西上。○上。時掌反。疏 傳逆流至西上。○正義曰。會。合也。人行逆流而水相向。故逆流曰會。從河入渭。自渭北涯逆水西上。言禹白帝訖。從此而西上。更入雍州界也。諸州之末，惟言還都之道。此州事終，言發都更去，明諸州皆然也。織皮崐崘、析支、渠搜，西戎即敘。傳織皮毛布，有此四國，在荒服之外，流沙之內，羌髳之屬，皆就次敘，美禹之功及戎狄也。○崘，魯門反。馬云：崐崘在臨羌西。析，星歷反。馬云：析支在河關西。搜，所由反。漢書志朔方郡有渠搜縣，武紀云北發渠搜是也。髳音謀，又音毛，西戎國名。疏傳織皮至戎狄也。○正義曰：四國皆衣皮毛，故以織皮冠之。傳言織皮毛布，有此四國，崐崘也，析支也，渠也，搜也，四國皆是戎狄也。末以西戎摠之，此戎在荒服之外，流沙之內。牧誓云武王伐紂，有羌髳從之，此是羌髳之屬。禹皆就次敘，美禹之功遠及戎狄，故記之也。鄭玄云：衣皮之民，居此崑崙、析支、渠搜三山之野者，皆西戎也。王肅云：崐崘在臨羌西，析支在河關西，西戎西域也。王肅不言渠搜，鄭併渠搜爲一，孔傳不明，或亦以渠搜爲一，通西戎爲四也。鄭以崐崘爲山。謂別有崐崘之山，非河所出者也。所以孔意或是地名國號，不必爲山也。

導岍及岐，至于荆山。【傳】更理說所治山川首尾所在。治山通水，故以山名之。三山皆在雍州。○導音道，從首起也。岍音牽，字又作汧，山名，一名吴岳。馬本作開。

【疏】導岍及岐。○正義曰：上文每州說其治水登山，從下而上，州境隔絶，未得徑通。今更從上而下，條說所治之山。本以通水，舉其山相連屬，言此山之傍所有水害皆治訖也。因冀州在北，故自北爲始，從此導岍至敷淺原，舊說以爲三條。地理志云：禹貢北條荆山在馮翊懷德縣南，南條荆山在南郡臨沮縣東北。是舊有三條之說也。故馬融、王肅皆爲三條：導岍北條，西傾中條，嶓冢南條。鄭玄以爲四列：導岍爲陰列，西傾爲次陰列，嶓冢爲次陽列，岷山爲正陽列。鄭玄創爲此說，孔亦當爲三條也。岍與嶓冢言導，西傾不言導者，史文有詳略，以可知故省文也。○【傳】更理至雍州。○正義曰：荆岐上已具矣，而此復言之。以山勢相連。而州境隔絶。更從上理說所治山川首尾所在。總解此下導山水之意也。其實通水。而文稱導山者。導山本爲治水。故以導山名之。地理志云。吴岳在扶風汧縣西。古文以爲汧山。岐山在美陽縣西北。荆山在懷德縣。三山皆在雍州。

逾于河。【傳】此謂梁山龍門西河。

【疏】【傳】此謂至西河。○正義曰。逾于河。謂山逾之也。此處山勢相望。越河而東。故云此謂龍門西河。言此處山不絶。從此而渡河也。

壺口雷首至于太岳。【傳】三山在冀州太岳上黨西。

【疏】【傳】三山至黨西。○正義曰。地理志云。壺口在河東北屈縣東南。雷首在河東蒲坂縣南。太岳在河東彘縣東。是三山在冀州以太岳東近上黨。故云在上黨西也。

厎柱析城。至于王屋。【傳】此三山在冀州南河之北東行。○厎之履反。柱如字。韋知父反。又知女反。厎柱山名。在河水中。

【疏】【傳】此三至東行。○正義曰。地理志云。析城在河東濩澤縣西。王屋在河東垣縣東北。地理志不載厎柱。厎柱在太陽關東析城之西。從厎柱至王屋。在冀州南河之北東行也。**太行恆山至于碣石。入于海。**傳此二山。連延東北。接碣石而入滄海。百川經此衆山。禹皆治之。不可勝名故以山言之。○行。戶剛反。又如字。滄。音倉。勝。音升。疏傳此二至言之○正義曰。地理志云。太行山。在河內山陽縣西北。恆山在常山上曲陽縣西北。太行去恆山太遠。恆山去碣石又遠。故云此二山連延東北。接碣石而入滄海。言山傍之水皆入海。山不入海也。又解治水言山之意。百川經此衆山。禹皆治之。川多不可勝名。故以山言之也。謂漳潞汾涑在壺口雷首太行。經厎柱析城。濟出王屋。淇近太行。恆衞滹沲易近恆山碣石之等也。**西傾朱圉鳥鼠。**傳西傾朱圉。在積石以東。鳥鼠。渭水所出。在隴西之西。三者雍州之南山。○傾，窺𦶜反。疏傳西傾至南山。○正義曰：圉，魚呂反。地理志云：西傾在隴西臨洮縣西南。朱圉在天水冀縣南。言在積石以東，見河所經也。地理志云：鳥鼠同穴山在隴西首陽縣西南，渭水所出，在隴西郡之西。是三者皆雍州之南山也。

至于太華，傳相首尾而東。○華，如字，又戶化反。疏傳相首尾而東。○正義曰：地理志云：太華在京兆華陰縣南。鳥鼠東望太華，太遠，故云相首尾而東也。

熊耳、外方、桐柏，至于陪尾。傳四山相連，東南在豫州界。洛經熊耳，伊經外方，淮出桐柏，經陪尾。凡此皆先舉所施功之山於上，而後條列所沿水於下，互相備。○陪，音裴。陪尾，山名，漢書作橫尾。列，如字，本或作別，彼列反。疏傳四山至相備。○正義曰：地理志云：熊耳山在弘農盧氏縣東，伊水所出。嵩高山在潁川嵩高縣，古文以爲外方山。

桐柏山。在南陽平氏縣東南。橫尾山。在江夏安陸縣東北。古文以爲陪尾山。是四山接華山而相連。東南皆在豫州界也。凡舉山名。皆爲治水。故言水之所經。洛出熊耳。伊經外方。淮出桐柏。經陪尾。導山本爲治水。故云皆先舉所施功之山於上。而後條列所治水於下。互相備也。

導嶓冢至于荊山。

傳 漾水出嶓冢。在梁州。經荊山。荊山在荊州。○漾，羊尚反。

疏 傳漾水至荊州。○正義曰。下云嶓冢導漾。梁州云岷嶓既藝。是嶓冢在梁州也。荊州以荊山爲名。知荊山在荊州也。

內方至于大別。

傳 內方。大別。二山名。在荊州漢所經。

疏 傳內方至所經。○正義曰。地理志云。章山在江夏竟陵縣東北。古文以爲內方山。地理志無大別。鄭玄云。大別在廬江安豐縣。杜預解春秋云。大別闕。不知何處。或曰。大別在安豐縣西南。左傳云吳既與楚夾漢。然後楚乃濟漢而陳。自小別至于大別。然則二別近漢之名。無緣得在安豐縣。如預所言。雖不知其處。要與內方相接。漢水所經。必在荊州界也。**岷山之陽至于衡山。**傳岷山。江所出。在梁州。衡山。江所經。在荊州。疏傳岷山至荊州○正義曰。其下云岷山導江。梁州岷嶓既藝。是岷山在梁州也。地理志云衡山在長沙湘南縣東南。上言衡陽惟荊州。是江所經。在荊州也。**過九江至于敷淺原。**傳言衡山連延過九江。接敷淺原。言導從首起。言陽從南。敷淺原。一名博陽山。在揚州豫章界。疏傳言衡至章界。○正義曰。衡。卽橫也。東西長。今之人謂之爲嶺。東行連延過九江之水。而東接於敷淺原之山也。經於岍及嶓冢言導。岷山言陽。故解之。言導從首起。言陽從南。言岷山之南至敷淺原。別以岷山爲首。不與大別相接。由江所經。別記之耳。以見岷非三條也。地理志。豫章歷陵縣南有博陽山。古文以爲敷淺原。**導弱水至于**

合黎。傳合黎。水名。在流沙東。○弱。本或作溺。合。如字。黎。力兮反。馬云地名。

疏導弱水○正義曰。此下所導。凡有九水。大意亦自北爲始。以弱水最在西北。水又西流。故先言之。黑水雖在河南。水從雍梁西界。南入南海。與諸水不相參涉。故又次之。四瀆江河爲大。河在北。故先言河也。漢入于江。故先漢後江。其濟發源河北。越河而南。與淮俱爲四瀆。故次濟。次淮。其渭與洛。俱入于河。故後言之。計流水多矣。此舉大者言耳。凡此九水。立文不同。弱水黑水沇水。不出于山。文單。故以水配。其餘六水。文與山連。既繫於山。不須言水。積石山非河上源。記施功之處。故云導河積石。言發首積石起也。漾江先山後水。淮渭洛先水後山。皆是史文詳略。無義例也。又淮渭洛言自某山者。皆是發源此山。欲使異於導河。故加自耳。鄭玄云。凡言導者。發源於上。未成流。凡言自者。亦發源於上。未成流。必其俱未成流。何須別導與自。河出崐崘。發源甚遠。豈至積石猶未成流而云導河也。○傳合黎至沙東○正義曰。弱水得入合黎。知合黎是水名。顧氏云。地說書。合黎山名。但此水出合黎。因山爲名。鄭玄亦以爲山名。地理志張掖郡刪丹縣。桑欽以爲導弱水自此西至酒泉合黎。張掖郡又有居延澤。在縣東北。古文以爲流沙。如志之言。酒泉郡在張掖郡西。居延屬張掖。合黎在酒泉。則流沙在合黎之東。與此傳不合。案經弱水西流。水既至于合黎。餘波入于流沙。當如傳文合黎在流沙之東。不得在其西也。

餘波入于流沙。

（傳）弱水餘波西溢入流沙。○溢音逸。

導黑水至于三危入于南海。

（傳）黑水自北而南。經三危。過梁州。入南海。

［疏］（傳）黑水至南海○正義曰。地理志益州郡。計在蜀郡西南三千餘里。故滇王國也。武帝元封二年始開爲郡。郡內有滇池縣。縣有黑水祠。止言有其祠。不知水之所在。鄭云今中國無也。傳之此言。順經文耳。案酈元水經。黑水出張掖雞山。南流至敦煌。過三危山。南流入于南海。然張掖敦煌並在河北。所以黑水得越

河入南海者。河自積石以西。皆
多伏流。故黑水得越而南也。**導河積石。至于龍門。**
傳 施功發于積石。至于龍門。或鑿山。或穿地。以通流。
疏 傳施功至通流○正義曰。河源不始於此。記其施
功處耳。故言施功發於積石。釋水云。河千里一曲
一直。則河從積石北行。又東乃南行。至于龍門。計應
三千餘里。龍門底柱。鑿山也。其餘平地。穿地也。或鑿
山。或穿地以通流。言自積石至海。皆然也。釋水云。河
出崑崙虛。色白。李巡曰。崑崙山名。虛。山下地也。郭璞
云。發源高處激湊。故水色白。潛流地中。受渠衆多。渾
濁。故水色黄。漢書西域傳云。河有兩源。一出葱嶺。一
出于闐。于闐在南山下。其河北流。與葱嶺河合。東注
蒲昌海。蒲昌海一名鹽澤者。去玉門陽關三百餘里。
廣袤三四百里。其水停居。冬夏不增減。皆以爲潛行
地下。南出于積石。爲中國河。郭璞云。其出崑崙里數
遠近。未得詳也。**南至于華陰。**傳 河自龍門南流。至華山。北至

東行。**東至于底柱。**傳底柱。山名。河水分流。包山而過。山見水中。若柱然。在西虢之界。○見。賢遍反。虢。寡白反。**又東至于孟津。**傳孟津。地名。在洛北。都道所湊。古今以爲津。○孟津如字。洛北。地名。湊七豆反。疏傳孟津至爲津。○正義曰。孟是地名。津是渡處。在孟地致津。謂之孟津。傳云地名。謂孟爲地名耳。杜預云。孟津。河內河陽縣南孟津也。在洛陽城北。都道所湊。古今常以爲津。武王渡之。近世以來。呼爲武濟。**東過洛汭至于大伾。**傳洛汭。洛入河處。山再成曰伾。至于大伾而北行。○伾本或作岯。音丕。又皮鄙反。徐扶眉反。又敷眉反。韋音嚭。郭撫梅反。字或作嶏。疏傳洛汭至北行。○正義曰。洛汭。洛入河處。河南鞏縣東也。釋山云。再成英。一成岯。李巡曰。山再重曰英。一重曰岯。傳云。再成曰岯。與爾雅不同。蓋所見異也。鄭玄云。大岯在脩武武德之界。張揖云。成皐縣山也。漢書音義有臣瓚者。以爲脩武武德無此山也。成皐縣山。又不三成。今黎陽縣山臨河。豈不是大岯乎。瓚言當然。**北過降水至于大陸**傳降水。水名。入河。大陸。澤名。○降。如字。鄭戶江反。疏傳降水至澤名。○正義曰。地理志云。降水在信都縣。案班固漢書以襄國爲信都。都在大陸之內。或降水發源在此。下尾至今之信都。故得先過降水。乃至大陸。若其不爾。則降水不可知也。鄭以降讀爲降。下江反。聲轉爲共。河內共縣淇水出焉。東至魏郡黎陽縣入河。北近降水也。周時國於此地者。惡言降水。改謂之共。此鄭胷臆。不可從也。**又北播爲九河**傳北分爲九河以殺其溢。在兗州界。○殺。所界反。溢字又作隘。於賁反。**同爲逆河入于海**傳同合爲一大河。名逆河。而入於渤海。皆禹所加功。故敘之。○渤。蒲兀反。疏傳同合至敘之○正義曰。傳言九河將欲至海。更同合爲一大河。名爲逆河。而入于渤海也。鄭玄云。下尾合名爲逆河。言相向迎受。王肅云。同逆一大河。納之於海。其意與孔同。

嶓冢導漾。東流爲漢。傳 泉始出山爲漾水。東南流爲沔水。至漢中東流爲漢水。疏傳泉始至漢水○正義曰。傳之此言。當據時人之名爲說也。地理志云。漾水出隴西氐道縣。至武都爲漢水。不言中爲沔水。孔知嶓冢之東漢水之西。而得爲沔水者。以禹治梁州。入帝都白所治。云逾于沔。入于渭。是沔近于渭。當梁州向冀州之路也。應劭云。沔水自江別至南郡華容縣爲夏水。過江夏郡入江。旣云江別。明與此沔別也。依地理志。漢水之尾。變爲夏水。是應劭所云沔水下尾亦與漢合。乃入于江也。

又東爲滄浪之水。傳 別流在荊州。○浪音郎。疏傳別流在荊州○正義曰。傳言別流。似分爲異水。案經首尾相連。不是分別。當以名稱別流也。

以上在梁州。故此云在荆州。**過三澨。至于大別。**傳三澨。水名。入漢。大別。山名。○澨。市制反。**南入于江。**傳觸山迴南入江。○觸。切韻尺玉反。**東匯澤爲彭蠡。**傳匯。迴也。水東迴爲彭蠡大澤。○匯。徐胡罪反。韋空爲反。**東爲北江。入于海。**傳自彭蠡江分爲三。入震澤。遂爲北江而入海。

疏傳自彭至入海。○正義曰。揚州云三江既入。震澤厎定。孔爲三江既入入震澤也。故言江自彭蠡分而爲三江。復共入震澤。出澤又分爲三。此水遂爲北江而入于海。鄭玄以爲三江既入。入于海。不入震澤也。孔必知入震澤者。以震澤屬揚州。彭蠡在揚州之西界。今從彭蠡有三江。則震澤之西三江具矣。今云三江既入。繼以震澤厎定。故知三江入震澤矣。今南人以大江不入震澤。震澤之東。別有松江等三江。案職方。揚州其川曰三江。宜舉州內大川。其松江等雖出震澤。入海。既近。周禮不應捨岷山大江之名。而記松江等小江之說。山水同。今變易。故鄭云既知今。亦當知古。是古今同之驗也。

岷山導江。東別爲沱。〔傳〕江東南流。沱東行。○沱。唐河反。〔疏〕〔傳〕江東至東行。○正義曰。以上云浮于江沱潛漢。其次自南而北。江在沱南。知江東南流。而沱東行。

又東至于澧。〔傳〕澧。水名。○澧。音禮。〔疏〕〔傳〕澧水名。○正義曰。鄭玄以此經自導弱水已下。言過言會者。皆是水名。言至于者。或山或澤。皆非水名。故以合黎爲山名。澧爲陵名。鄭玄云今長沙郡有澧陵縣。其以陵名爲縣乎。孔以合黎與澧皆爲水名。弱水餘波入于流沙。則本源入合黎矣。合黎得容弱水。知是水名。楚辭曰。濯余佩兮澧浦。是澧亦是水名。

過九江。至于東陵。〔傳〕江分爲九道。在荊州。東陵。地名。〔疏〕〔傳〕江分至地名。○正義曰。九江之水。禹前先有其處。禹今導江。過歷九江之處。非是別有九江之水。

東迆北會

于匯。傳 迆。溢也。東溢分流。都共北會爲彭蠡。○迆以爾反。馬云。靡。疏 傳 迆溢至彭蠡。○正義曰。迆言靡迆邪出之也。言故爲溢也。東溢分流。又都共聚合。北會彭蠡。言散流而復合也。鄭云。東迆者。爲南江。孔意或然。至之與會。史異文耳。**東爲中江入于海。**傳 有北有中。南可知。疏 傳 有北有中。南可知。○正義曰。地理志云。南江從會稽吳縣南東入海。中江從丹陽蕪湖縣西東至會稽陽羨縣東入海。北江從會稽毗陵縣北東入海。**導沇水東流爲濟。**傳 泉源爲沇。流去爲濟。在溫西北平地。○沇音兖。又以轉反。疏 傳 泉源至平地。○正義曰。地理志云。濟水在河東垣縣王屋山東南至河內武德縣入河。傳言在溫西北平地者。濟水近在河內。孔必驗而知之。見今濟水所出。在溫之西北七十餘里。溫是古之舊縣。故計溫言之。**入于河。溢爲滎。**傳 濟水入河。並流十數里而南截河。又並流數里。溢爲滎澤。在敖倉東南。○數色主反。下同。一本作十所。【疏】傳濟水至東南。○正義曰。此皆目驗爲說也。濟水旣入于河。與河相亂而知截河過者。以河濁濟清。南出還清。故可知也。**東出于陶丘北**【傳】陶丘。丘再成。○陶音桃。【疏】傳陶丘丘再成。○正義曰。釋丘丘。再成爲陶丘。李巡曰。再成。其形再重也。郭璞云。今濟陰定陶城中有陶丘。地理志云。定陶縣西南有陶丘亭。**又東至于菏**【傳】菏澤之水。**又東北會于汶**【傳】濟與汶合。**又北東入于海。**【傳】北折而東。○折之設反。**導淮自桐柏**【傳】桐柏山在南陽之東。【疏】傳桐柏至之東。○正義曰。地理志云。桐柏山在南陽平氏縣東南。淮水所出。水經云。出胎簪山。東北過桐柏山。胎簪蓋桐柏之傍小山。傳言南陽郡之東也。**東會于泗沂東入**

萬曆十五年刊

于海。傳與泗沂二水合入海。疏傳與泗至入海○正義曰：地理志云。沂水出泰山蓋縣。南至下邳入泗。泗水出濟陰乘氏縣。至臨淮睢陵縣入淮。乃沂水先入泗。泗入淮耳。以沂水入泗處去淮已近。故連言之。

導渭自鳥鼠同穴。傳鳥鼠共爲雌雄。同穴處此山。遂名山曰鳥鼠。渭水出焉。疏傳鳥鼠至出焉○正義曰。釋文云。鳥鼠同穴。其鳥爲鵌。其鼠爲鼵。李巡曰。鵌鼵鳥鼠之名。共處一穴。天性然也。郭璞曰。鼵如人家鼠而短尾。鵌似鵽而小。黄黑色。穴入地三四尺。鼠在内。鳥在外。今在隴西首陽縣有鳥鼠同穴山。尚書孔傳云。共爲雌雄。張氏地理記云。不爲牝牡。璞並載此言。未知誰得實也。地理志云。隴西首陽西南有鳥鼠同穴山。渭水所出。至京兆北船司空縣入河。過郡四。行千八百七十里。東會于灃。又東會于涇。傳灃水自南。涇水自北而合。○灃。音豐。又東過漆沮入于河。傳漆沮二水名。亦曰洛水。出馮翊北。○翊，與職反。疏傳漆沮至翊北○正義曰。地理志云漆水出扶風漆縣。依十三州記。漆水在岐山東入渭。則與漆沮不同矣。此云會于涇。又東過漆沮。是漆沮在涇水之東。故孔以爲洛水一名漆沮。水經沮水出北地直路縣。東入洛水。又云鄭渠在太上皇陵東南濯水入焉。俗謂之漆水。又謂之漆沮。其水東流注於洛水。志云出馮翊懷德縣。東南入渭。以水土驗之。與毛詩古公自土沮漆者別也。彼漆即扶風漆水也。彼沮則未聞。

導洛自熊耳。傳在宜陽之西。東北會于澗瀍。傳會于河南城南。又東會于伊。傳合於洛陽之南。又東北入于河。傳合於鞏之東。○鞏，恭勇反。縣名。屬河南郡。

九州攸同。傳所同事在下。

四隩既宅。傳四方之宅已可居。○隩，於六反。玉篇於報反。**九山刊旅，九川滌源，九澤既陂。**傳 九州名山已槎木通道而旅祭矣。九州之川已滌除泉源無壅塞矣。九州之澤已陂障無決溢矣。○滌，待歷反。陂，彼宜反。槎，仕雅反。障，章尚反。**四海會同，六府孔修。**傳 四海之內會同京師，九州同風，萬國共貫。水火金木土穀甚修治，言政化和。○貫，工喚反。**庶土交正，厎慎財賦。**傳 交，俱也。衆土俱得其正，謂壤、墳、壚。致所慎者，財貨貢賦。言取之有節，不過度。**咸則三壤，成賦中邦。**傳 皆法壤田上中下大較三品，成九州之賦。明水害除。○較，音角。疏 九州至中邦。○正義曰：昔堯遭洪水。

道路阻絶。今水土既治。天下大同。故揔敘之。今九州所共同矣。所同者四方之宅。已盡可居矣。九州之山。刊槎其木。旅祭之矣。九州之川。滌除泉源。無壅塞矣。九州之澤。已皆陂障。無決溢矣。四海之内。皆得會同京師。無乖異矣。六材之府。甚修治矣。言海内之人。皆豐足矣。水災已除。天下衆土墳壤之屬。俱得其正。復本性故也。民既豐足。取之有藝。致所重慎者。惟財貨賦稅也。慎之者。皆法則其三品土壤。準其地之肥瘠。爲上中下三等。以成其貢賦之法於中國。美禹能治水土。安海内。於此揔結之。○傳所同事在下。○正義曰。九州所同。與下爲目。故言所同事在下。四隩既宅已下皆是也。其言九山九川九澤。最是同之事矣。○傳四方至可居。○正義曰。室隅爲隩。隩是内也。人之造宅爲居。至其隩内。遂以隩表宅。故傳以隩爲宅。以宅内可居。言四方舊可居之處皆可居也。○傳九州至溢矣。○正義曰。上文諸州有言山川澤者。皆舉大言之。所言不盡。故於此復更揔之。九山九川九澤。言九州之内。所有山川澤。無大無小。皆刊槎決除已訖。

其皆旅祭。惟據名山大川言旅者。往前大水。旅祭禮廢。已旅。見已治也。山非水體。故以旅見治。其實水亦旅矣。發首云奠高山大川。但是定位。皆已旅祭也。川言滌除泉源。從其所出至其所入。皆蕩除之。無壅塞也。澤言既陂。往前監溢。今時水定。或作陂以障之。使無決溢。詩云彼澤之陂。毛傳云陂。澤障也。○傳四海至化和。○正義曰。禮。諸侯之見天子。時見曰會。殷見曰同。此言四海會同。乃謂官之與民。皆得聚會京師。非據諸侯之身朝天子也。夷狄戎蠻。謂之四海。但天子之於夷狄。不與華夏同風故知四海謂四海之内。即是九州之中。乃有萬國。萬國同其風化。若物在繩索之貫。故云九州同風。萬國共貫。大禹謨云水火金木土穀謂之六府。皆修治者。言政化和也。由政化和平。民不失業。各得殖其資產。故六府修治也。○傳交俱至過度。○正義曰。交。錯更互俱之義。故交爲俱也。洪水之時。高下皆水。土失本性。今水災既除。衆土俱得其正。謂壤墳壚。還復其壤墳壚之性也。諸州之土。青黎是色。塗泥是濕。土性之異。惟有壤墳壚耳。故舉三者以言也。致所慎者。財貨貢賦。謹慎其事。不使害人。言取民有節。什一而稅。不過度也。○傳皆法至害除。○正義曰。土壤各有肥瘠。貢賦從地而出。故分其土壤爲上中下。計其肥瘠等級甚多。但舉其大較。定爲三品。法則地之善惡。以爲貢賦之差。雖細分三品。以爲九等。人功修少。當時小異。要民之常。稅必準其土。故皆法三壤成九州之賦。言得施賦法。以明水害除也。九州卽是中邦。故傳以九州言之。

錫土姓。祗台德先。不距朕行。傳台我也。天子建德。因生以賜姓。謂有德之人生此地。以此地名賜之姓以顯之。王者常自以敬我德爲先。則天下無距違我行者。

疏錫土至朕行。○正義曰。此一經皆史美禹功。言九州風俗既同。可以施其教化。天子惟當擇任其賢者。相與共治之。選有德之人。賜與所生之土爲姓。既能尊賢如是。又天子立意。常自以敬我德爲先。則天下之民無有距違我天子所行者。皆禹之使然，故敘而美之。〇傳「台我」至「行者」。〇正義曰：「台，我」，《釋詁》文。「天子建德，因生以賜姓」，隱八年《左傳》文。既引其文，又解其義。土，地也。謂有德之人生于此地，天子以地名賜之姓，以尊顯之。《周語》稱帝嘉禹德，賜姓曰姒；胙四岳，賜姓曰姜。《左傳》稱周賜陳胡公之姓爲嬀。皆是因生賜姓之事也。臣蒙賜姓，其人少矣，此事是用賢大者，故舉以爲言。王者既能用賢，又能謹敬，其立意也，常自以敬我德爲先，則天下無有距違我天子之行者。《論語》云：「上好禮，則民莫敢不敬；上好義，則民莫敢不服；上好信，則民莫敢不用情。」王者自敬其德，則民豈敢不敬之？人皆敬之，誰敢距違者？聖人行而天下皆悅，動而天下皆應，用此道也。

五百里甸服。傳規方千里之內謂之甸服，爲天子服治田，去王城面五百里。〇甸，田遍反。爲，于僞反。疏

五百里甸服。〇正義曰：既言九州同風，法壤成賦，而四海之內路有遠近，更敘弼成五服之事。甸、侯、綏、要

荒。五服之名堯之舊制。洪水既平之後。禹乃爲之節文。使賦役有恒。職掌分定。甸服去京師最近。賦税尤多。故每於百里卽爲一節。侯服稍遠。近者供役。故二百里内各爲一節。三百里外共爲一節。綏要荒三服。去京師益遠。每服分而爲二。内三百里爲一節。外二百里爲一節。以遠近有較。故其任不等。甸服入穀。故發首言賦税也。賦令自送入官。故三百里内每皆言納。四百五百里不言納者。從上省文也。於三百里言服者。舉中以明上下。皆是服王事也。侯服以外。貢不入穀。侯主爲斥候。二百里内。偹役差多。故各爲一名。三百里外。同是斥候。故共爲一名。自下皆先言三百里而後二百里。舉大率爲差等也。○傳規方至百里。○正義曰。先王規方千里以爲甸服。周語文。王制亦云。千里之内曰甸。鄭玄云。服治田。出穀税也。言甸者主治田。故服名甸也。

百里賦納總。傳 甸服内之百里近王城者。禾稾曰總。入之供飼國馬。○納。如字。本又作内。音同。下如字。總。音揔。近。附近之近。近，槀。故老反。供。音恭。飼，音嗣。

疏 傳甸服至國馬。○正義曰：去王城五百里。揔名甸服。就其甸服內。又細分之。從內而出。此爲其首。故云甸服之內近王城者。總者。總下銍、秸、禾穗與槀總皆送之。故云禾槀曰總。入之供飼國馬。周禮掌客待諸侯之禮有芻有禾。此總是也。

二百里納銍，傳銍。刈。謂禾穗。○銍，珍栗反。穗，亦作穟。音遂。

疏 傳銍刈謂禾穗。○正義曰：劉熙釋名云：銍，穫禾鐵也。說文云：銍，穫禾短鎌也。詩云：奄觀銍刈。用銍刈者。謂禾穗也。禾穗用銍以刈，故以銍表禾穗也。

三百里納秸服。傳秸。槀也。服槀役。○秸，本或作稭。工八反。馬云：去其穎。音鞂。

疏 傳秸槀也。服槀役。○正義曰：郊特牲云：莞簟之安。而槀秸之設。秸亦槀也。雙言之耳。去穗送槀易於送穗。故爲遠彌輕也。然計什一而得。槀粟皆送。則秸服重於納銍。則乖近重遠輕之義。蓋納粟之外。斟酌納槀。服槀役者。解經服字。於此言服。明上下服皆並有所納之役也。四百里猶尚納粟。此當槀粟別納。非是徒納稾也。四百里粟，五百里米。傳所納精者少，麤者多。疏傳所納至者多。○正義曰：直納粟米爲少，禾稾俱送爲多。其於税也，皆當什一。但所納有精麤，遠輕而近重耳。五百里侯服。傳甸服外之五百里。侯，候也。斥候而服事。疏傳甸服至服事。○正義曰：侯聲近候，故爲候也。襄十八年左傳稱晉人伐齊，使司馬斥山澤之險。斥謂檢行之也。斥候謂檢行險阻，伺候盜賊。此五百里主爲斥候而服事天子，故名侯服。因見諸言服者，皆是服事也。百里采。傳侯服內之百里，供王事而已，不主一。疏傳侯服至主一。○正義曰：采訓爲事。此百里之內主供王事而已。事謂役也。有役則供，不主於一，故但言采。二百里男邦。傳男，任也。任王者事。○任，而針反，又而鴆反，下同。疏傳男任也任王者事。○正義曰：男聲近任，故訓爲任。任王者事，任受其役。此任有常。殊於不主一也。言邦者。見上下皆是諸侯之國也。

三百里諸侯。傳三百里同爲王者斥候。故合三爲一名。○爲。于僞反。疏傳三百至一名。○正義曰。經言諸侯者。三百里內同爲王者斥候。在此內所主事同。故合三百四百五百共爲一名。言諸侯以示義耳。

五百里綏服。傳綏安也。侯服外之五百里安服王者之政教。○綏。息遺反。疏傳綏安至政教。○正義曰。綏安。釋詁文。要服去京師已遠。王者以文教要束使服。此綏服路近。言安服王者政教。以示不待要束而自服也。周語云。先王之制。邦內甸服。邦外侯服。侯衞賓服。夷蠻要服。戎狄荒服。彼賓服當此綏服。韋昭云。以文武教衞爲安。王賓之。因以名服。然則綏者。據諸侯安王爲名。賓者。據王敬諸侯爲名。彼云先王之制。則此服舊有二名。

三百里揆文教。傳揆。度也。度王者文教而行之。三百里皆同。○揆，葵癸反。度，待洛反。[疏]傳「揆度」至「皆同」。○正義曰：釋詁訓揆爲度，故雙言之。以王者有文教，此服諸侯揆度王者政教而行之，必自揆度，恐其不合上耳。即是安服王者之義。

二百里奮武衛。[傳]文教外之二百里。奮武衛，天子所以安。○奮，方問反。[疏]傳「文教」至「以安」。○正義曰：既言三百，又言二百，嫌是三百之內，以下二服文與此同，故於此解之。此是文教外之二百里也。由其心安王化，奮武以衛天子，所以名此服爲安也。內文而外武，故先揆文教，後言奮武衛，所從言之異，與安之義同。奮武衛天子，是其安之驗也。言服內諸侯心安天子，非言天子賴諸侯以安也。

五百里要服。[傳]綏服外之五百里。要束以文教。○要，一遙反。束，如字。一音來。[疏]傳「綏服」至「文教」。○正義曰：要者約束之義。上言揆文教，知要者要束以文教也。綏服自揆天子文教，恐其不稱上旨，此要服差遠，已慢王化，天子恐其不服，乃以文教要服之名爲要。見其疏遠之義也。**三百里夷。**傳守平常之教。事王者而已。○馬云。夷易也。**二百里蔡。**傳蔡。法也。法三百里而差簡。○差。初佳反。又初賣反。疏傳蔡法至差簡。○正義曰。蔡之爲法。無正訓也。上言三百里夷。夷訓平也。守平常教耳。此名爲蔡。教簡於夷。故訓蔡爲法。法則三百里者。去京師彌遠。差復簡易。言其不能守平常也。

五百里荒服。傳要服外之五百里。言荒又簡略。疏傳要服至簡略。○正義曰。服名荒者。王肅云。政教荒忽。因其故俗而治之。傳言荒又簡略。亦當以爲荒忽。又簡略於要服之蔡也。

三百里蠻。傳以文德蠻來之。不制以法。疏傳以文至以法。○正義曰。鄭云。蠻者。聽從其俗。羈縻其人耳。故云蠻。蠻之言緡也。其意言蠻是緡也。緡是繩也。言蠻者以繩束物之名。揆度文教。論語稱遠人不服。則修文德以來之。故傳言以文德蠻來之。不制以國內之法強逼之。王肅云。蠻慢也。禮儀簡慢。與孔異。然甸侯綏要四服。俱有三日之役。什一而稅。但二百里蔡者。稅徵差簡。其荒服力役田稅並無。故鄭注云。蔡之言殺。減殺其賦。荒服既不役作其人。又不賦其田事也。其侯綏等所出稅賦。各入本國。則亦有納總納銍之差。但此據天子立文耳。要服之內。皆有文教。故孔於要服傳云。要束以文教。則知已上皆有文教可知。獨於綏服三百里云揆文教者。以去京師既遠。更無別供。又不近外邊。不爲武衛。其要服。又要束始行文教。無事而能揆度文教而行者。推有此三百里耳。奮武衛者。在國習學兵武。有事則征討夷狄。不於要服內奮武衛者。以要服逼近夷狄。要束始來。不可委以兵武。

二百里流。傳 流。移也。言政教隨其俗。凡五服相距。爲方五千里。

疏 傳 流移至千里 ○正義曰。流如水流。故云移也。其俗流移無常。故政教隨其俗。任其去來。不復蠻來之也。凡五服之別。各五百里。是王城四面。面別二千五百里。四面相距。爲方五千里也。賈逵、馬融以爲甸服之外百里至五百里米。特有此數。去王城千里。其侯綏要荒服各五百里。是面三千里。相距爲方六千里。鄭玄以爲五服。服别五百里。是堯之舊制及禹弼之。每服之閒更增五百里。面别至于五千里。相距爲方萬里。司馬遷與孔意同。王肅亦以爲然。故肅注此云。賈馬既失其實。鄭玄尤不然矣。禹之功在平治山川。不在拓境廣土。土地之廣三倍於堯。而書傳無稱也。則鄭玄創造難可據信。漢之孝武疲弊中國。甘心夷狄。天下户口至減大半。然後僅開緣邊之郡而已。禹方憂洪水。三過其門不入。未暇以征伐爲事。且其所以爲服之名輕重顛倒。遠近失所。難得而通矣。先王規方千里以爲甸服。其餘均分之。公侯伯子男使各有寰宇。而使甸服之外諸侯入禾藁。非其義也。史遷之旨。蓋得之矣。是同於孔也。若然。周禮王畿之外。别有九服。服别五百里。是爲方萬里。復以何故三倍於堯。又地理志言漢之土境東西九千三百二里。南北萬三千三百六十八里。驗其所言山川不出禹貢之域。山川載地古今必同。而得里數異者。堯與周漢。其地一也。尚書所言。據其虛空鳥路。方直而計之。漢書所言。乃謂著地人跡。屈曲而量之。所以數不同也。故王肅上篇注云。方五千里者。直方之數。若其迴邪委曲。動有倍加之較。是言經指直方之數。漢據迴邪之道。有九服五服。其地雖同。王者革易。自相變改。其法。不改其地也。鄭玄不言禹變堯法。乃云地倍於堯。故王肅所以難之。王制云。西不盡流沙。東不盡東海。南不盡衡山。北不盡恒山。凡四海之內。斷長補短。方三千里者。彼自言不盡。明未至遠界。且王制漢世爲之。不可與經合也。

東漸于海。西被于流沙。朔南暨聲教。(傳)漸入也。被及也。此言五服之外。皆與王者聲教而朝見。○漸子廉反。被皮寄反。朔。朔北也。與音預。朝直遙反。見賢遍反。

訖于四海。禹錫玄圭。告厥成功。(傳)玄天色。禹功盡加於四海。故堯賜玄圭以彰顯之言天功成。○訖，斤密反。[疏]東漸至成功○正義曰。言五服之外。又東漸入于海。西被及于流沙。其北與南雖在服外。皆與聞天子威聲文教。時來朝見。是禹治水之功。盡加于四海。以禹功如是。故帝賜以玄色之圭。告其能成天之功也。○傳漸入至朝見○正義曰。漸是沾濕。故爲入。謂入海也。覆被。是遠及之辭。故爲及也。海多邪曲。故言漸入。流沙長遠。故言被及。皆是過之意也。五服之下。乃說此事。故言此五服之外。皆與王者聲教而朝見。言其聞風感德而來朝也。鄭玄云。南北不言所至。容踰之。此言西被於流沙。流沙當是西境最遠者也。而地理志以流沙爲張掖居延澤是也。計三危在居延之西。大遠矣。志言非也。○傳玄天至功成○正義曰。考工記天謂之玄。是玄爲天色。禹之蒙賜。必是堯賜。故史敘其事。禹功盡加于四海。故堯賜玄圭以彰顯之。必以天色圭者。言天功成也。大禹謨舜美禹功云。地平天成。是天功成也。

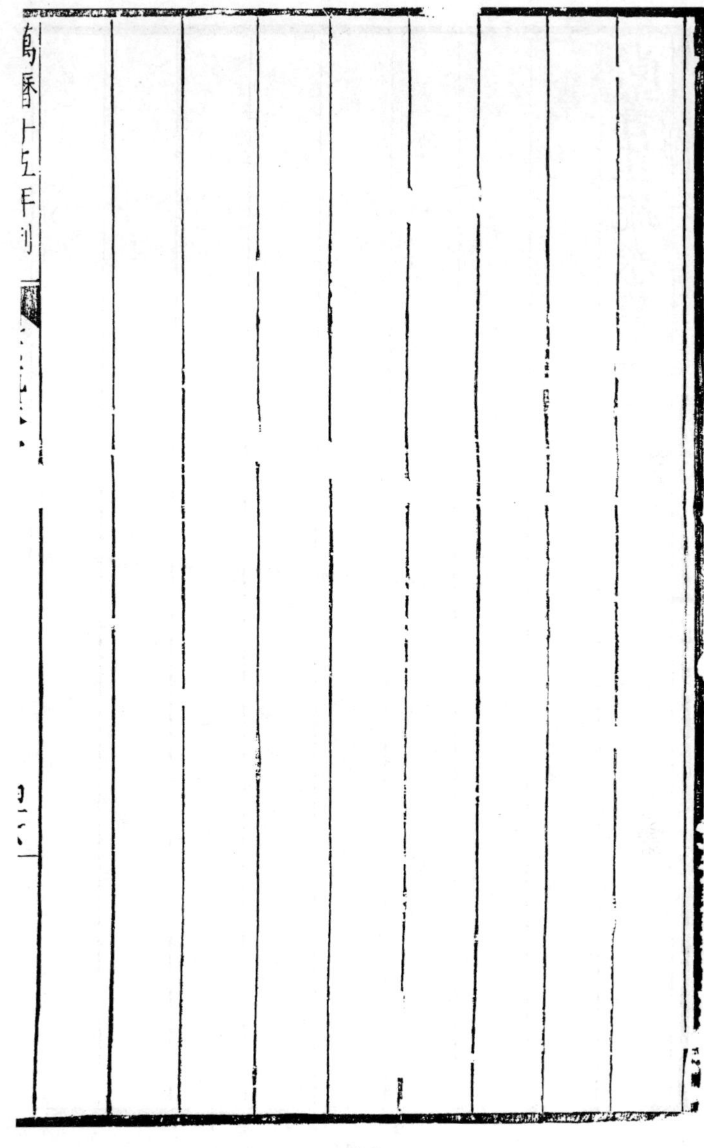
萬曆十五年刊

尚書註疏卷第六

尚書注疏彙校卷六

禹貢第一

一葉五行經　夏書　○山井鼎《考文》：補脱凡九篇，五篇亡。一云夏書惟四篇〔據經典釋文〕。謹按當在「禹貢第一夏書」下。○浦鏜《正字》：「夏書」下脱釋文「凡九篇，五篇亡，一云夏書惟四篇」一十五字。

一葉六行釋文　九州周公職録云。黄帝受命。風后受圖。割地布九州。鄹子云。中國爲赤縣。内有九州。○浦鏜《正字》：周公職録云：黄帝受命，風后受圖，割地布九州。鄹子云：中國爲赤縣，赤縣之内有九州。案：「内」上王有「赤縣」二字，纂、魏、平、毛有「赤縣之」三字。○通志藝文畧：「周公城名録一卷。」「城」、「職」字相似，恐傳寫誤也。監本脱「赤縣之」三字。○阮元《校記甲》：九州。周公職録云，赤縣之内有九州。王應麟困學紀聞引周公職録。隋唐志無此書。太平御覽引太一式占周公城名録，有此三句。夾漈通志藝文畧：「周公城名録一卷。」「城」、「職」字相似，恐傳寫之誤。世説注云：推周公城録，治城宜是金陵本里。抱朴子内篇登涉引周公城名録。

一葉八行經　任土作貢。 ○山井鼎《考文》：任土作貢。〔古本〕下有「作禹貢」三字。○盧文弨《拾補》：作禹貢。考文云：古本「任土作貢」下有此三字。文弨案：正義本無之，但謂「發首言禹，句末言貢，篇名已顯」，且以微子、仲虺之誥兩篇之序作比例。此曲説也。彼云「仲虺作誥」、「微子作誥」、「父師少師」，皆篇名自顯。此但云「任土作貢」，「作貢」自連「任土」爲文，豈可即以「作貢」爲作此篇乎？正義既有此語，不必增入。若單行孔氏傳，必當補此三字。○阮元《校記甲》：任土作貢。「貢」下古本有「作禹貢」三字。阮元《校記乙》同。

一葉八行注　任其土地所有。定其貢賦之差。 「土」，八作「士」。○山井鼎《考文》：定其貢賦之差。〔古本〕「定」上有「以」字。物觀《補遺》：古本無「之」字。○浦鏜《正字》：任其土地所有，以定貢賦之差。「以定」誤「定其」，從疏挍。「土」，監本誤「上」。後可知者不出。○盧文弨《拾補》：任其土地所有，定其貢賦之差。古本「定其」作「以定」。疏亦云。當作「以定」。○阮元《校記甲》：定其貢賦之差。古本「定」上有「以」字，「賦」下無「之」字。按：有「以」字，與疏合。無「之」字恐非。阮元《校記乙》同。

一葉九行注　而在夏書之首。 ○山井鼎《考文》：而在夏書之首。〔古本〕下有「者」字。

○盧文弨《拾補》：此堯時事，而在夏書之首者。古本「首」下有「者」字。當據補。○阮元《校記甲》：而在夏書之首。「首」下古本有「者」字。

一葉九行注　禹之王以是功。○浦鏜《正字》：禹之王以是功。「王」，監本誤「至」。○阮元《校記甲》：禹之王。「王」，監本誤作「至」。

一葉十行釋文　任。而鴆反。「鴆」，永作「鳩」。

一葉十行釋文　貢。字或作贛。「或」上纂無「字」字。「贛」，平作「贑」。

一葉十行釋文　王。于況反。「王」上平有「之」字。

一葉十一行疏　深大其川。「大其」，單、八作「其大」。○山井鼎《考文》：深大其川。宋板作「深其大川」。○阮元《校記甲》：深大其川。宋板作「深其大川」。阮元《校記乙》同。

一葉十一行疏　使得注海。「注」，平作「流」。

一葉十二行疏　分其圻界。「圻」，魏作「所」。

一葉十二行疏　詩傳云。圻。疆。「疆」下單、八、魏、平、十、永、殿、庫、阮有「也」字，毛有「者」字。○山井鼎《考文》：詩傳云：圻，疆者。〔宋板〕「者」作「也」。謹按嘉靖、萬曆二本無「者」字。○浦鏜《正字》：詩傳云：圻，疆也。「圻」，詩傳作「畿」，同。「也」字，監本脱，毛本誤「者」。○盧文弨《拾補》：詩傳云：圻，疆也。毛本「也」作「者」。「者」當作「也」。○阮元《校記甲》：詩傳云：圻，疆者。宋板、十行「者」俱作「也」。嘉、萬、閩本俱無「者」字。

一葉十二行疏　分其疆界。「疆」，閩作「彊」。

一葉十四行疏　直言隨山。「言」，阮作「云」。

一葉十六行疏　亦因其肥瘠多少不同。「瘠」，十、永作「痻」。

一葉十六行疏　謂定其肥磽之所生。「磽」，單、八、魏、平、永作「墝」。○張鈞衡《校記》：謂定其肥墝之所生。阮本「墝」作「磽」。

一葉十六行疏　是言用肥瘠多少爲差也。「瘠」，十、永作「痻」。「差」，十作「羌」。

一葉十七行疏　故經定其差等。「差」，永作「羌」。

一葉十七行疏　市其土地所生異物。「市」，要作「視」。「土」，庫作「上」。

一葉十八行疏　直隨地所有。「有」上要無「所」字。

二葉一行疏　此之所貢。「所」，要作「謂」。

二葉一行疏　即與周禮大宰九貢不殊。「大」，單、八、魏、平、要、十、永、閩、毛、庫、阮作「太」。

二葉一行疏　但周禮分之爲九耳。　「但」，八作「曰」。

二葉一行疏　其賦與周禮九賦全異。　「全」，平作「至」。

二葉二行疏　不言作賦而云作貢者。　「云」，阮作「言」。

二葉二行疏　取下供上之義也。　「供」，毛作「貢」。○阮元《校記甲》：取下貢上之義也。閩本、明監本同。毛本「貢」，十行、閩、監俱作「供」。○阮元《校記乙》：取下供上之義也。「供」作「貢」。案：「供」、「貢」古通用字。

二葉二行疏　句末言貢。　「末」，十、閩作「未」。

二葉四行疏　此治水是堯末時事。　「治」，毛作「冶」。

二葉六行疏　或仲尼始退其第。　「尼」，毛作「𡰱」。○物觀《補遺》：或仲𡰱始退。宋板「𡰱」作「尼」。○浦鏜《正字》：或仲尼始退其第。「尼」，毛本誤「𡰱」。○盧文弨《拾補》：或仲尼始退其第。毛本「尼」作「𡰱」。「𡰱」當作「尼」。○阮元《校記甲》：或仲𡰱始退其第。「𡰱」，宋板、十行、閩、監俱作「尼」。按：「𡰱」字非。

二葉八行疏　定山川次秩。　○殿本《考證》：定山川次秩。「次」，監本訛「大」。今改正。○浦鏜《正字》：定山川次秩。「次」，監本誤「夫」。○阮元《校記甲》：定山川次秩。「次」，監本誤作「夫」。

二葉十行疏　總言水土既平。「總」，單、八、魏、平、十、永、阮作「摠」，毛作「揔」。

二葉十行疏　論天子於土地在行德教之事也。「土」，永作「士」。「在」，單、八、魏、平、永、毛、殿、庫、阮作「布」。○殿本《考證》：布行德教之事。「布」，監本訛「行（在）」。今改正。○浦鏜《正字》：論天子於土地布行德教之事也。「布」，監本誤「在」。○阮元《校記甲》：論天子於土地布行德教之事也。「布」，閩、監俱誤作「在」。

二葉十一行疏　總言四海之內。「總」，單、八、魏、平、十、永、阮作「摠」。

二葉十一行疏　總結禹功成受錫之事也。「總」，單、八、魏、平、十、永、阮作「摠」。「事」下八無「也」字。○《定本校記》：摠結禹功成受錫之事也。「也」字〔足利〕八行本脱。

二葉十二行疏　故以禹貢名篇。「禹」下平無「貢」字。

二葉十四行注　洪水汎溢。「汎」，永作「氿」。○阮元《校記甲》：洪水汎溢。「汎溢」，纂傳作「泛濫」。

二葉十四行注　禹分布治九州之土。「布」上阮無「分」字。「土」，永作「士」。

二葉十五行釋文　汎。敷劒反。「汎」，永作「汎」。「敷」，魏、平作「孚」。○阮元《校記甲》：汎，孚劒反。「孚」，十行本、毛本俱作「敷」字。按：「敷劒」即「孚劒」。

二葉十五行釋文　行。下孟反。「行」上平有「隨」字。

二葉十五行經　奠高山大川。「奠」，石作「奠」。

二葉十六行注　大川。四瀆。○物觀《補遺》：大川，四瀆。〔古本〕下有「也」字。

二葉十六行注　祀禮所視。○阮元《校記甲》：祀禮所視。毛氏曰：「祀」作「杞」，誤。

二葉十八行疏　謂定其次秩尊卑。使知祀禮所視。「知」，毛作「之」。○物觀《補遺》：使之祀禮。〔宋板〕「之」作「知」。○浦鏜《正字》：謂定其次秩尊卑，使知祀禮所視。「知」，毛本誤「之」。○盧文弨《拾補》：使知祀禮所視。毛本「知」作「之」。「之」當作「知」。○阮元《校記甲》：使之祀禮所視。「之」，宋板、十行、閩、監俱作「知」，是也。

三葉一行疏　詩傳云汎。汎流也。○浦鏜《正字》：詩傳云：汎，汎流也。「也」，當從詩傳作「貌」。○盧文弨《拾補》：詩傳云：汎，汎流也。「也」，本作「貌」，是。

三葉一行疏　漫壞民居。「漫」，單、八、魏、平、十、永、阮作「浸」，閩作「漫」。○山井鼎《考文》：漫壞民居。〔宋板〕「漫」作「浸」。○盧文弨《拾補》：浸壞民居。毛本「浸」作「漫」。「漫」當作「浸」。○阮元《校記甲》：漫壞民居。「漫」，宋板、十行、閩本俱作「浸」。○阮元《校記乙》：浸壞民居。宋板、閩本同。毛本「浸」作「漫」。

三葉二行疏　文十八年左傳云。舉八凱使主后土。「文」，十作「又」。○浦鏜《正字》：左傳云，舉八凱使主后土。「凱」，傳作「愷」。

三葉三行疏　於時平地盡爲流潦。　「時」，薈作「是」。「潦」，要作「潦」。

三葉五行疏　來而復往。　「往」，平作「狌」。

三葉五行疏　故言分布治之也。　「之」下單、八、魏、平、殿、庫無「也」字，十、永、阮「也」作「之」。〇物觀《補遺》：分布治之也。〔宋板〕無「也」字。〇盧文弨《拾補》：故言分布治之。毛本「之」下有「也」，宋〔本無〕，衍。〇阮元《校記甲》：故言分布治之也。宋板無「也」字，十行本「也」誤作「之」。〇阮元《校記乙》：故言分布治之之。宋板不重「之」字，毛本次「之」字作「也」。〇張鈞衡《校記》：故言分布治之之。阮本同。校勘記云：毛本次「之」字作「也」。

三葉六行疏　正義曰。禮。　「曰」，十作「四」。

三葉八行疏　故言定其差秩。　「差」，十、永作「羌」。

三葉九行疏　荆岐既旅。　「岐」，魏、平、永作「歧」。

三葉十行疏　故旅祭之。　「旅」，十作「旅」。

三葉十行經　冀州既載。　〇盧文弨《拾補》：冀州既載。「冀」，从北，从異。毛本作「兾」，譌。〇阮元《校記甲》：冀州。唐石經別起一行，每州皆然。阮元《校記乙》同。

三葉十行注　先施貢賦役載於書。　「賦」上要無「貢」字。

三葉十一行釋文　州九州名義見爾雅音。　「九」上殿、庫無「州」字。

三葉十三行疏　而南次揚。　「揚」，平作「楊」。

三葉十三行疏　從揚而西次荆。　○浦鏜《正字》：從揚而西次荆。「次」，監本誤「夫」。○阮元《校記甲》：從揚而西次荆。「次」，監本誤作「夫」。

三葉十四行疏　從梁而北次雍。　「北」，十作「比」。

三葉十八行疏　兖揚荆豫。　「揚」，平作「楊」。

四葉一行疏　揚豫不言平地。　「揚」，平作「楊」。

四葉二行疏　傳堯所至於書。　「於」，十、永、阮作「至」。○阮元《校記甲》：傳堯所至於書。「於」，十行本誤作「至」。○阮元《校記乙》：傳堯所至至書。案：「至」當作「於」。毛本不誤。

四葉二行疏　史傳皆云堯都平陽。　「皆」，毛作「者」。○物觀《補遺》：史傳者云。〔宋板〕「者」作「皆」。○浦鏜《正字》：史傳皆云堯都平陽。「皆」，毛本誤「者」。○盧文弨《拾補》：史傳皆云堯都平陽。毛本「皆」作「者」。「者」當作「皆」。○阮元《校記甲》：史傳者云。「者」，宋板、十行、閩、監俱作「皆」，是也。

四葉三行疏　諸川冀爲其先。　「川」，單、八、魏、平、十、永、閩、殿、庫、阮作「州」。○物觀《補遺》：諸川冀。〔宋板〕「川」作「州」。○浦鏜《正字》：諸州冀爲其先。「州」，誤「川」。○盧文弨《拾補》：諸州冀爲其先。毛本「州」作「川」。「川」當作「州」。○阮元《校記甲》：諸川冀爲其先。「川」，宋板、十行、閩本俱作「州」。按：「川」字誤。

四葉四行疏　然後徵而用之。　「用」，平作「川」。

四葉六行疏　又知用徒之數。　○浦鏜《正字》：又知用徒之數。「又」，毛本誤「乂」。後此類可知者不書。（彙校者案：毛本「又」字上部殘。）

四葉六行疏　則書於策以告帝。　「則」，平作「州」。

四葉六行疏　徵役而治之。　「治」，平作「治」。

四葉七行經　治梁及岐。　「岐」，李、王、纂作「岐」。○阮元《校記甲》：壺口治梁及岐。毛曰：「岐」作「蚑」，誤。

四葉七行注　梁岐在雍州。　「岐」，李、王、纂、十作「岐」，平作「歧」。

四葉八行釋文　治。如字。　「如」，十作「如」。

四葉八行釋文　岐。其宜反。　「岐」，王、纂作「岐」，平作「歧」。

四葉十行疏　必當具見圖籍。　「具」，毛作「其」。○物觀《補遺》：其見圖籍。〔宋板〕「其」作「具」。○浦鏜《正字》：必當具見圖籍。「具」，毛本誤「其」。○盧文弨《拾補》：必當具見圖籍。毛本「具」作「其」。「其」當作「具」。○阮元《校記甲》：必當其見圖籍。「其」，宋板、十行、閩、監俱作「具」。按：「其」字非也。

四葉十行疏　梁岐在雍州。　「岐」，魏作「歧」，平、十作「歧」。

四葉十行疏　當時疆界爲然也。　「疆」，魏作「彊」。

四葉十一行疏　鄭云於此言治梁及岐者蓋治水從下起。　「岐」，魏作「歧」，平、十、永作「岐」。

四葉十一行疏　以襄水害易也。　○浦鏜《正字》：蓋治水從下起，以襄水害易也。「襄」字監本誤。○盧文弨《拾補》：以襄水害易也。「襄」，疑是等衰之衰，與殺義同。

四葉十二行疏　應劭云。已有南屈。故稱北屈。　○浦鏜《正字》：應劭云：巳有南屈，故稱北屈。「巳」，疑作「以」。案：原文作「有南故稱北」。○盧文弨《拾補》：應劭云：以有南屈，故稱北屈。毛本「以」作「巳」。「巳」當作「以」。

四葉十三行疏　岐山在右扶風美陽縣西北。　「岐」，十作「岐」。

四葉十四行經　既修太原。「太」，殿、庫作「大」。

四葉十五行注　高平曰太原。「太」，殿、庫作「大」。

四葉十五行注　在太原西南。「太」，殿、庫作「大」。

四葉十六行釋文　太岳。「太」，殿作「大」。

四葉十七行疏　故云高平曰太原。「太」，永作「大」。

四葉十八行疏　下文導山云。壺口雷首。至于太岳。「雷首」，毛作「當有」。○物觀《補遺》：壺口當有。〔宋板〕「當有」作「雷首」。○浦鏜《正字》：下文導山云，壺口雷首。「雷首」，毛本誤「當有」。○盧文弨《拾補》：壺口雷首，至于太岳。毛本「雷」作「當」，「首」作「有」。「當」當作「雷」，「有」當作「首」。○阮元《校記甲》：壺口當有，至于太岳。「當有」，宋板、十行、閩、監俱作「雷首」，不誤。

四葉十八行疏　至于太岳。「于」，平作「下」。

五葉一行疏　地理志。河東彘縣東有霍太山。「志」下單、八、魏、平、要有「云」字。○山井鼎《考文》：地理志，河東。〔宋板〕「志」下有「云」字。○盧文弨《拾補》：地理志云：河東彘縣。毛本「志」下脱「云」字。○阮元《校記甲》：地理志，河東彘縣東有霍太山。「志」下宋板有「云」字。

五葉二行疏　即此太岳是也。　○《定本校記》：即此太岳是也。「太」，〔足利〕八行本誤作「大」。

五葉二行疏　山南見日。　「日」，十、永、阮作「曰」。○阮元《校記甲》：山南見日。「日」，十行本誤作「曰」。○阮元《校記乙》：山南見曰。毛本「曰」作「日」，是也。

五葉三行經　覃懷厎績。　「厎」，王、纂、要、永、閩、毛作「底」。○盧文弨《拾補》：覃懷厎績。「厎」，毛本从广，譌。

五葉四行注　從覃懷致功至横漳。　○山井鼎《考文》：從覃懷致功至横漳。〔古本〕下有「也」字。「以供天子」下、「錯雜」下、「巳可耕作」下、「明水害除」下、「碣石海畔山」下、「而入河逆上」下、「所至則可知」下、「色黑而墳起」下並同。○阮元《校記甲》：從覃懷致功至横漳。「横」，纂傳作「衡」。按：諸本皆作「横」，而疏内標目「横」作「衡」，必有一誤。○阮元《校記乙》：從覃懷致功至横漳。纂傳「横」作「衡」。諸本皆作「横」。案：「衡」、「横」古今字。○《定本校記》：從覃懷致功至衡漳。「衡」，各本作「横」，與疏標題不合，非也。内野本云：「横」本作「衡」。

五葉四行釋文　厎。之履反。　「厎」，纂、永、閩、毛作「底」。

五葉四行釋文　衡如字。横也。　「横」，纂作「撗」。

五葉五行釋文　近。附近之近。　上「近」字下平有「河」字。

五葉七行疏　地理志云。　「地」，永作「也」。

五葉七行疏　清漳水出上黨沾縣大黽谷。　「黽」，庫作「𥅐」。○《四庫考證》：清漳水出上黨沾縣大𥅐谷。刊本「𥅐」訛「黽」，据水經注改。○《薈要》案語：大𥅐谷。刊本「𥅐」訛「黽」，據水經注改。

五葉七行疏　東北至渤海阜城縣入河。　「渤」，單作「潡」。

五葉八行疏　東至鄴縣入清漳。　「縣」，平作「懸」。

五葉九行疏　王肅云。　「肅」下永無「云」字。

五葉九行疏　衡漳。二水名。　「名」下要有「也」字。

五葉九行注　無塊曰壤。　「無」，王作「无」。「塊」，八作「塊」。

五葉十行注　色白而壤。　○阮元《校記甲》：色白而壤。毛氏曰：「白」作「曰」，誤。

五葉十行釋文　壤。若丈反。　○阮元《校記甲》：壤，汝丈反。「汝」，十行本、毛本俱作「若」字。按：「若丈」即「汝丈」。

五葉十行釋文　馬云。天性和美也。　「馬」，王作「焉」。「天」，平作「上」。

五葉十行釋文　塊。若對反。　「若」，纂、魏、平、殿、庫作「苦」。○山井鼎《考文》：塊，若對反。經典釋文「若」作「苦」。○浦鏜《正字》：塊，苦對切。「苦」，誤「若」。○張鈞衡《校記》：塊，若對反。阮本同。案：以雙聲承之當是「苦」字。

五葉十一行疏　九章筭術。　「筭」，單、八、殿、庫作「算」。

五葉十一行疏　水去土復其性。　「土」，十作「上」。

五葉十三行注　謂土地所生。　「土」，王作「上」。

五葉十三行注　錯。雜。雜出第二之賦。　二「雜」字纂作「雜」。上「雜」字要作「間」。○盧文弨《拾補》：錯，雜也。毛本「雜」下無「也」字，古本有「也」字，史記集解同。當據補。○阮元《校記甲》：錯，雜。古本、史記集解下俱有「也」字。按：此與「海物惟錯」傳「錯雜」小異，此以「雜」訓「錯」，彼則二字平讀。阮元《校記乙》同。

五葉十四行釋文　供。音恭。　「供」上平有「以」字。

五葉十七行疏　此州入穀不貢是也。　○山井鼎《考文》：此州入穀不貢。〔宋板〕「州」作「則」。○阮元《校記甲》：此州入穀不貢。「州」，宋板作「則」。盧文弨云：「則」字非。阮元《校記乙》同。○《定本校記》：此州入穀不貢。「州」，〔足利〕八行本誤作「則」。

五葉十七行疏　是間雜之義。　「間」，單、殿作「閒」。

六葉一行疏　税俱什一而得爲九等差者。　「差」，十作「羌」，永作「羌」。

六葉二行疏　賦第三。　「三」，毛作「二」。

六葉二行疏　雍州田第一。　「一」，永作「二」。

六葉二行疏　摠計以定差。　「摠」，要、殿、庫作「總」。「差」，永作「羌」。

六葉五行疏　分三品爲之上中下。下上本是異品。　「爲」，庫作「謂」。○《定本校記》：下上本是異品。「下」字上疑脱「中下」二字。

六葉六行疏　足明雜有下上下下可知也。　「足」，阮作「是」。

六葉七行疏　但治水據田責其什一。　「責」，平作「貢」。

六葉八行疏　隨土豐堉。　「豐」，平作「豊」。「堉」，單、八、魏、平、要、十、永、閩、毛、殿、庫、阮作「瘠」。○浦鏜《正字》：隨土豐瘠。「瘠」，監本作「堉」，同。

六葉八行疏　而下所獻自有差降。　「差」，永作「羌」。

六葉八行疏　即以差等爲上之定賦也。　「差」，永作「羌」。

六葉九行疏　豫州與冀州等一同。　「等」，單、八、魏、要、毛、殿、庫作「第」。○阮元《校記甲》：豫州與冀州第一同。「第」，十行、閩、監俱誤作「等」。○阮元《校記乙》：豫州與冀州等一同。案：「等」當作「第」，閩本、明監本並誤。

六葉九行疏　鄭玄云賦之差。　「差」，永作「羌」。

六葉十行疏　鄭詩箋云井稅一夫。　「詩」，平作「氏」。

六葉十一行疏　若上上一井稅一夫。　下「一」字平作「二」。

六葉十一行疏　若下下井稅一夫。　「井」，平作「非」。

六葉十三行釋文　中。竹仲反。　「竹」，王、纂、魏、平、十、永、閩、阮作「丁」。○山井鼎《考文》：中，竹仲反。〔經典釋文〕「竹」作「丁」。

六葉十三行釋文　中。馬云。土地有高下。　平無「中馬云土地有高下」八字。

六葉十六行疏　共相參對以爲九等。　「以」下平無「爲」字。

六葉十六行疏　鄭玄云。　「玄」，十作「幺」。

六葉十七行疏　據人功作力競得而田之。則爲之田。　「爲」，要、阮作「謂」。○浦鏜《正字》：據人功作力競得而田之，則爲之田。「爲」，當「謂」字誤。○盧文弨《拾補》：據人功作力競得而田之，則謂之田。毛本「謂」作「爲」。「爲」當作「謂」。

六葉十八行注　大陸之地。　「陸」，十作「陸」。

七葉一行釋文　從。才容反。　「從」上平有「既」字。「才」，纂作「丁」。

七葉一行疏　二水汎溢漫流。　「汎」，永作「沉」。

七葉二行疏　荆州雲土夢作乂。　「土」，平作「上」。「乂」，魏作「又」。

七葉二行疏　與此大陸既作。　「大」，永作「天」。

七葉四行疏　衞水出常山靈壽縣。東北入滹沲。　「沲」，殿作「沱」。○殿本《考證》：衞水出常山靈壽縣，東北入滹沲。臣召南按：地理志原文「入滹沲」之上當有「東」字，言衞水出靈壽縣之東北，其下流則東入滹沲也。疏脱一字耳。○浦鏜《正字》：東北入滹沲。漢志作「虖沱」。○盧文弨《拾補》：常山靈壽縣東北入滹沲。「入滹沲」上漢書地理志又有一「東」字。

七葉五行疏　釋地十藪云。　「藪」，魏作「數」。

七葉五行疏　今鉅鹿縣北廣河澤也。　○阮元《校記甲》：今鉅鹿縣北廣河澤也。「河」，纂傳作「阿」。按：下「廣河」亦當作「阿」。○阮元《校記乙》：今鉅鹿縣北廣河澤也。纂傳「河」作「阿」，是也。下「廣河」同。○《定本校記》：今鉅鹿縣北廣河澤也。阮氏云：「河」，纂傳作「阿」。按：下「廣河」亦當作「阿」。今按：阮説是也。下疏引郭璞以「陸」解「阿」，是本作「阿」明矣。○張鈞衡《校記》：廣河。阮本同。纂傳「河」作「阿」，是也。

下同。

七葉六行疏　春秋魏獻子畋于大陸。　「于」，庫作「於」。○浦鏜《正字》：春秋魏獻子畋于大陸。「畋」，左傳作「田」。

七葉六行疏　杜氏春秋説云。　○浦鏜《正字》：杜氏春秋説云。「春秋」二字當衍文。「説」，當「註」字誤。

七葉七行疏　相去甚遠。　「甚」，十、永、阮作「其」。○阮元《校記甲》：相去甚遠。「甚」，十行本誤作「其」。○阮元《校記乙》：相去其遠。毛本「其」作「甚」，是也。

七葉七行疏　所以得爲大陸者。　「陸」下要無「者」字。

七葉八行疏　然此二澤地形卑下。　「二」，阮作「一」。「卑」，永作「甲」。

七葉九行經　島夷皮服。　○盧文弨《拾補》：島夷皮服。島，從鳥，省聲，釋文不省。疏云：孔讀「鳥」爲「島」，是正文亦本作「鳥」。○阮元《校記甲》：島夷皮服。臧琳曰：孔傳「海曲謂之島」。正義曰：孔讀「鳥」爲「島」。鄭元云：鳥夷，東方之民搏食鳥獸者也。王肅云：鳥夷，東北夷國名也。與孔不同。據此知鄭、王本皆作「鳥夷」，孔傳雖讀「鳥」爲「島」，然未改經字，故正義本亦作「鳥」也。史記夏本紀冀州作「鳥夷」，揚州作「島夷」，葢因集解采孔傳，後人遂私改。漢書地理志冀州、揚州皆作「鳥夷」。羣經音辨鳥部云：「鳥，海曲也，當老切。書『鳥夷』。」是北宋孔傳尚作「鳥」字。按：唐石經已作「島」。阮元《校記乙》同。○《定本校記》：鳥夷皮服。「鳥」，各本作「島」。今正。臧氏琳經義雜記云：孔傳「海曲謂之島」。正義曰：孔讀「鳥」爲「島」。鄭玄云：鳥夷，東方之民搏食鳥獸者也。王肅云：鳥夷，東北夷國名也。與孔不同。據此知鄭、王本皆作「鳥夷」。孔傳雖讀「鳥」爲「島」，然未改經字。故正義本亦作「鳥」也。

七葉十行釋文　島。當老反。馬云。島。夷。北夷國。　○阮元《校記甲》：島，當老反。馬云：島夷，北夷國。按：兩「島」字宜俱作「鳥」。段玉裁云：開寶中改爲「島」。惟羣經音辨云：「鳥，海曲也，當老切，書『鳥夷』。」此賈氏據未改之釋文出此一條。

七葉十行疏　海曲至害除。　「至」下永無「害」字。

七葉十一行疏　九章筭術所云海島邈絶。　「筭」，平、毛、殿、庫作「算」，要作「筴」。

七葉十三行疏　搏食鳥獸者也。　「搏」，魏作「博」，十作「慱」，永作「愽」。

七葉十四行注　禹夾行此山之右。而入河逆上。　○盧文弨《拾補》：禹夾行此山之右而入河逆上也。毛本「上」下無「也」字，古本有，當據補。

七葉十六行注　亦差於餘州。　「差」，永作「羗」。

七葉十六行釋文　韋昭其逝反。上。時掌反。「上」上平有「逆」字。○物觀《補遺》：反上時掌反。〔經典釋文〕上「反」作「逆」。

七葉十七行釋文　篚。方尾反。「方」，王作「万」。

七葉十七行疏　地理志。碣石山。在北平驪城縣西南。「志」下單、八、魏、平、要有「云」字。○浦鏜《正字》：碣石山在北平驪城縣西南。碣石山，漢志作「大揭石山」。師古曰：揭，音桀。「北平」上有「古(右)」字。○盧文弨《拾補》：碣石山在北平驪城縣西南。漢書地理志作「大揭石山」。又「北平」上有「右」字，「驪城」作「驪成」。○阮元《校記甲》：碣石山在北平驪城縣西南。浦鏜云：「碣石山」，漢志作「大揭石山」。「北平」上有「右」字。按：疏引漢志多脱誤，諸本皆然，未可擅改，兹不悉挍，讀者取本書覆閲可也。阮元《校記乙》同。

七葉十八行疏　下文導河入于海。「于」，要作「於」。

八葉一行疏　入於渤海。「於」，要、毛、阮作「于」。

八葉一行疏　計渤海比距碣石五百餘里。「比」，單、八、魏、平、要、十、永、閩、毛、殿、庫、阮作「北」。

八葉二行疏　然後南廻入河而逆上也。　「廻」，毛作「迥」。

八葉四行疏　山常居右。　「右」，十、永作「石」。

八葉五行疏　爲還都白所治也。　「治」，平作「洽」。

八葉六行疏　還都白帝所治。　「白」，八作「曰」。「治」，單、八、魏、平、十、永、閩作「知」。○阮元《校記甲》：還都白帝所治。「治」，十行、閩本俱誤作「知」。○阮元《校記乙》：還都白帝所知。案：「知」當作「治」，閩本亦誤「知」，毛本不誤。○《定本校記》：還都白帝所知。單疏、〔足利〕八行如此。監本「知」改作「治」，是也。

八葉七行疏　惟青揚二州不言河耳。　「揚」，平作「楊」。

八葉八行疏　故揚州云達于淮泗。　「揚」，平、永、閩作「楊」。○張鈞衡《校記》：楊州。阮本「楊」作「揚」。

八葉九行疏　肅惟不言還都白帝。　阮「惟」作「雖」，「都」作「郡」。○盧文弨《拾補》：肅雖不言還都白帝。毛本「雖」作「惟」。「惟」當作「雖」。

八葉十三行疏　是妄説也。　「妄」，平作「妾」。

八葉十四行疏　言殊者當爲田賦<以收穫爲差。　「言」下魏無「殊」字。「差」，永作「羌」。○《定本校記》：以收穫爲差。「以」上疑脱「賦」字。

八葉十五行疏　以見賦由人功。「由」，平作「田」。

八葉十六行疏　鄭玄云此州入穀不貢。「穀」，單、八作「穀」。

八葉十七行疏　差異於餘州也。「差」，永作「羗」。

八葉十七行疏　甸服止方千里。「止」，永作「立」。○張鈞衡《校記》：甸服立方千里。阮本「立」作「止」，誤。

八葉十七行疏　冀之北上境界甚遥。「上」，單、八、魏、平、永、阮作「土」。○殿本《考證》：冀之北上境界甚遥。臣召南按：「北上」應作「北土」。各本俱誤。唐虞時冀州極大，其北當距陰山至朔漠，故舜分十二州，以冀之正北爲并，東北爲幽也。○浦鏜《正字》：冀之北土境界甚遥。「土」誤「上」。

八葉十八行注　東南據濟。「東」，阮作「束」。

九葉一行疏　發首言山川者。「川」下殿、庫無「者」字。

九葉二行疏　濟河之間相去路近。「間」，單、殿、庫作「閒」。

九葉三行疏　兩河間其氣清。性相近。「間」，單、殿、庫作「閒」。「清」，單、八、魏、平、十、永、閩作「情」。○張鈞衡《校記》：兩河間其氣情性相近。阮本「情」作「清」，誤。○《定本校記》：兩河間其氣情性相近。「氣」下疑有脱文。

九葉三行疏　濟河間。其氣專質。性信謙。故云兗。　「間」，單、殿、庫作「閒」。「質」，十作「體」，永、閩、阮作「體」。「性」上單、八、平、要有「體」字。「謙」，阮作「議」。○山井鼎《考文》：濟河間，其氣專質，性信謙。〔宋板〕「質」下有「體」字。正、嘉二本無「質」字，作「體性信謙」。○浦鏜《正字》：厥性信謹，故曰兗。脱「厥」字。「謹」，誤「謙」。「曰」，誤「云」。下「曰雍」同，從爾雅音義挍。○盧文弨《拾補》：體性信謹，故曰兗。毛本「體」字脱，「謹」作「謙」，「曰」作「云」。「謙」當作「謹」，「云」當作「曰」。晉地理志説又皆異。○阮元《校記甲》：濟河間，其氣專質，性信謙。宋板「質」下有「體」字。十行、正、嘉閩本俱無「質」字，作「體性信謙」。○阮元《校記乙》：濟河間，其氣專，體性信謙。宋板「體」上有「質」字。毛本「體」作「質」。

九葉三行疏　淮海間。　「間」，單、殿、庫作「閒」。

九葉四行疏　荆州其氣燥剛。　○浦鏜《正字》：荆州其氣燥剛，稟性彊梁。「荆州」，爾雅疏作「漢南」。○盧文弨《拾補》：荆州其氣燥剛。「荆州」當作「漢南」，與上下一例。

九葉四行疏　稟性疆梁。　「疆」，單、八、魏、平、要、十、閩、毛、殿、庫、阮作「彊」。

九葉五行疏　疆也。　「疆」，單、八、魏、平、要、十、閩、毛、殿、庫、阮作「彊」。

九葉五行疏　河南其氣著密。厥性安舒。　「其氣著密，厥性安舒」，單、八、魏、平、要、十、永、閩、阮作「其性安舒，厥性寬豫」。○物觀《補遺》：其氣著密，厥性安舒。〔宋板〕作「其性安舒，厥性寬豫」。○盧文弨《拾補》：河南其氣著密，厥性安舒。宋、元本「著密」作「安舒」，「安舒」作「寬豫」。○阮元《校記甲》：河南其氣著密，厥性安舒。下八字宋板、十行、閩本俱作「其性安舒，厥性寬豫」。按：此及上條尔疋疏所引俱與毛本同。○阮元《校記乙》：河南其性安舒，厥性寬豫。宋板、閩本同。毛本作「其氣著密，厥性安舒」。○汪文臺《識語》：河南其性安舒，厥性寬豫。宋板、閩本同。毛本作「其氣著密，厥性安舒」。案：公羊莊十年疏、爾雅疏引皆同毛本，是也。毛刻謬誤，世所共知，然亦有佳處爲各本所不及者。蓋汲古閣所藏宋本，今已不能盡見，惜時人無有記其異同，一任淪没，可太息也。○《定本校記》：河南其性安舒。「性」，疑當作「氣」。

九葉五行疏　河西其氣蔽壅。受性急凶。　○浦鏜《正字》：河西云云，厥性急凶。「厥」誤「受」。○盧文弨《拾補》：受性急凶。「受」，浦云「厥」之誤。

九葉六行疏　爾雅九州無梁青。　「青」，阮作「清」。

九葉六行疏　所言未必得其本也。　○山井鼎《考文》：未必得其本也。〔宋板〕「其」作「眞」。○盧文弨《拾補》：所言未必得眞本也。毛本「眞」作「其」，宋本作「眞」。當從宋本。○阮元《校記甲》：所言未必得其本也。「其」，宋板作「眞」。○《定本校記》：所言未必得其本也。「其」，〔足利〕八行本誤作「眞」。

九葉七行注　平原以北是。「北」下要無「是」字。

九葉七行釋文　九河。徒駭一。「九」，纂作「丸」。

九葉七行釋文　簡六。絜七。○阮元《校記甲》：簡六。絜七。「絜」，葉本作「潔」。按：「絜」、「潔」，正俗字。

九葉七行釋文　鉤盤八。「盤」，平作「般」。

九葉八行疏　傳河水至北是。「北」，阮作「比」。

九葉八行疏　河自大陸之北。「自」，毛作「是」。「北」上庫無「之」字。○物觀《補遺》：河是大陸。〔宋板〕「是」作「自」。○盧文弨《拾補》：河自大陸之北。毛本「自」作「是」，「是」當作「自」。○阮元《校記甲》：河是大陸之北。「是」，宋板、十行、閩、監俱作「自」。按：「是」字非也。

九葉八行疏　謂大陸在冀州。嫌九河亦在冀州。○浦鏜《正字》：謂大陸在冀州，嫌九河亦在冀州。「謂」，疑「爲」字誤。○盧文弨《拾補》：謂大陸在冀州。「謂」，浦疑作「爲」。

九葉九行疏　河從大陸東畔北行。「河」上要有「是」字。

九葉十一行疏　太史。禹大使徒衆。通其水道。故曰太史。　「使」，永作「便」。「曰」，庫作「云」。○浦鏜《正字》：禹大使徒衆，通其水道，故曰太史。「太」，當作「大」。李巡讀爲大小之大。○盧文弨《拾補》：太史，禹大使徒衆，通其水道，故曰太史。上「太史」之「太」，爾雅釋文作「大」。孫炎讀如字。下「太史」之「太」亦當作「大」。

九葉十一行疏　河勢上廣下狹。　「廣」上「上」字平爲一字空白。

九葉十二行疏　往往而處。形如覆釜。　「形」下魏無「如」字。○浦鏜《正字》：往往而處，形如覆釜。案：爾雅音義作「往往而有可居之處，狀如覆釜之形」，較明。○盧文弨《拾補》：往往而處，形如覆釜。浦云：案：爾雅釋文作「往往而有可居之處，狀如覆釜之形」，較明。

九葉十二行疏　胡蘇。其水下流。故曰胡蘇。　「胡」，毛作「故」。○浦鏜《正字》：胡蘇，其水下流，故曰胡蘇。上「胡」字，毛本誤「故」。○盧文弨《拾補》：胡蘇，其水下流。毛本「胡」作「故」。「故」當作「胡」。○阮元《校記甲》：故蘇，其水下流。「故」，十行、閩、監俱作「胡」，是也。

九葉十三行疏　絜言河水多山石。治之苦絜。　○浦鏜《正字》：絜言河水多山石，治之苦絜。案：爾雅音義作「河水多山石之苦，故曰絜」。

九葉十三行疏　鬲津。河水狹小。可鬲以爲津也。　○浦鏜《正字》：鬲津，河水狹小，可鬲以爲津也。下「鬲」字，當從爾雅音義作「隔」。

九葉十四行疏　禹疏九河。用功雖廣。衆懼不成。故曰徒駭。　○浦鏜《正字》：用功雖廣，衆懼不成，故曰徒駭。「用功雖廣」，爾雅音義作「此河功難」。○盧文弨《拾補》：禹疏九河，此河功難。「此河功難」，毛本作「用功雖廣」，譌。浦改。

九葉十四行疏　郭璞云徒駭。　「徒」，閩作「徙」。

九葉十五行疏　今在成平東光縣。　○浦鏜《正字》：徒駭，今在成平縣。脱「縣」字。○盧文弨《拾補》：徒駭，今在成平。毛本「成平」下脱「縣」字。

九葉十五行疏　覆釜之名同李巡。　○浦鏜《正字》：馬頰、覆釜、鬲津之名同李巡。脱「馬頰」、「鬲津」四字，從爾雅疏校。○盧文弨《拾補》：覆釜之名同李巡。「覆釜之名」，浦云爾雅疏作「馬頰、覆釜、鬲津之名」。

九葉十七行疏　河隄都尉許商上書曰。　「隄」，庫作「堤」。

九葉十七行疏　古記九河之名。　○浦鏜《正字》：古説九河之名云云。「説」，誤「記」。○盧文弨《拾補》：古説九河之名。毛本「説」作「記」。「記」當作「説」。

九葉十八行疏　自鬲津以北至徒駭。「北」，平、阮作「比」。○浦鏜《正字》：自鬲津以北云云。「津」，衍字。○盧文弨《拾補》：自鬲津以北至徒駭。「津」，浦云衍。

九葉十八行疏　其間相去二百餘里。「間」，單、殿作「閒」。「二」，要、毛作「三」。○物觀《補遺》：三百餘里。〔宋板〕「三」作「二」。○浦鏜《正字》：相去二百餘里。「二」，誤「三」。○盧文弨《拾補》：其間相去二百餘里。毛本「二」作「三」。「三」當作「二」。○阮元《校記甲》：其間相去三百餘里。「三」，宋板、十行、閩本、纂傳俱作「二」。按：「二」字不誤。

十葉一行疏　其餘不復知也。「復」，閩作「復」。

十葉三行疏　今河間弓高以東。「間」，單、魏、殿、庫作「閒」。

十葉四行疏　填閼八流以自廣。「閼」，八作「閼」。

十葉六行注　會同此澤。○阮元《校記甲》：會同此澤。毛氏曰：「此」作「北」，誤。

十葉八行疏　在濟陰城陽縣西北。「陽」，十、永作「縣」。○殿本《考證》：在濟陰城陽縣西北。臣召南按：「城陽」當作「成陽」。各本俱誤。此成陽屬濟陰，堯冢所在，與城陽國近東海者不同。○阮元《校記甲》：在濟陰城陽縣西北。「陽」，十行本誤作「縣」。○阮元《校記乙》：在濟陰城縣縣西北。案：上「縣」字當作「陽」，毛本不誤。

十葉八行經　桑土既蠶。○盧文弨《拾補》：桑土既蠶。从兟，作兩先者誤。

十葉九行注　民下丘居平土。「下」，纂作「不」。

十葉十行注　就桑蠶。「蠶」，王作「蚕」。

十葉十行釋文　蠶。在南反。「蠶」，王作「蚕」。

十葉十行疏　民居丘上。「上」，十、永、閩、阮作「土」。○阮元《校記甲》：民居邱上。「上」，十行、閩本俱誤作「土」。○阮元《校記乙》：民居邱土。案：「土」當作「上」。閩本亦作「土」。毛本不誤。

十葉十一行疏　居平土矣。「土」，毛、庫作「上」。○阮元《校記甲》：於是得下邱陵，居平上矣。「上」，十行、閩、監俱作「土」，是也。

十葉十二行疏　知下丘居平土就桑蠶也。「土」，庫作「上」。

十葉十三行疏　而夾川兩大流之間。「間」，單、殿作「閒」。○阮元《校記甲》：而夾川兩大流之間。「川」，纂傳作「於」。按：「川」字非也。阮元《校記乙》同。○《定本校記》：而夾川兩大流之間。此句疑有譌。阮氏云：「川」，纂傳作「於」。

十葉十三行疏　遭洪水。其民尤困。○阮元《校記甲》：遭洪水，其民尤困。「其」，纂傳作「之」。

十葉十四行釋文　扶粉反。後同。　「同」，十、永、閩作「自」。

十葉十四行釋文　韋昭音勃僨反。　「僨」，纂、平、殿、庫作「憒」，魏作「墳」。○浦鏜《正字》：墳，韋昭音勃憒切。「憒」，誤「僨」。○阮元《校記甲》：墳，韋昭音勃憒反。「憒」，十行本、毛本俱作「僨」字。按：「憒」字不誤。

十葉十四行釋文　有膏肥也。　「膏」，十作「高」。

十葉十六行疏　九州惟此州與徐揚三州言草木者。　「州」字單爲一字空白。○阮元《校記甲》：與徐揚三州。「三」，纂傳作「二」，是也。阮元《校記乙》同。

十葉十七行疏　爲土下濕故也。　「土」，平作「上」。

十葉十八行疏　州第九。賦正與九相當。　「第」，平作「弟」。○山井鼎《考文》：賦正與九相當。〔古本〕「九」下有「州」字。○盧文弨《拾補》：州第九，賦正與州相當。下「州」字，毛本作「九」，古本作「州」。當从古本。○阮元《校記甲》：賦正與九相當。「九」下古本有「州」字。阮元《校記乙》同。○《定本校記》：州第九成。各本無「成」字。今據燉煌本補。

十一葉二行疏　列賦於九州之差。　「差」，永作「羗」。

十一葉三行注　與他州同。　○山井鼎《考文》：與他州同。〔古本〕下有「也」字。「錯雜非一種」下同。

十一葉三行釋文　載。馬鄭本作年。　平「載」上有「十有三」三字，「本」下有「載」字。○阮元《校記甲》：十有三載，馬鄭本載作年。「載」字十行本、毛本俱在「馬」字上。

十一葉六行疏　并鯀九載數之。　「鯀」，魏作「鮮」。

十一葉六行疏　禹能脩鯀之功。　「脩」，八、要、殿、庫作「修」。

十一葉七行疏　言其水害除耳。　「言」下要有「之」字。

十一葉八行疏　是十二年而八州平。　「二」，十、永、閩、阮作「三」。○阮元《校記甲》：是十二年而八州平。「二」，十行、閩本俱誤作「三」。○阮元《校記乙》：是十三年而八州平。案：「三」當作「二」。閩本亦作「三」。毛本不誤。

十一葉九行經　厥貢漆絲。　○盧文弨《拾補》：厥貢漆絲。「絲」，毛本右从系，誤。

十一葉九行注　又宜桑蠶。　「蠶」，王作「蚕」。

十一葉十行注　盛之筐篚而貢焉。　「筐」，十、永、阮作「篚」。○阮元《校記甲》：盛之筐篚而貢焉。「筐」，十行本誤作「篚」。疏同。○阮元《校記乙》：盛之篚篚而貢焉。案：「篚篚」，當作「筐篚」。疏同。

十一葉十一行疏　周禮載師云。　「師」，平作「帥」。

十一葉十一行疏　繒。是織繒之有文者。　「繒」，單、八、魏、平、十、永、閩、殿、庫、阮作「綺」。○浦鏜《正字》：繒，是織繒之有文者。○物觀《補遺》：繒，是織繒。〔宋板〕上「繒」作「綺」。○盧文弨《拾補》：綺，是織繒之有文者。毛本「綺」作「繒」。「繒是」，疑「織文」二字之誤。○阮元《校記甲》：繒，是織繒之有文者。上「繒」字宋板、十行、閩本俱作「綺」，是也。

十一葉十二行疏　故云盛之筐篚而貢焉。　「筐」，十、永、阮作「篚」。

十一葉十三行疏　歷撿篚之所盛。　「撿」，單、八、要、永作「檢」。

十一葉十四行疏　檿絲中琴瑟之弦。　「瑟」，魏作「琴」。

十一葉十四行疏　織貝。　「貝」，永作「具」。

十一葉十四行疏　傳謂織爲細紵。　「紵」，毛作「貯」。○浦鏜《正字》：傳謂織爲細紵。「紵」，毛本誤「貯」。○盧文弨《拾補》：傳謂織爲細紵。毛本「紵」作「貯」。「貯」當作「紵」。○阮元《校記甲》：傳謂織爲細貯。「貯」，十行、閩、監俱作「紵」，是也。

十一葉十五行疏　蓋恐其損缺。　「缺」，十、永作「缺」。

十一葉十五行疏　故以筐篚盛之也。「筐篚」，要作「篚筐」。

十一葉十六行疏　是兖州綾錦美也。「美」，永作「美」。

十一葉十七行注　濟。漯。兩水名。○阮元《校記甲》：濟、漯，兩水名。「兩」，纂傳作「二」。

十一葉十七行注　因水入水曰達。「水」，纂作「承」。

十一葉十七行釋文　漯。天荅反。「荅」，王、纂、魏、平、岳、十、永、閩、阮作「苔」。

十一葉十七行釋文　篇韻作他合反。「韻」下纂無「作」字。○阮元《校記甲》：漯，篇韻作他合反。按：此句似後人校語。

十一葉十八行疏　也理志云。漯水出東郡東武陽縣。至樂安千乘縣入海。「也」，單、八、魏、平、十、永、閩、毛、殿、庫、阮作「地」。「樂安」，毛作「安樂」。○殿本《考證》：漯水出東郡東武陽縣，至樂安千乘縣入海。臣召南按：疏引地理志當云「東北至千乘入海」。「至」字上脱二字。又按：「樂安」二字亦非原文。千乘縣，前漢爲千乘郡治，後漢和帝時始改郡名樂安也。○浦鏜《正字》：漯水云云，至樂安千乘縣入海。「樂安」字誤倒。漢志作東北至千乘縣入海。案：應劭漢書註云：千乘郡，和帝更名樂安。○盧文弨《拾補》：漯水出東郡東武陽縣，至樂安千乘縣入海。漢書地理志「武陽縣」下有「東北」二字。「樂安」舊誤倒。

十二葉一行疏　其濟則下文具矣。　「具」，十、永、閩作「貝」。

十二葉一行疏　不須舍舟而陸行也。　「舟」，平作「舟」。

十二葉一行疏　揚州云。　「揚」，平作「楊」。

十二葉二行疏　達于淮泗。　「淮」，平作「淮」。

十二葉二行疏　自淮入泗。　「入」字平爲一字空白。

十二葉二行疏　得乘舟徑達也。　「舟」，平作「舟」。「徑」，單、八、魏、平、十、永、阮作「經」。○山井鼎《考文》：得乘舟徑達也。〔宋板〕「徑」作「經」。○阮元《校記甲》：得乘舟徑達也。「徑」，宋板、十行俱作「經」。○阮元《校記乙》：得乘舟經達也。宋板同。毛本「經」作「徑」。

十二葉三行疏　浮汶得達濟也。　「浮」下平無「汶」字。「得」，阮作「則」。「濟」，十作「济」。

十二葉三行疏　此云浮于濟漯。　「此」字平爲一字空白。

十二葉四行疏　以達于河也。　「河」下平無「也」字。

十二葉五行注　東北據海。　「海」字平爲一字空白。

十二葉五行釋文　岱。音代。泰山也。　「泰」，魏作「秦」。

十二葉六行疏　東萊東境之縣。　「萊」，八作「策」。

十二葉六行疏　浮海入海曲之間。　「間」，單、阮作「閒」。

十二葉六行疏　非至海畔而已。　○盧文弨《拾補》：青州之境，北至海畔而已。毛本「北」作「非」。「非」當作「北」。

十二葉六行疏　漢末有公孫度者。　「末」，十作「未」。

十二葉七行疏　自號青州刺史。　「刺」，單、八、平、十、永、毛、庫作「剌」。

十二葉七行疏　營州即遼東也。　「即」上要無「營州」二字。

十二葉八行經　嵎夷既略。濰淄其道。　○阮元《校記甲》：嵎夷既略，濰淄其道。陸氏曰：「濰」本亦作「惟」，又作「維」。

十二葉九行釋文　濰。音惟。本亦作惟。　「音惟」下魏無「本亦作惟」四字。

十二葉十一行疏　地理志云。濰水出琅邪箕屋山。北至都昌縣入海。過郡三。行五百二十里。　○殿本《考證》：地理志云，濰水出琅邪箕屋山。臣召南按：地理志琅邪郡箕縣：禹貢「濰水北至都昌入海，過郡三，行五百三十里」。不云出屋山也。「屋山」二字見許慎説文。水經注謂之濰山，今在莒州東北。是其據也。○浦鏜《正字》：濰水出琅邪箕屋山，北至都昌縣入海。過郡三，行五百二十里。案：漢志無「屋山」二字，「二十里」作「三十里」。

○盧文弨《拾補》：濰水出琅邪箕屋山，北至都昌縣入海。過郡三，行五百二十里。淄水出泰山萊蕪縣原山，東北至千乘博昌縣入濟。「箕」下當有「縣」字。「屋山」二字漢書地理志無，説文有。「二」字志作「三」。

十二葉十二行疏　淄水出泰山萊蕪縣原山。「原」，殿作「源」，庫作「源」。○浦鏜《正字》：淄水出泰山萊蕪縣原山。「淄」，漢志作「甾」。

十二葉十二行疏　東北至千乘博昌縣入海。○殿本《考證》：疏引志言淄水「東北至千乘博昌入海」。漢志原文作「入泲」，蓋由濟入海也。又按：濰、淄與上句嵎夷文不相屬。傳疏應分節。○浦鏜《正字》：東北至千乘博昌入泲。「北」字衍。「泲」，即「濟」字，誤作「海」。○盧文弨《拾補》：東北至千乘博昌縣入濟。「北」字衍。志無。毛本「濟」作「海」，誤。志作「泲」，即「濟」。○阮元《校記甲》：東北至千乘博昌縣入海。「海」，纂傳作「泲」，與漢志合。○阮元《校記乙》：東北至千乘博昌縣入海。纂傳「海」作「泲」，與漢志合。

十二葉十三行釋文　徐音尺。「音」上纂無「徐」字。

十二葉十三行釋文　東方謂之斥。○浦鏜《正字》：東方謂之斥。「斥」，説文作「㡿」。

十二葉十四行釋文　鄭云斥。「鄭」上纂有「又」字。「斥」，十作「斤」。

十二葉十四行釋文　謂地鹹鹵。　「謂」下魏無「地」字。

十二葉十五行疏　海畔迥闊。　「迥」，庫作「逈」。

十二葉十五行經　厥田惟上下。　「田」，阮作「由」。

十二葉十七行注　絺。細葛。　「葛」，八作「莒」。

十二葉十七行注　錯。雜。非一種。　「雜」，纂作「雑」。○阮元《校記甲》：錯，雜，非一種。古本下有「也」字。

十二葉十七行經　岱畎。絲枲鉛松怪石。　「鉛」，石、八、李、王、纂、平、岳、十、永、阮作「鈆」。○盧文弨《拾補》：岱畎，絲枲。「枲」，毛云下从朩，匹刃反，麻片也，非草木之木。○阮元《校記甲》：岱畎，絲枲。陸氏曰：「畎」，徐本作「畎谷」。按：徐本蓋「畎」上無「岱」字，「畎」下有「谷」字也。傳曰：「畎，谷也。」則徐本之誤明矣。詳釋文挍勘記。○阮元《校記乙》：岱畎，絲枲。陸氏曰：「畎」，徐本作「畎谷」。按：徐本蓋「畎」上無「岱」字，「畎」下有「谷」字也。傳曰：「畎，谷也。」則徐本誤明矣。補(詳)釋文挍勘記。段玉裁云：此處釋文不可通，不當一字爲二字也。當云：徐本作「甽，谷也」。説文曰：甽，古文也。畎(畎)，小篆文也。「谷」下奪一「也」字。

十二葉十八行注　好石似玉者。　「玉」，阮作「王」。〇阮元《校記甲》：怪、異，好石似玉者。毛氏曰：怪石似玉者。「玉」作「三」，誤。按：傳作「好石」，毛作「怪石」，當攷。

十三葉一行注　皆貢之。　〇山井鼎《考文》：皆貢之。〔古本〕「之」作「也」。〇阮元《校記甲》：皆貢之。「之」，古本作「也」。

十三葉一行釋文　畎。工犬反。徐本作畎谷。　「徐」下纂無「本」字。「畎谷」，平作「畎谷」。〇阮元《校記甲》：畎，徐本作畎谷。按：段玉裁云：此處釋文不可通，不當一字爲二字也。當云：徐本作「甽，谷也」。説文曰：甽，古文也。畎，小篆文也。「谷」下奪一「也」字。

十三葉一行釋文　鉛。寅專反。　「鉛」，王、纂、十、永、阮作「鈆」。

十三葉一行釋文　字從㕣。㕣音以選反。　「字」，十作「守」。〇阮元《校記甲》：鈆，㕣音以選反。㕣，葉本作「合」字。按：「合音」猶「當音」也。

十三葉一行釋文　怪石。碔砆之屬。　「怪」上平有「石」字。

十三葉二行疏　水注川曰谿。　「谿」，魏作「溪」。

十三葉二行疏　谷是兩山之間流水之道。　「間」，單、阮作「閒」。

十三葉二行疏　畎谷。畎去水。　「畎」，單作「甽」。「谷」，單、八、魏、平、十、永、閩、阮作「言」。○物觀《補遺》：畎谷畎。〔宋板〕「谷」作「言」。○阮元《校記甲》：畎谷，畎去水。「谷」，宋板、十行、閩本俱作「言」。○劉承幹《校記》：「言」當作「谷」。

十三葉三行疏　鉛。錫也。　「鉛」，單、八、十、永、阮作「鈆」。

十三葉四行注　可以放牧。　○山井鼎《考文》：可以放牧。〔古本〕下有「也」字。「中琴瑟弦」下、「南及淮」下、「已可種藝」下共同。

十三葉四行釋文　萊。音來。　「萊」，平作「來」。

十三葉四行釋文　徐音目。　「目」，平作「同」。

十三葉五行釋文　一音茂。　「茂」，魏作「茂」。

十三葉五行注　檿桑蠶絲。　「蠶」，王作「蚕」。

十三葉六行疏　正義曰。釋木云。　「曰」下要無「釋木云」三字。

十三葉六行疏　郭璞曰。柘屬也。　「曰」，庫作「云」。

十三葉八行釋文　汶。音問。　「汶，音問」三字釋文纂、岳、殿、庫在經文「浮于汶，達于濟」下。

十三葉九行注　**二山已可種藝。**　○盧文弨《拾補》：二山已可種藝。「已可」，史記集解作「可以」。○阮元《校記甲》：二山已可種蓺。「已可」，史記集解作「可以」。

十三葉十一行疏　**沂水出泰山蓋縣臨樂子山。**　「子」，平作「孑」。

十三葉十二行疏　**故於此記之。**　「之」下要有「也」字。

十三葉十二行疏　**地理志云。蒙山。在泰山蒙陰縣西南。**　○《定本校記》：地理志云：蒙山，在泰山蒙陰縣西南。〔足利〕八行本重「地」字，誤。

十三葉十二行疏　**羽山。在東海祝其縣南。**　○《定本校記》：羽山，在東海祝其縣南。「海」，〔足利〕八行本誤作「南」。

十三葉十三行疏　**藝之荏菽。**　○浦鏜《正字》：藝之荏菽。「藝」，詩作「蓺」。

十三葉十三行經　**東原厎平。**　「厎」，纂、要、十、永、閩、毛、阮作「底」。

十三葉十四行注　**言可耕。**　○山井鼎《考文》：東原致功而平，言可耕。〔古本〕下有「作也」二字。○盧文弨《拾補》：言可耕。古本「耕」下有「作也」二字。○阮元《校記甲》：言可耕。宋板此下有「作也」二字。阮元《校記乙》同。（彙校者案：阮校「宋板」當作「古本」。）

十三葉十四行釋文　**水所停止深者曰豬。**　「止」，魏作「上」。

十三葉十五行疏　**大野澤。在山陽鉅野縣北。**　「山」，平作「小」。○浦鏜《正字》：大野澤，在山陽鉅野縣北。「大野」，漢志作「太壄」。

十三葉十五行疏　**汙其宮而豬焉。**　○浦鏜《正字》：汙其宮而豬焉。「汙」，禮記作「洿」。

十三葉十六行疏　**停水處也。**　「停」，魏、十、永作「渟」。

十三葉十六行疏　**故云水所停曰豬。**　「停」，十作「渟」。

十三葉十七行疏　**即今之東平郡也。**　「郡」下要無「也」字。

十三葉十七行經　**厥土赤埴墳。**　○孫詒讓《校記》：疏：「戠、埴音義同。考工記用土爲瓦，謂之摶埴之工，是埴謂黏土，故土黏曰埴。」孫詒讓曰：孔本似經作「戠」，注作「埴」。○《定本校記》：厥土赤戠墳。「戠」，各本作「埴」。燉煌本、岩崎本作「⿱戠土」。今定爲「戠」。疏云：「戠」、「埴」音義同。知經本作「戠」。傳乃以「埴」釋之。

十三葉十七行經　**草木漸包。**　○阮元《校記甲》：厥土赤埴墳，草木漸包。陸氏曰：「漸」，本又作「蔪」。按：説文「蔪」下云：艸相蔪包也。从艸，斬聲。引書「草木蔪包」，蔪包者，積緻之皃。僞孔以「進長」釋「蔪」，而或改「蔪」爲「漸」，唐已前已如是。阮元《校記乙》同。○《定本校記》：草木漸苞。岩崎本如此。各本「苞」作「包」。與疏不合。傳同。

十三葉十八行注　漸。進長。　○阮元《校記甲》：漸進長。「進長」二字史記集解倒。按：疏亦倒。阮元《校記乙》同。

十三葉十八行注　包。叢生。　○山井鼎《考文》：包，叢生。〔古本〕下有「也」字。「賦第五」下、「覆四方」下、「翟雉名」下、「中琴瑟」下、「及美魚」下同。

十三葉十八行釋文　埴。市力反。鄭作識。徐鄭王皆讀曰熾。　「市」，王作「市」。「識」，王、纂、魏、平、毛、殿、庫、阮作「戠」。○浦鏜《正字》：埴，鄭作戠。「戠」，監本誤「識」。○阮元《校記甲》：埴，鄭作戠。徐、鄭、王皆讀曰熾。上「鄭」字，葉本作「徐」，非也。「徐」，葉本作「馬」，亦誤。

十三葉十八行釋文　漸。如字。　「漸」，十、永作「漸」。

十三葉十八行釋文　本又作蔪。　「蔪」，魏作「蘄」。

十三葉十八行釋文　字林才冉反。　「林」，毛作「休」。「才」，纂作「木」。

十四葉一行釋文　草之相包裹也。　「裹」，纂作「褁」。

十四葉一行釋文　包。必茅反。字或作苞。非叢生也。馬云。相包裹也。黏。女占反。「苞」，薈作「包」。「裹」，纂作「褁」。「黏」上魏無「包，必茅反，字或作苞。非叢生也。馬云相包裹也」十八字。○阮元《校記甲》：包，必茅反，字或作苞，非叢生也。段玉裁云：

「包」，宜作「苞」。「苞」，宜作「包」。今本乃開寶中互易。盧文弨云：苞正是叢生，安得云非？其妄改之迹宛然。

十四葉一行釋文　長。之丈反。「長」上平有「進」字。「之」，王、纂、魏、平、十、永、閩、毛、阮作「丁」。

十四葉二行疏　謂之摶埴之工。是埴爲黏土。故土黏曰埴。「摶」，平作「搏」，閩作「摶」，毛作「摶」。「埴爲」，毛作「植爲」。「爲」，單、八、魏、平、十、永、閩、阮作「謂」。二「黏」字阮作「黏」。○物觀《補遺》：爲黏土。〔宋板〕「爲」作「謂」。○浦鏜《正字》：是埴爲黏土。「埴」，毛本誤「植」。○盧文弨《拾補》：謂之摶埴之工，是埴爲黏土。故云土黏曰埴。「摶」，今作「摶」。本可兩讀。毛本「埴爲黏土」之「埴」作「植」。「植」當作「埴」。「故」下毛本脱「云」字。○阮元《校記甲》：謂之摶埴之工，是植爲黏土。「摶」，十行、監本俱作「摶」。盧文弨云：釋文元有兩音。「植」，十行、閩、監俱作「埴」，是也。「爲」，宋板、十行、閩本俱作「謂」。○阮元《校記乙》：謂之摶埴之工。監本同。毛本「摶」作「摶」。盧文弨云：釋文元有兩音。

十四葉三行疏　易漸卦彖云。「卦」，魏作「封」。

十四葉三行疏　**孫炎曰。物叢生曰苞。**「曰」，庫作「云」。

十四葉三行疏　**今人呼叢緻者爲積。**○浦鏜《正字》：今人呼物叢緻者爲積。脱「物」字。○盧文弨《拾補》：今人呼物叢緻者爲積。毛本脱「物」字，浦補。

十四葉四行注　**田第二。**「二」，王作「三」。

十四葉五行經　**厥貢惟土五色。**「土」，十作「上」。

十四葉五行注　**王者封五色土爲社。**「土」，八作「上」，魏作「士」。

十四葉六行注　**則各割其方色土與之。**「割」，纂作「剖」。○阮元《校記甲》：則各割其方色土與之。「方」下纂傳有「之」字。

十四葉六行注　**使立社。**○阮元《校記甲》：使立社。「使」下纂傳有「之」字。

十四葉七行注　**茅取其潔。**「潔」，八、王、魏、平、岳作「絜」。

十四葉九行疏　**其上燾以黄上。**「黄上」，單、八、魏、平、十、永、閩、毛、殿、庫、阮作「黄土」。○劉承幹《校記》：其上燾以黄土。阮本「上」作「土」讀。據下文可知。

十四葉十行疏　**必用白茅者。**「白」，阮作「曰」。

十四葉十行疏　**取其潔清也。**「潔」，單、八、魏、平、十、永、阮作「絜」。

十四葉十行疏　**易稱藉用白茅。**「藉」，魏作「籍」。

十四葉十行疏　**茅色白而潔美。**「潔」，單、八、魏、平、十、永、阮作「絜」。

十四葉十行疏　**韓詩外傳云。天子社廣五丈。**○浦鏜《正字》：韓詩外傳云：天子社廣五丈云云。案：韓詩外傳無文。白虎通社稷篇引春秋傳有此，又見周書作洛篇。○盧文弨《拾補》：韓詩外傳云：天子社廣五丈云云。浦云外傳無文，周書作洛篇、白虎通社稷篇有之。

十四葉十一行疏　**明有土謹敬潔清也。**「潔」，單、八、魏、平、十、永、阮作「絜」。

十四葉十二行疏　**天子大社。**「大」，單、八、魏、平、要、十、永作「太」。

十四葉十二行疏　**授之太社之土。**「太」，魏、平、永、殿、庫、阮作「大」。「土」，單作「上」。○盧文弨《拾補》：授之大社之土。毛本「大」作「太」。「太」當作「大」。

十四葉十三行疏　**謂之茅社。**○盧文弨《拾補》：謂之茅土。毛本「土」作「社」。「社」當作「土」。

十四葉十三行經　**嶧陽孤桐。**「孤」，王作「狐」。

十四葉十六行疏　**釋鳥云。翟。山雉。**○浦鏜《正字》：釋鳥云：翟，山雉。「翟」，爾雅作「鸐」。

十四葉十六行疏　此言夏翟。則夏翟共爲雉名。　「翟」，毛作「雉」。○浦鏜《正字》：此言夏翟，則夏翟共爲雉名。下「夏翟」毛本誤「夏雉」。○盧文弨《拾補》：則夏翟共爲雉名。毛本「翟」作「雉」。「雉」當作「翟」。○阮元《校記甲》：則夏雉共爲雉名。上「雉」字，十行、閩、監俱作「翟」，是也。

十四葉十六行疏　全羽爲旞。　「全」，殿作「仝」。「旞」，平、毛作「隧」。○浦鏜《正字》：全羽爲旞。「旞」字，毛本誤。○盧文弨《拾補》：全羽爲旞。毛本「旞」作「隧」。「隧」當作「旞」。

十四葉十八行注　可以爲磬。　「磬」，纂作「罄」。

十四葉十八行注　蠙珠。珠名。　○《定本校記》：蠙珠，珠名。燉煌本「珠」字不重。

十五葉一行注　淮夷二水。　○殿本《考證》：胡渭曰：「淮夷」見經傳非一處。即孔注費誓亦云淮浦之夷。此獨以爲二水名，不應前後相違。及檢陸氏釋文：孔傳云：淮水之夷，本亦有作淮夷二水。乃知「二」字傳寫之訛。穎達不知而曲爲之説，可笑也。○阮元《校記甲》：淮夷二水。「二」，釋文作「之」。陸氏曰：孔傳云：「淮夷之水」，本亦有作「淮夷二水」也。按：史記集解與今本同。

十五葉一行注　出蠙珠及美魚。　「美」上岳無「及」字。「美」，永作「羙」。○岳本《考證》：出蠙珠美魚。殿本與汲古閣、永懷堂本「蠙珠」下並有「及」字。○阮元《校記甲》：出蠙珠及美魚。岳本無「及」字。毛氏曰：「出蠙珠及美魚」下多一字。阮元《校記乙》同。○孫詒讓《校記》：「及美魚」，周官川師疏引作「與美魚」。此孔以「及」釋經之「暨」，似不當無。

十五葉二行釋文　孔傳云淮夷之水本亦有作淮夷二水也。蠙。音蒲邊反。　「二水」下平無「也」字。「蠙」上殿、庫無「孔傳云淮夷之水本亦有作淮夷二水也」十六字。「蒲」上魏、纂、平、殿、庫無「音」字。

十五葉二行釋文　字又作蚍。　「蚍」，魏、平、殿、庫作「玭」。○物觀《補遺》：字又作蚍。〔經典釋文〕「蚍」作「比」。○浦鏜《正字》：蠙，字又作蚍。「蚍」，當「蚍」字誤。○阮元《校記甲》：字又作玭。「玭」字，葉本如此。十行本、毛本改从「虫」。今本缺左旁。

十五葉三行釋文　見賢遍反。　「見」下平有「石上」二字。

十五葉四行疏　似若水上浮然。　「上」，阮作「中」。○張鈞衡《校記》：似若水上浮。阮本「上」作「中」，誤。

十五葉五行疏　此蠙出珠。　「蠙」，阮作「蚌」。○劉承幹《校記》：此蠙出珠。阮本「蠙」作「蚌」。

十五葉五行疏　淮即四瀆之淮也。　「即」，要作「是」，十作「夷」。

十五葉七行疏　獻此珠與魚也。　「魚」下要無「也」字。

十五葉七行疏　泗水出濟陰乘氏縣東南。至臨淮睢陵縣入淮。　○盧文弨《拾補》：泗水出濟陰乘氏縣東南，至臨淮睢陵縣入淮。「東南」下漢書地理志有「過郡六」三字。

十五葉七行疏　行千一百一十里也。　二「一」字平皆作「二」。

十五葉八行注　縞。白繒。　○山井鼎《考文》：縞，白繒。〔古本〕「繒」作「縞」。

十五葉八行注　明二物皆當細。　○山井鼎《考文》：明二物皆當細。〔古本〕下有「也」字。「南距海」下、「於此澤」下、「已布生」下、「地泉濕」下、「雜出第六」下、「瑶琨皆美玉」下、「毛旄牛尾」下並同。

十五葉九行釋文　徐古到反。　「徐」，纂作「又」。

十五葉九行疏　例是衣服之用。　「例」，十作「倒」。

十五葉十一行經　浮于淮泗。達于河。　○殿本《考證》：金履祥曰：說文作「菏」，今俗本誤作「河」耳。菏澤與濟水相通，而泗水上可通菏，下可通淮。徐州浮淮入泗，自泗達菏也。

青州書「達于濟」，則達河可知。故徐州書「達菏」，則達濟可知。胡渭曰：許慎時經猶作「菏」，而史記、漢書並作「河」。蓋後人傳寫誤也。○阮元《校記甲》：達於河。諸本作「河」，非也。案：說文「菏」字下，水經濟水篇引，並作「達於菏」。古文尚書疏證云：菏者，澤名。爲濟水所經，又東至于菏者，是在豫之東北，即徐之西北。舟則自淮而泗，自泗而菏，然後由菏入濟，以達於河。此徐之貢道也。阮元《校記乙》同。

十五葉十一行釋文　河。如字。說文作菏。工可反。云水出山陽湖陵南。「河，如字」至「云水出山陽湖陵南」十八字釋文魏在下注「南距海」下。「河」上平有「達于」二字。○浦鏜《正字》：河，說文作菏，工可切。云水出山陽湖陵南。案：說文無「南」字。菏，音古俄切。「工可」，當「工何」之誤。

十五葉十二行經　淮海惟揚州。「揚」，王作「楊」。

十五葉十二行注　北據淮。南距海。「據」，十作「陽」，永作「揚」。○阮元《校記甲》：北據淮。「據」，十行本誤作「揚」。○阮元《校記乙》：北揚淮。案：「揚」當作「據」。毛本不誤。

十五葉十三行注　鴻鴈之屬。「鴈」，毛作「雁」。

十五葉十三行釋文　蠡。音禮。平「蠡」上有「彭」字，「音」上有「下」字。

十五葉十四行釋文　今名洞庭湖。　「名」，魏作「公」。

十五葉十四行疏　揚州。　「揚」，十作「楊」。

十五葉十五行疏　東匯爲彭蠡。是也。　○阮元《校記甲》：東匯爲彭蠡，是也。「爲」，纂傳作「于」，非也。

十五葉十五行疏　鴻鴈之屬。　「鴈」，毛作「雁」。

十五葉十六行疏　木落南翔。　「翔」，平作「翔」。

十五葉十六行疏　冰泮北徂。　「泮」，單作「泮」。

十五葉十七行經　震澤厎定。　「厎」，纂、閩作「底」。

十五葉十七行注　吴南大湖名。　「大」，李、平作「太」。

十五葉十八行釋文　謂吴松江錢塘江也。　「塘」，阮作「唐」。「也」上王、纂、魏、平、毛、殿、庫有「浦陽江」三字。○浦鏜《正字》：韋昭云：謂吴松江、錢塘江、浦陽江也。監本脱「浦陽江」三字。○阮元《校記乙》：錢塘江也。岳本「也」上有「浦陽江」三字。此誤脱也。

十六葉一行釋文　松江東北行七十里。　平「東」下無「北」字，「七」作「十」。

十六葉一行釋文　得三江口。　「口」，平作「曰」。

十六葉一行釋文　東北入海爲婁江。　「北」，纂作「比」。

十六葉一行釋文　吴都太湖。　「太」，王、纂、平作「大」。○阮元《校記甲》：震澤，吴都太湖。「太」，葉本作「大」，是也。

十六葉一行釋文　厎。之履反。致也。史記音致。　「厎」，纂、閩、毛作「底」。○阮元《校記甲》：厎，之履反，史記音致。「厎」，葉本、毛本俱作「底」，是也。「音」，葉本作「作」字。按：史記作「致」，非「音致」也。葉誤。

十六葉二行釋文　大湖。音太湖。　「大」，毛作「太」。「大湖，音太湖」，纂作「大，音泰」。上「湖」字，庫作「胡」。下「湖」字，平、殿、庫作「胡」。○山井鼎《考文》：太湖，音太湖。謹按上「太」當作「大」，下「湖」恐「胡」誤。臣往年挍經典釋文，適失於考也。物觀《補遺》：經典釋文上「太」作「大」，下「湖」作「胡」。○浦鏜《正字》：大湖，音太胡。上「大」字誤「太」，下「湖」字誤「胡」。○阮元《校記甲》：大湖，音太胡。「大」，毛本誤作「太」。「胡」，十行本、毛本俱誤作「湖」。

十六葉四行疏　三江既入此湖也。　○浦鏜《正字》：三江既入，入此湖也。脱一「入」字。○盧文弨《拾補》：三江既入，入此湖也。毛本脱一「入」字，浦補。○阮元《校記甲》：三江既入此湖也。浦鏜云：脱一「入」字。○《定本校記》：三江既入此湖也。浦氏云：「此」上脱「入」字。

十六葉四行疏　**今江入此澤。**「今」，單、八、魏、平、要、毛、殿、庫作「令」。○浦鏜《正字》：治水致功，令江入此澤。「令」，監本誤「今」。○阮元《校記甲》：令江入此澤。「令」，十行、閩、監俱作「今」，非。○阮元《校記乙》：今江入此澤。閩本、明監本同。毛本作「令」。案：所改是也。

十六葉六行疏　**鄭云。三江分於彭蠡爲三孔東入海。**○浦鏜《正字》：鄭云：三江分於彭蠡爲三孔東入海。「孔」，疑「北」字誤。○盧文弨《拾補》：鄭云：三江分於彭蠡爲三，北東入海。毛本「北」作「孔」，浦改，當作「北」。

十六葉六行疏　**其意言三江既入。**「既入」，要作「入既」。

十六葉七行疏　**案餘州浸藪皆異而揚州同者。**「揚」，永作「楊」。

十六葉七行疏　**蓋揚州浸藪同處。**「揚」，永作「楊」。

十六葉八行疏　**指其澤謂之藪。**「藪」，毛爲一字空白。○物觀《補遺》：指其澤謂之。〔宋板〕「之」下有「藪」字。○浦鏜《正字》：指其澤謂之藪。毛本「藪」字缺。○盧文弨《拾補》：指其澤謂之藪。「藪」，毛本脱。○阮元《校記甲》：指其澤謂之。「之」下宋板、十行、閩、監、纂傳俱有「藪」字，是也。

十六葉八行注　篠。竹箭。　○《定本校記》：篠，竹箭。燉煌本「竹」上有「小」字。

十六葉九行釋文　簜。徒黨反。或作篡。他莽反。　「篡」，閩作「簜」。「莽」，庫作「莾」。

十六葉九行疏　篠竹箭簜大竹。　「簜」，八作「湯」。

十六葉九行疏　郭璞云。　「璞」，十作「㒒」。

十六葉十二行釋文　夭。其嬌反。徐音驕。　「夭」，王、纂、魏、平、岳、十、永、閩、毛、殿、庫、阮作「喬」。平「嬌」作「驕」，「驕」作「嬌」。○浦鏜《正字》：喬，其嬌切。「喬」，監本誤「夭」。○阮元《校記甲》：喬，其驕反。「驕」，十行本、毛本俱作「嬌」，同。

十六葉十二行釋文　長。之丈反。　「之」，王、纂、魏、平、閩、阮作「丁」，十、永作「下」。○物觀《補遺》：長，之丈反。〔經典釋文〕「之」作「丁」，後放此。○阮元《校記甲》：長，丁丈反。「丁」，十行本誤作「下」，毛本作「之」，亦非。

十六葉十三行經　厥土惟塗泥。　○《定本校記》：厥土惟塗泥。岩崎本無「惟」字。

十六葉十三行注　地泉濕。　「地」，永作「池」。○物觀《補遺》：地泉濕。古本「濕」作「温」。○盧文弨《拾補》：地泉温。毛本「温」作「濕」，非。古本作「温」，又有「也」字。文弨案：古本是。蓋「涂泥」不必訓爲「溼」，作「濕」更謬。惟揚州地泉温，故凍固不密，而常見其塗泥耳。○阮元《校記甲》：地泉濕。「濕」，古本作「溫」。阮元《校記乙》同。

十六葉十四行經　厥田惟下下。厥賦下上上錯。「錯」上十、永、阮不重「上」字。○阮元《校記甲》：厥田惟下下，厥賦下上上錯。十行本脱一「上」字，閩本擠入。○阮元《校記乙》：厥田惟下下，厥賦下上錯。閩本「上錯」上更有「上」字。按：所補是也。

十六葉十四行注　田第九。○阮元《校記甲》：田第九。毛氏曰：「田」作「丑」，誤。

十六葉十五行疏　金既揔名。「揔」，殿、庫作「總」，阮作「緫」。

十六葉十六行疏　黄金謂之璗。「璗」，八作「盪」，十、閩作「盪」。

十六葉十七行疏　郭璞曰。「璞」，十作「璞」。

十六葉十七行疏　此皆道金銀之别名。及其美者也。○浦鏜《正字》：此皆道金銀之别名，及其精者也。「精」，誤「美」。

十六葉十七行疏　鏐即紫磨金也。「鏐」，要作「鐐」。

十六葉十八行注　瑶。琨。皆美玉。十「琨」作「義」，「美」作「羙」。「玉」，岳作「工」。○盧文弨《拾補》：瑶、琨皆美石。「石」，毛本作「玉」，訛。據左昭七年傳正義及楊倞注荀子賦篇皆引作「石」。○阮元《校記甲》：皆美玉。按：正義曰：美石似玉者也。荀子賦篇注引孔安國曰：瑶，美石。○《定本校記》：瑶、琨皆美石。燉煌本、岩崎本、内野本如此。各本「石」作「玉」。與疏不合。

十六葉十八行釋文　馬本作瓚。　「瓚」，十作「瓚」。

十七葉一行疏　瑤琨皆美玉。　○《定本校記》：傳瑤琨皆美石。「石」，各本誤作「玉」，今正。

十七葉一行疏　美石似玉者也。　「美」，平作「夫」。

十七葉一行疏　王肅云。　「王」，魏作「玉」。

十七葉二行注　齒。象牙。　「象」，阮作「革」。

十七葉三行注　楩梓豫章。　「楩」，十、永作「梗」。「梓」，李、纂作「楠」。「豫」，李作「豫」，魏作「象」。○山井鼎《考文》：木，楩梓豫章。〔古本〕「豫章」作「櫲樟」，下有「也」字。○阮元《校記甲》：木，楩梓豫章。「梓」，纂傳作「楠」。「豫章」，古本作「櫲樟」，非。

十七葉三行釋文　犀。細兮反。旄。音毛。　○阮元《校記甲》：犀，細兮反。旄，音毛。段玉裁云：經文「羽旄」，開寶改作「羽毛」，遂倒移「旄」字於「犀」下。

十七葉三行釋文　楩。音緶。　「楩」，纂作「揙」，永作「梗」。「緶」，纂作「緶」，平作「便」。

十七葉四行疏　齒。口斷骨也。　「斷」，單、八作「斷」，永作「断」。○《定本校記》：齒，口斷骨也。「斷」，單疏本誤作「斷」。

十七葉四行疏　牙。牡齒也。　「牡」，單、八、魏、平、要作「壯」，十作「仕」，永作「壯」。○山井鼎《考文》：牙，牡齒也。〔宋板〕「牡」作「壯」。○阮元《校記甲》：牙，牡齒也。「牡」，宋板作「壯」。按：「壯」字不誤。説文士部曰：壯，大也。壯齒謂齒大者。阮元《校記乙》同。○孫詒讓《校記》：今本説文亦作「牡」，段校改「壯」。

十七葉四行疏　齒亦牙也。　「亦」下要有「齒」字。

十七葉七行疏　孔雀翡翠之屬。　「翡」，單、八、魏作「⿱非卒」。○《定本校記》：孔雀翡翠之屬。「翡」，單疏本誤作「翠」。

十七葉七行疏　説文云。犛。西南夷長旄牛也。　○浦鏜《正字》：説文云：犛，西南夷長旄牛也。「旄」，説文作「氂」。

十七葉八行疏　故知毛是旄牛尾也。　「毛」，毛作「旄」。「牛」上平無「是旄」二字。「是」，庫作「則」。○物觀《補遺》：旄是旄牛尾。〔宋板〕上「旄」作「毛」。○浦鏜《正字》：故知毛是旄牛尾也。「毛」，毛本誤「旄」。○盧文弨《拾補》：故知毛是旄牛尾也。毛本「毛」作「旄」。「旄」當作「毛」。古本傳「毛，旄牛尾」下亦有「也」字。○阮元《校記甲》：故知旄是旄牛尾也。上「旄」字，宋板、十行、閩、監俱作「毛」，是也。

十七葉九行疏　不言木名。「名」，阮作「者」。

十七葉九行疏　故言楩梓豫章。「楩」，永作「梗」。

十七葉九行疏　是揚州美木。「揚」，平、永作「楊」。

十七葉九行經　島夷卉服。「卉」，石作「卉」。

十七葉十行注　南海島夷。○山井鼎《考文》：「南海島夷」下、「草服葛越」下、「貝水物」下、「其所包裹而致者」下、「言不常」下、「自淮入泗」下、「衡山之陽」下、「地勢之中」下、「皆復其故道」下，〔古本〕共有「也」字。○盧文弨《拾補》：南海島夷也。古本有「也」字。當據補。

十七葉十行注　草服葛越。○浦鏜《正字》：草服葛越。案：毛氏居正云：「越」字，釋文無音。蓋葛即葛藟之葛，詩葛覃所謂「爲絺爲綌」，是也。越，則麻苧蕉㯳黄草之屬皆是。禮記大路「素而越席」註：「越席，草席也，音活。」「葛越」之「越」，亦當音活。

十七葉十一行疏　知此島夷是南海島上之夷也。「知」，永作「之」。

十七葉十二行疏　左思吴都賦云蕉葛升越。「升」，要作「外」。

十七葉十三行疏　並在貢篚之間。「間」，單、庫作「閒」。

十七葉十三行疏　古史立文不次也。　「古」，永作「舌」。

十七葉十四行經　厥篚織貝。　「貝」，永作「具」。

十七葉十四行注　織。細紵。貝。水物。　「貝」，永作「具」。○盧文弨《拾補》：織，細紵。史記集解引作「細繒」。○孫詒讓《校記》：「細紵」，「紵」乃「繒」之誤文。史記夏本紀集解引不誤，任子田釋繒，據以改正。

十七葉十五行疏　傳以貝非織物。　「貝」，永作「具」。

十七葉十五行疏　而云織貝。　「貝」，永作「具」。

十七葉十五行疏　則貝織異物。　「貝」，永作「具」。

十七葉十七行疏　釋魚有玄貝貽貝。　二「貝」，永皆作「具」。

十七葉十七行疏　餘貾黄白文。　「貾」，單、八、要、十、永、閩、毛、殿、庫作「貾」，魏作「眡」。「黄」，平作「簧」。

十七葉十七行疏　當貢此有文之貝。　「貝」，永作「具」。

十七葉十七行疏　詩云萋兮斐兮。　「斐」，魏作「裴」。

十七葉十八行疏　凡爲織者。　○阮元《校記甲》：凡爲織者。「織」，纂傳作「錦」。阮元《校記乙》同。

十八葉一行注　小曰橘。「橘」，十作「僑」。

十八葉一行注　大曰柚。○阮元《校記甲》：大曰柚。毛氏曰：「柚」作「袖」，誤。

十八葉一行注　其所包裹而致者。「裹」，李作「裏」。○《定本校記》：其所包裹而致者。「裹」，〔足利〕八行本誤作「裏」。

十八葉二行釋文　柚。由究反。「柚」，十作「抽」。

十八葉二行疏　橘柚二果。「柚」，十作「㹨」。

十八葉二行疏　以實相比。「實」，十、永作「寊」。「比」，魏作「北」。

十八葉三行疏　則柚大。「柚」，閩作「抽」。

十八葉四行疏　故云其所包裹而送之。○浦鏜《正字》：故云其所包裹而送之。「送之」，當依傳作「致者」。

十八葉六行疏　當繼荆州之無也。「之」，單、八、平、十、永作「乏」。○山井鼎《考文》：當繼荆州之無也。〔宋板〕「之」作「乏」。○盧文弨《拾補》：當繼荆州乏無也。毛本「乏」作「之」。「之」當作「乏」。○阮元《校記甲》：當繼荆州之無也。「之」，宋板、十行俱作「乏」。○阮元《校記乙》：當繼荆州乏無也。宋板同。毛本「乏」作「之」。

十八葉七行疏　周禮考工記云。　「記」，魏作「朝」。

十八葉七行經　沿于江海。　「沿」，石作「㳂」。○盧文弨《拾補》：沿于江海。「沿」，唐石經作「㳂」，俗字。

十八葉八行注　順流而下曰沿。　「順」，魏作「水」。

十八葉八行注　自淮入泗。　○物觀《補遺》：「自淮入泗」下，古本有「逆也」字。○阮元《校記甲》：淮入泗。古本此下有「逆也」二字。

十八葉九行釋文　鄭本作松。　「鄭」下纂無「本」字。

十八葉十行疏　泝是逆。　「泝」，阮作「沂」。

十八葉十行疏　故順流而下曰沿。　「沿」，魏作「公」。

十八葉十行疏　自海入淮。　「海」，永作「淮」。

十八葉十一行注　北據荆山。　「北」，永作「此」。

十八葉十二行疏　故言據也。　「據」下殿、庫無「也」字。

十八葉十四行注　有似於朝。　「於」，要作「于」。

十八葉十五行疏　周禮大宗伯。　「大」，八作「太」。○《定本校記》：周禮大宗伯。「大」，〔足利〕八行本誤作「太」。

十八葉十六行疏　尊。宗也。欲其尊王也。　「尊，宗也」，單、八、魏、平、永、殿、庫、阮作「宗，尊也」。○物觀《補遺》：尊，宗也。〔宋板〕作「宗，尊也」。○殿本《考證》：宗，尊也。監本訛「尊，宗也」。今改正。○浦鏜《正字》：宗，尊也。欲其尊王也。「宗尊」字誤倒。○盧文弨《拾補》：宗，尊也。「宗尊」，毛本倒。○阮元《校記甲》：尊，宗也。「尊宗」二字，宋板、十行俱作「宗尊」，是也。

十八葉十六行疏　以小就大。　「大」，永作「太」。

十八葉十七行疏　朝宗於海。　「於」，要、庫作「于」。○《薈要》案語：朝宗于海。刊本「于」訛「於」，據詩經改。

十八葉十七行疏　朝宗是假人事而言水也。　「是」上要無「朝宗」二字。

十八葉十八行疏　老子云滄海所以能爲百谷王者。以其下之。　○浦鏜《正字》：老子云滄海所以能爲百谷王者，以其下之。「滄」，今老子本皆作「江」。○盧文弨《拾補》：滄海所以能爲百谷王者。「滄」，老子本作「江」。

十八葉十八行疏　鄭云。江水。漢水。其流湍疾。　「漢」，毛作「海」。○物觀《補遺》：江水、海水。〔宋板〕「海」作「漢」。○浦鏜《正字》：鄭云：江水、漢水，其流湍疾。「漢」，毛本誤「海」。○盧文弨《拾補》：江水、漢水，其流湍疾。毛本「漢」作「海」。「海」當作「漢」。

○阮元《校記甲》：江水、海水，其流湍疾。「海」，宋板、十行、閩、監俱作「漢」。按：「海」字非也。

十九葉一行疏　國無道則先彊故記其水之義。　「彊」，八、永作「疆」，十作「彊」。

十九葉三行釋文　潯陽地記云。　「潯」，王、平作「尋」，纂作「尋」，魏、永作「尋」，十作「尋」。

十九葉三行釋文　一曰烏白江。　「曰」，纂作「白」。

十九葉三行釋文　五曰畎江。　「畎」，十作「畎」。

十九葉四行釋文　七曰廩江。　「廩」，阮作「累」。○張鈞衡《校記》：七曰廩江。阮本「廩」作「累」，誤。

十九葉四行釋文　九曰箘江。　「箘」，平作「箘」。○阮元《校記甲》：九曰箘江。「箘」，葉本誤「箘」。

十九葉四行釋文　張須元緣江圖云。　「元」，殿、薈作「无」，庫作「旡」。○浦鏜《正字》：張須元緣江圖云。「元」，通志堂本作「无」，存考。○阮元《校記甲》：張須无緣江圖云。「无」，葉本、十行本、毛本俱作「元」。

十九葉四行釋文　四曰烏土江。　「土」，平作「士」。

十九葉五行釋文　七曰箘江。「箘」，纂作「箘」。

十九葉五行釋文　參差隨水長短。「差」，十、永作「羗」。

十九葉五行釋文　或五十里。「十」，魏作「千」。

十九葉五行釋文　終於江口。「於」，王、纂、平作「于」。

十九葉六行釋文　會于桑落洲。「洲」，平作「州」。

十九葉七行疏　分爲九道。「爲」，庫作「謂」。

十九葉九行疏　九江在今廬江潯陽縣南。○浦鏜《正字》：九江在今廬江潯陽縣南。「潯」，漢志作「尋」。

十九葉九行疏　如鄭此意。「此」，單作「此」。

十九葉十一行疏　潯陽記有九江之名。「江」，十、閩作「州」。

十九葉十一行疏　二曰蜯江。「蜯」，阮作「蚌」。

十九葉十二行疏　九曰箘江。「箘」，單、八、魏、要、十、永作「菌」，平作「菌」。

十九葉十二行經　沱潛既道。○盧文弨《拾補》：沱潛既道。潛，从兓，不从兩先。毛本作「潛」，誤。

十九葉十二行注　沱。江別名。　〇《定本校記》：沱，江別名。岩崎本、内野本無「名」字。

十九葉十三行釋文　沱。徒河反。　「河」，殿、庫作「何」。〇阮元《校記甲》：沱，徒何反。「何」，十行本、毛本俱作「河」。

十九葉十四行疏　下文岷山導江。　「文」，平作「丈」。「岷」，單、八、魏、十、永作「岻」，阮作「泯」。〇張鈞衡《校記》：下文岻山導江。阮本「岻」作「泯」，誤。此唐人諱「民」字而改，説見上。

十九葉十四行疏　是沱爲江之別名也。　〇阮元《校記甲》：是沱爲江之別名也。按：當作「是沱爲江別之名也」。阮元《校記乙》同。〇《定本校記》：是沱爲江之別名也。阮氏云：當作「是沱爲江別之名也」。

十九葉十四行疏　經無潛之本源。直云水名。　「直」上單、八、魏、平、殿、庫有「故」字。〇山井鼎《考文》：直云水名。〔宋板〕「直」上有「故」字。〇盧文弨《拾補》：經無潛之本源，故直云水名。毛本脱「故」字。〇阮元《校記甲》：直云水名。「直」上宋板有「故」字。阮元《校記乙》同。

十九葉十五行疏　鄭注此。既引爾雅。　「此」，十作「比」。「爾」，十、永作「尒」。

十九葉十五行疏　乃云今南郡枝江縣有沱水。　「枝」，魏作「枚」。

十九葉十六行疏　若如鄭言。此水南流。不入荆州界。非此潛也。　○《定本校記》：若如鄭言，此水南流，不入荆州界，非此潛也。此十七字疑當移「此解梁州之沱潛也」下。

十九葉十七行疏　此下梁州注云二水亦謂自江漢出者。　「州」，十、永作「川」。

十九葉十七行疏　在今蜀郡郫縣江沱。及漢中安陽皆有沱水潛水。其尾入江漢耳。　「郫」，十、永作「鄆」。○浦鏜《正字》：及漢中安陽縣皆有沱水潛水。「潛水」，漢志作「鬻谷水」。師古曰：鬻，音潛，其字亦或從水。○盧文弨《拾補》：在今蜀郡郫縣江沱，及漢中安陽皆有沱水、潛水，其尾入江漢耳。案：此段文譌。當云：江沱在今蜀郡郫縣西，東入江。又漢水，安陽縣有潛水，其尾入江漢耳。○阮元《校記甲》：在今蜀郡郫縣。「郫」，十行本誤作「鄆」。○阮元《校記乙》：在今蜀郡鄆縣。岳（毛）本「鄆」作「郫」。案：「鄆」字誤也。○《定本校記》：地理志：在今蜀郡郫縣江沱，及漢中安陽皆有沱水、潛水。「江沱」二字，王氏鳴盛、江氏聲引皆作「汶江」。

十九葉十八行疏　江源有鄀江。首出江。　「源」，要作「原」。○浦鏜《正字》：江源有鄀江，首出江。漢志作：江原在蜀郡，有鄀水，首出江。○盧文弨《拾補》：蜀郡江源有鄀江，首出江。毛本闕「蜀郡」二字，當有。「鄀江」，漢書地理志作「鄀水」。「出」，志作「受」。

十九葉十八行疏　南至犍爲武陽又入江。　「至」，永作「全」。「犍」，單、八、魏、永作「揵」。

二十葉一行疏　潛蓋漢西出嶓冢。　「嶓」，薈作「蟠」。○阮元《校記甲》：潛蓋漢西出嶓冢。「漢西」二字，纂傳倒，是也。阮元《校記乙》同。○《定本校記》：潛蓋漢西。阮氏云：「漢西」二字纂傳倒，是也。

二十葉二行疏　沱水自蜀郡都水縣揃山。與江别而更流。　「揃」，魏作「楄」。○浦鏜《正字》：沱水自蜀郡都水縣湔山，與江别而更流。「湔」，誤從手旁作〔揃〕。○盧文弨《拾補》：沱水自蜀郡都水縣湔山，與江别而更流。「湔」，毛本作「揃」。浦改「湔」，是。○阮元《校記甲》：沱水自蜀郡都水縣揃山，與江别而更流。「自」，纂傳作「出」。浦鏜云：「湔」誤「揃」。阮元《校記乙》同。○《定本校記》：沱水自蜀郡都水縣揃山。「都水」，邵氏晉涵爾雅正義、郝氏懿行爾雅義疏引皆作「都安」。「揃山」，浦氏改作「湔山」。

二十葉二行疏　璞又云有水從漢中沔陽縣南流。　「璞」上平有「郭」字。

二十葉二行疏　至梓潼漢壽入太穴中。　「太」，要、殿、庫、阮作「大」。○盧文弨《拾補》：入大穴中。毛本「大」作「太」。「太」當作「大」。○阮元《校記甲》：入太穴中。「太」，纂傳作「大」，是也。阮元《校記乙》同。

二十葉三行疏　然地理志及鄭。　「地理」下要無「志」字。

二十葉六行疏　但地勢西高東下。　「地」，魏、十、永作「他」。

二十葉六行疏　故孔舉大略。　「故」下要無「孔」字。

二十葉七行經　雲土夢作乂。　○殿本《考證》：雲土夢作乂。胡渭曰：漢書作「雲夢土」，史記、水經注作「雲土夢」。沈括筆談云：石經倒「土夢」字，唐太宗得古本尚書，乃「雲土夢作乂」，詔从古本。○浦鏜《正字》：雲土夢作乂。案：沈氏括云：石經倒「土夢」字，唐太宗時得古本，始改正。○岳本《考證》：雲土夢作乂。案：漢書作「雲夢土」，史記、水經注作「雲土夢」。沈括筆談云：石經倒「土夢」字，唐太宗得古本尚書，乃「雲土夢作乂」，詔從古本。○盧文弨《拾補》：雲土夢作乂。沈括云：石經倒「土夢」字，唐太宗時得古本，始改正。案：史記、漢書皆「雲」、「夢」相連。○阮元《校記甲》：雲土夢作乂。陸氏曰：「雲」，徐本作「云」。沈括筆談曰：舊尚書禹貢云「雲夢土作乂」，太宗皇帝時得古本尚書，作「雲上(土)夢作乂」，詔改禹貢從古本。按：筆談所謂太宗乃宋太宗也。胡朏明禹貢錐指乃以爲唐太宗，殆誤矣。疏云：經之「土」字在二字之間。開成石經亦作「雲土夢作乂」，則古本即唐世通行本耳。至宋初，監本始倒「土夢」二字，蓋据漢書地理志，不知史記夏本紀「夢」字亦在「土」下。阮元《校記乙》同。

二十葉八行注　水去可爲耕作畎畝之治。「水」，纂作「氷」。「耕」，毛作「東」。○山井鼎《考文》：可爲東作畎畝之治。〔古本〕「東」作「耕」，宋板、正、嘉同。○浦鏜《正字》：水去可爲耕作畎畝之治。「耕」，毛本誤「東」。○盧文弨《拾補》：水去可爲耕作畎畞之治。毛本「耕」作「東」。「東」當作「耕」。○阮元《校記甲》：可爲東作畎畝之治。「東」，古本、岳本、葛本、宋板、十行、正、嘉閩、監、纂傳俱作「耕」，是也。

二十葉八行釋文　雲。徐本作云。纂「本」上無「徐」字，「本」下有「亦」字。

二十葉八行釋文　夢。亡弄反。一音武仲反。○浦鏜《正字》：夢，亡弄切，一音武仲切。案：毛氏居正云：「亡」，當作「忙」；「武」，當作「母」。後音中「亡」、「武」字並同。○阮元《校記甲》：夢，亡弄反。「亡」，葉本作「云」，誤。

二十葉九行釋文　治。直吏反。「吏」，十、永作「使」。

二十葉九行疏　楚子與鄭伯田于江南之夢。「子」，魏作「予」。「于」，要作「於」。

二十葉十行疏　杜預云南郡枝江縣西有雲夢城。江夏安陸縣亦有雲夢。「枝」，魏作「杖」。○浦鏜《正字》：杜預云江夏安陸縣東南亦有夢城。脱「東南」二字。「夢城」，誤「雲夢」，從左傳疏挍，文出杜氏釋例土地名。○盧文弨《拾補》：江夏安陸縣亦有雲夢。「縣」下脱「東南」二字。「雲夢」，左傳正義作「夢城」。

二十葉十一行疏　**或曰南郡華容縣東南有巴丘湖。江南之夢。**　○浦鏜《正字》：或曰南郡華容縣云云，江南之夢也。脱「也」字。

二十葉十一行疏　**雲夢者。**　「雲」上要有「呑」字。

二十葉十二行疏　**定四年左傳。稱楚昭王寢于雲中。**　○浦鏜《正字》：左傳稱楚昭王入于雲中。「入」，誤「寢」。

二十葉十三行疏　**經之土字在二字之間。**　「土」，十作「土」，庫作「上」。「間」，單、殿、庫作「閒」。

二十葉十三行疏　**此澤既大。**　「大」，毛作「土」。○物觀《補遺》：此澤既土。〔宋板〕「土」作「大」。○盧文弨《拾補》：此澤既大。毛本「大」作「土」。「土」當作「大」。○阮元《校記甲》：此澤既土。「土」，宋板、十行、閩、監俱作「大」。○阮元《校記乙》：此澤既大。宋板、閩本、明監本同。毛本「大」作「土」。

二十葉十三行疏　**其内有平土。**　平「其」作「甚」，「有」上無「内」字。

二十葉十三行疏　**水去可爲耕作畎畝之治。**　「水」下十、永、閩、阮無「去」字。○阮元《校記甲》：水去可爲耕作畎畝之治。十行、閩本俱脱「去」字。○阮元《校記乙》：水可爲耕作畎畝之治。閩本同。毛本「水」下有「去」字。案：有者是也。

二十葉十四行注　田第八。　「八」，李作「入」。

二十葉十五行注　人功修。　○山井鼎《考文》：人功修。〔古本〕下有「也」字。「與揚州同」下、「柏葉松身曰栝」下、「丹朱類」下、「天下稱善」下、「茅以縮酒」下、「組綬類」下並同。

二十葉十五行注　土所出與揚州同。　「揚」，李、王作「楊」。

二十葉十六行疏　土所至州同。　「土」，毛作「上」。

二十葉十六行疏　與揚州同。　「揚」，平作「楊」。

二十葉十七行經　杶榦栝柏。　○阮元《校記甲》：杶榦栝柏。陸氏曰：「榦」，本又作「幹」。阮元《校記乙》同。

二十葉十七行注　榦。栝也。　「栝」，八作「桰」。

二十葉十八行釋文　徐敕荀反。　「荀」，平作「筍」。

二十葉十八行釋文　又作櫄。　「櫄」，王作「穮」，魏作「纁」，永作「摽」。

二十葉十八行釋文　榦。本又作幹。故旦反。　「榦」，十作「幹」，永作「榦」。「旦」，平作「曰」。

二十一葉一行疏　榦栝至曰栝。　「栝」，八作「柏」。○《定本校記》：傳榦栝至曰栝。「栝」，〔足利〕八行本誤作「柏」。

二十一葉一行疏　弓人取榦之道也。○浦鏜《正字》：弓人取榦之道七。「七」，誤「也」。○盧文弨《拾補》：弓人取榦之道七。毛本「七」作「也」。「也」當作「七」。○阮元《校記甲》：弓人取榦之道也。浦鏜云：「七」誤「也」。按：作「七」與攷工記合。阮元《校記乙》同。○《定本校記》：弓人取榦之道也。「也」，浦氏改作「七」。

二十一葉二行疏　釋木云。栝。柏葉松身。○浦鏜《正字》：釋本（木）云：栝，柏葉松身。「栝」，爾雅作「檜」，與此一也。

二十一葉二行疏　陸機毛詩義疏云。杶榑栲漆。相似如一。「機」，毛、殿、庫作「璣」。「榑」，阮作「搏」。○浦鏜《正字》：陸璣毛詩義疏云：杶榑栲漆，相似如一。「杶榑」，亦作「櫄樗」，字同。「陸璣」，監本誤「陸機」，後並同。○盧文弨《拾補》：杶榑栲漆，相似如一。「杶榑」、「櫄樗」同。○阮元《校記甲》：陸璣毛詩義疏云。「璣」，閩本作「機」，後並同。按：作「機」是也。説詳爾雅挍勘記。阮元《校記乙》同。○劉承幹《校記》：陸機毛詩義疏云。阮本同，云作「機」是也。案：阮氏爾雅校勘記云：陸機，毛本「機」改「璣」，非。葉鈔釋文「陸機」字作木旁。隋書經籍志「烏程令吴郡陸機」，字從木。浦鏜以監本作「機」爲非，此蹈唐李濟翁資暇集、宋晁公武讀書志之誤耳。○張鈞衡《校記》：杶榑栲漆。阮本「榑」作「搏」。

二十一葉三行疏　柘木惟用爲弓榦。　「榦」，庫作「幹」。

二十一葉三行疏　弓榦莫若柘木。　「若」，魏作「浩」。

二十一葉三行經　礪砥砮丹。　○盧文弨《拾補》：礪砥砮丹。「砥」，毛本从「氏」，非。

二十一葉四行釋文　韋昭音旨。　「旨」，纂作「百」。

二十一葉六行疏　賈逵云。　「賈」下要無「逵」字。

二十一葉七行疏　丹者。丹砂。　「丹砂」上要無「丹者」二字。

二十一葉八行注　箘。簵。美竹。　「箘」，八作「菌」，王、平作「箘」。

二十一葉八行注　中矢榦。　「榦」，十作「幹」。

二十一葉八行經　三邦底貢厥名。　「底」，纂、要、永作「底」。

二十一葉九行釋文　箘。求隕反。韋昭一名聆風。　○阮元《校記甲》：箘，韋昭一名聆風。盧文弨云：「韋昭」下當有「云」字。

二十一葉十行釋文　近。附近之近。　五字平作「近澤，附近之近」。

二十一葉十一行疏　簵風也。　「簵」，殿、庫作「聆」。

二十一葉十二行疏　經言三邦底貢。　「底」，永作「底」。

二十一葉十三行注　橘柚。　「柚」，平作「抽」。「柚」下岳有「也」字。○阮元《校記甲》：橘柚。岳本下有「也」字，與疏標目不合。

二十一葉十四行疏　橘柚。　「橘」，魏作「橘」。

二十一葉十六行疏　王肅云揚州厥包橘柚。　「揚」，平作「楊」。

二十一葉十六行注　匭。匣也。　「匣」，纂作「匣」。「匣」下要無「也」字。

二十一葉十七行釋文　菁子丁反。　四字平作「菁茅，上子丁反」。

二十一葉十七行釋文　鄭云。茅有毛刺曰菁茅。　「鄭」下平無「云」字。「刺」，王、纂、魏、平、十、永、殿、庫作「剌」。

二十一葉十八行疏　匭匣也菁以爲菹茅以縮酒。　十一字單、八、魏、平作「匭匣至縮酒」，毛作「匭匣至縮酒」。○阮元《校記甲》：傳匭匣至縮酒。十行、閩、監俱全載傳文。

二十二葉一行疏　不須大匱。　「須」，平作「湏」。

二十二葉一行疏　有菁菹鹿臡。　「臡」，八作「臡」。

二十二葉一行疏　鄭云。菁。蕪菁也。蕪菁處處皆有。　「鄭云」下要無「菁」字。○浦鏜《正字》：菁，蔓菁也。「蔓」誤「蕪」，下同。○盧文弨《拾補》：鄭云：菁，蔓菁也。「蔓」，毛本作「蕪」，下同。「蕪」當作「蔓」。○阮元《校記甲》：菁，蕪菁也。浦鏜云：「蔓」誤

「蕒」，下同。按：浦是也。阮元《校記乙》同。○孫詒讓《校記》：醢人注云「菁，蔓菁」，不作「蕒菁」。作「蕒菁」者，乃公食大夫禮注。孔似誤憶。○《定本校記》：菁，蕒菁也。浦氏云：「蔓」誤「蕒」，下同。

二十二葉二行疏　蓋以其味善也。「以」下要無「其」字。

二十二葉二行疏　王祭不供。○浦鏜《正字》：王祭不供。左傳作「共」，音供。凡引經「供」字同。

二十二葉三行疏　縮酒用茅。明酉也。「酒」，要作「酉」。○浦鏜《正字》：縮酉用茅，明酉也。「縮酉」誤「縮酒」。○盧文弨《拾補》：縮酉用茅，明酉也。毛本上「酉」作「酒」。「酒」當作「酉」。○《定本校記》：縮酒用茅，明酉也。浦氏云：「縮酉」誤「縮酒」。

二十二葉三行疏　鄭注云以茅縮酒也。○浦鏜《正字》：鄭註云以茅縮去滓也。「去滓」二字誤「酒」。

二十二葉四行疏　束茅立之祭前。「束」，毛作「東」。○盧文弨《拾補》：束茅立之祭前。「束」，毛本作「東」字，譌。

二十二葉四行疏　酒沃其上。酒滲下。若神飲之。「滲」，平作「參」。○浦鏜《正字》：沃酒其上，酒滲下去，若神飲之。「沃酒」字誤倒，「去」字脫。○盧文弨《拾補》：酒沃其上，酒滲下，若神飲之。「酒沃」二字當乙。「下」下浦增「去」字。○孫詒讓《校記》：「酒沃」，周禮注作「沃酒」。

二十二葉五行疏　杜預云茅之爲異未審也。　「杜」，平作「杠」。

二十二葉五行疏　或云茅有三脊。　「云」，薈作「曰」。「脊」，十作「春」，永作「眷」，毛作「脊」。

二十二葉六行疏　江淮之間。　「間」，單作「閒」。

二十二葉六行疏　三茅脊以爲藉。　「茅脊」，單、八、魏、平、十、閩、殿、庫、阮作「脊茅」，永作「眷茅」。○物觀《補遺》：三茅脊。〔宋板〕作「三脊茅」。○盧文弨《拾補》：三脊茅以爲藉。「脊茅」，毛本誤作「茅脊」。○阮元《校記甲》：江淮之間，三茅脊以爲藉。「茅脊」二字宋板、閩本俱倒，不誤。阮元《校記乙》同。

二十二葉七行疏　菁茅之有毛刺者重之。　「刺」，單、八、魏、平、十、永、阮作「剌」。○《定本校記》：菁茅之有毛刺者。史記集解「之」作「茅」。

二十二葉九行釋文　璣。其依反。又音機。馬同。説文云。珠不圜也。字書云小珠也。玉篇渠依居沂二反。　「説文」下纂無「云」字。「圜」，纂、永作「圓」。○阮元《校記甲》：璣，玉篇渠依、居沂二反。盧文弨云：今玉篇「依」作「氣」。

二十二葉十一行疏　三入爲纁。　「入」，八作「又」。

二十二葉十一行疏　鄭云纁者三入而成。　「云」下單、八有「染」字，魏、平有「染」字。○山井鼎《考文》：鄭云纁者三入而成。〔宋板〕「纁」上有「染」字。○浦鏜《正字》：染纁者三入而成。脱「染」字。○盧文弨《拾補》：染纁者三入而成。毛本脱「染」字。○阮元《校記甲》：鄭云纁者。「纁」上宋板有「染」字。阮元《校記乙》同。

二十二葉十一行疏　又再染以黑則爲緅。　「又」，單作「入」。○《定本校記》：又再染以黑則爲緅。「又」，單疏本誤作「入」。

二十二葉十二行疏　玄色在緅緇之間。其六入者。　「間」，單作「閒」。「入」，阮作「人」。○浦鏜《正字》：玄色在緅緇之間，其六入者。下鄭註有「與」字。疏云以無正文，故云「與」以疑之。○盧文弨《拾補》：其六入者與。毛本脱「與」字。○《定本校記》：其六入者。浦氏云：「者」下脱「與」字。

二十二葉十二行疏　珠不圓者。　「圓」，殿、庫作「圜」。

二十二葉十三行疏　玉藻説佩玉所懸者。皆云組綬。　○浦鏜《正字》：玉藻説佩玉所懸者，皆云組綬。「玉藻」上疑脱「組綬類」三字。

二十二葉十四行注　尺二寸曰大龜。　「二」，十、永作「一」。

二十二葉十四行注　錫命而納之。　○山井鼎《考文》：錫命而納之。〔古本〕「錫」上有「故」字。○盧文弨《拾補》：龜不常用，錫命而納之。「錫」上古本有「故」字。○阮元《校記甲》：錫命而納之。「錫」上古本有「故」字。○《定本校記》：錫命而納之。九條本、内野本「錫」上有「故」字。

二十二葉十五行釋文　馬云。納。入也。　「馬云納」，纂、平作「納馬云」。

二十二葉十五行疏　龜千歲滿尺二寸。　「滿」，魏作「蒲」。

二十二葉十六行疏　漢書食貨志云。元龜。距髯。長尺二寸。　「距髯」，庫作「岠冉」。○浦鏜《正字》：漢食貨志云：元龜，距髯，長尺二寸。「距髯」，志作「岠冉」。孟康曰：冉，龜甲緣也。岠，至也。度背兩邊緣尺二寸也。○盧文弨《拾補》：元龜距髯。漢書食貨志作「岠冉」。孟康曰：冉，龜甲緣也。

二十二葉十七行經　浮于江沱潛漢。　○阮元《校記甲》：浮于江沱潛漢。陸氏曰：江、沱、潛、漢，四水名。本或作「潛于漢」，非。正義曰：本或「潛」下有「于」字，誤耳。阮元《校記乙》同。

二十二葉十七行經　至于南河。　「至」下魏無「于」字。

二十二葉十八行注　故越洛而至南河。　○山井鼎《考文》：故越洛而至南河。〔古本〕下有「也」字。「北距河水」下、「合流而入河」下共同。

二十三葉二行疏　本或潛下有于。　「潛」，十作「僣」。

二十三葉三行注　澗出沔池山。　○浦鏜《正字》：澗出沔池山。「沔」，史記正義引作「澠」，漢書地理志作「黽」，屬宏農郡。「沔」、「澠」二字通。○盧文弨《拾補》：澗出沔池山。「沔」，史記集解引作「澠」，漢書地理志「黽」，俱通。

二十三葉五行釋文　又胡困胡昆二反。　「困」，王、纂、魏、平作「囷」。

二十三葉六行疏　伊水出弘農盧氏縣東熊耳山。　「東」，十、閩、阮作「冢」，永作「冢」。○阮元《校記甲》：出宏農盧氏縣東熊耳山。「東」，十行、閩本俱誤作「冢」。○阮元《校記乙》：出宏農盧氏縣冢熊耳山。岳(毛)本「冢」作「東」。「冢」字非也。閩本亦誤。

二十三葉八行疏　穀城潛亭北。　「潛」，十作「替」。

二十三葉九行經　榮波既豬。　○殿本《考證》：閻若璩曰：馬、鄭、王本「波」並作「播」，伏生今文亦然，惟魏晉間人始作「波」，與漢書同。余謂其書多出漢書者，此又一証。然安國解猶作一水，非兩水。以爲二水，自顔師古始，而宋蔡氏本之，非也。臣召南按：史記作「滎播」，鄭康成詩譜亦作「滎播」。但此澤亦可單名，下文「溢爲滎」是也。○岳本《考證》：滎波既豬。閻若璩曰：馬、鄭、王本「波」並作「播」，伏生今文亦然，魏晉間始作「波」，與漢書同。案：史記及鄭康成詩譜亦並作「播」。

二十三葉九行注　滎澤。　「滎」，十作「榮」。○盧文弨《拾補》：滎，澤名。「名」，毛本脱。據疏本有，史記集解有。

二十三葉十行釋文　滎。户扃反。滎澤也。　「扃」，纂作「扄」。○阮元《校記甲》：滎，户扃反，滎澤也。兩「滎」字葉本竝作「熒」字。按：「熒澤」，字从火，不从水。左傳隱元年注：虢國，今熒陽縣。釋文云：本或作「滎」，非也。

二十三葉十行釋文　波。如字。馬本又播。滎播。　「又」，王、纂、平、毛、殿、庫作「作」。兩「播」字永俱作「播」。○浦鏜《正字》：波，馬本作播。「作」，監本誤「又」。

二十三葉十行釋文　遏。烏葛反。　「葛」，王作「曷」，纂、魏作「曷」，平作「曷」。○阮元《校記甲》：遏，烏葛反。「葛」，葉本作「曷」字。按：葉本非也。

二十三葉十行疏　滎澤至遏豬。　「滎」，十、永作「榮」。

二十三葉十四行疏　杜預云此滎澤當在河北。　「杜」，永作「杜」。

二十三葉十四行疏　蓋此澤跨江南北，多而得名耳。　「江」，單、八、魏、平、永、毛、殿、庫、阮作「河」。要無「江」字。○浦鏜《正字》：蓋此澤跨河南北，但在河内多而得名耳。脱「但在河内」四字，從詩疏校。「跨河」，監本誤「跨江」。○盧文弨《拾補》：蓋此澤跨河南北，但在河内多而得名耳。「但在河内」，毛本四字脱，據詩正義補。○阮元《校記甲》：蓋此澤跨河南北，多而得名耳。「河」，閩本誤作「江」。浦鏜云：「多」上脱「但在河内」四字，從詩疏校。○阮元《校記乙》：多而得名耳。浦鏜云：「多」上脱「但在河内」四字，從詩疏校。

二十三葉十五行經　導菏澤。被孟豬。　「導」，王作「道」。「菏」，八作「荷」。「被」，八作「被」。

二十三葉十五行注　菏澤。　「菏」，八作「荷」。

二十三葉十六行注　在菏東北。　「北」，平作「比」。

二十三葉十六行注　水流溢覆被之。　○山井鼎《考文》：水流溢覆被之。〔古本〕「之」作「也」。○阮元《校記甲》：水流溢覆被之。「之」，古本作「也」。

二十三葉十六行釋文　導。音道。　○阮元《校記甲》：導，音道。盧文弨云：經本作「道」，陸音「導」。後人倒易之，舛謬之甚。下同。段玉裁云：開寶中改。

二十三葉十六行釋文　菏。徐音柯。又士可反。註同。　「音」上纂無「徐」字。「士」，魏、毛、阮作「土」。○物觀《補遺》：又土可反。〔經典釋文〕「土」作「士」。○浦鏜《正字》：菏，又工可切。「工」誤「士」。○阮元《校記甲》：菏，又士可反。「士」，毛本作「土」，與毛居正所見本合。毛氏曰：「工」字作「土」，誤。按：毛居正是也。「工可」即集韻之「賈我」，今本作「士」字，亦誤。

二十三葉十七行釋文　豬。張魚反。又音諸。左傳及爾雅。皆作孟諸。　「豬」上平有「孟」字。「傳」下王、魏、平、殿、庫無「及」字。「雅」，王作「稚」。○山井鼎《考文》：左傳及爾雅皆作孟諸。〔經典釋文〕無「及」字。○阮元《校記甲》：孟豬，左傳、爾雅皆作孟諸。「傳」下十行本、毛本俱有「及」字，非。

二十三葉十八行疏　地理志。山陽郡有胡陵縣。不言其縣有菏澤也。　「胡」，永作「胡」。○浦鏜《正字》：山陽郡有湖陵縣。「湖」誤「胡」。○盧文弨《拾補》：地理志：山陽郡有胡陵縣。不言其地有菏澤也。「胡」，漢書地理志作「湖」。文弨案：志「湖陵」下引禹貢「通于河水在南」，此「河」即「菏」也，見説文，正義殊未審。

二十三葉十八行疏　孟豬在梁國睢陽縣東北。　○浦鏜《正字》：地理志：孟豬在梁國睢陽縣東北。「孟豬」，志作「盟諸」。

二十四葉二行疏　當在睢陽之西北。　「睢」，永作「雎」。

二十四葉三行經　厥土惟壤。　「惟」下魏有「黄」字。

二十四葉三行注　下者墳壚。疏傳壚。音盧。説文黑剛土也。　「下者墳壚。疏」，八、李、王、纂、魏、平、岳、十、永、阮作「下者壚」。「壚，疏」，殿、庫作「下者墳壚」。「壚」上「傳」字王、纂無，魏、岳、十、永、閩、阮作「〇」，殿、庫作「音義」。「壚，音盧。説文黑剛土也」九字王、纂、魏、平、岳、十、永、殿、庫、阮爲釋文，「黑」上岳無「説文」二字，「説文」下纂有「云」字。〇山井鼎《考文》：下者墳壚。〔古本〕作「下者壚。壚，疏也」。宋板同，但無「也」字。〇浦鏜《正字》：「厥土惟壤」節傳。案：史記正義引此傳有「壚，疎也」三字。又：壚，音盧，説文黑剛土也。九字誤入疏，上誤衍「傳」字。〇岳本《考證》：下者壚。壚，疏。殿本、汲古閣本、永懷堂本並作「下者墳壚」，與此異。〇盧文弨《拾補》：高者壤，下者壚。壚，疏也。「者」字下毛本有「墳」字，衍。「壚，疏也」三字毛本脱，古本有。史〔記〕集解引同。宋、元本亦〔有〕，但脱「也」字。〇阮元《校記甲》：下者墳壚。古本作「下者壚。壚，疏也」，岳本、宋板、十行、纂傳俱無「也」字，餘與古本同。許宗彦云：傳末「疏」字今本誤爲黑質白文。按：史記集解孔安國曰：壚，疏也。又：傳「壚，音盧。説文黑剛土也」。按：下九字乃陸氏音義，非孔疏也。今本既誤以傳末「疏」字爲黑質白文，遂於音義之首妄加「傳」字。閩本「疏」字雖已誤，尚無「傳」字，祇於「墟」上作圈，蓋猶知其爲音義也。○阮元《校記乙》：下者墟。墟，疏。岳本、宋本、纂傳同。古本下有「也」。毛本作「下者墳墟」。許宗彦云：傳末「疏」字今本誤爲黑質白文。按：史記集解孔安國曰：「墟，疏也。」又：墟，音盧。説文黑剛土也。十行本不誤。按：下九字乃陸氏音義，非孔疏也。今本既誤以傳末「疏」字爲黑質白文，遂於音義之首妄加「傳」字。閩本「疏」字雖已誤，尚無「傳」字，祇於「墟」上作圈，蓋猶知其爲音義也。

二十四葉五行注　又雜出第一。　「雜」上纂無「又」字。

二十四葉五行注　纊。細綿。　○山井鼎《考文》：纊，細綿。〔古本〕下有「也」字。「治磬錯」下同。○盧文弨《拾補》：纊，細綿也。「也」，毛本脱，古本、史記集解皆有，下同。○阮元《校記甲》：纊，細綿。「纊」上纂傳有「纖」字。

二十四葉六行釋文　綿。切韻武延反。　「切」，永作「功」。

二十四葉六行疏　纊細綿。　「纊」，永作「縛」。

二十四葉六行疏　禮喪大記。　「禮喪」，薈作「喪禮」。

二十四葉六行疏　即纊是新綿耳。　○浦鏜《正字》：即纊是新綿耳。「耳」，疑衍字。「即」，疑「則」字誤。

二十四葉七行注　治磬錯。　○盧文弨《拾補》：治磬錯也。「也」，毛本脱。

二十四葉八行疏　詩云佗山之石。　「佗」，魏、十、永、阮作「沱」。○阮元《校記甲》：佗山之石。「佗」，十行本誤作「沱」。○阮元《校記乙》：沱山之石。案：「沱」當作「佗」。毛本不誤。

二十四葉九行經　達于河。　「河」上石無「達于」二字。○阮元《校記甲》：浮于洛，達于河。唐石經脱「達于」二字。阮元《校記乙》同。

二十四葉十行注　東據華山之南。　○山井鼎《考文》：東據華山之南。〔古本〕「南」作「陽」。○阮元《校記甲》：東據華山之南。「南」，古本作「陽」。

二十四葉十行注　西距黑水。　○山井鼎《考文》：西距黑水。〔古本〕下有「也」字。「已可種藝」下、「入荆州」下、「色青黑而沃壤」下、「第九三等」下、「貢四獸之皮」下、「織金罽」下、「桓水」下並同。

二十四葉十行釋文　又胡瓜反。　「瓜」，王、魏、平、十、永作「瓜」，纂作「爪」。

二十四葉十行疏　東據至黑水。　據，永作「𥢶」。

二十四葉十二行疏　雍州之境也。　「境」，庫作「界」。

二十四葉十二行經　岷嶓既藝。　「岷」，石、魏作「岻」。

二十四葉十二行注　岷山。嶓冢。皆山名。　「岷」，魏、十作「岻」。

二十四葉十三行釋文　岷。武巾反。　「岷」，魏、十作「岻」。

二十四葉十四行釋文　韋音播。　「音」，平作「昭」。

二十四葉十四行疏　岷山至荆州。　「岷」，單、魏、十作「岻」。

二十四葉十四行疏　地理志云。蜀郡有湔道。　○殿本《考證》：地理志：蜀郡有湔道。臣召南按：「湔」下脱「氏」字。漢湔氏道，今四川松潘衛也。○浦鏜《正字》：蜀郡有湔氏道。脱「氏」字。○盧文弨《拾補》：蜀郡有湔氏道。「氏」，毛本脱。

二十四葉十四行疏　岷山在西徼外。　「岷」，單、魏、十作「岻」。○殿本《考證》：「岷」，史記作「汶」，漢書作「㟩」。○浦鏜《正字》：岷山在西徼外。「岷」，漢志作「㟩」。

二十四葉十五行疏　江水所出。　「出」下單、八、魏、平、要、十、永、閩、阮有「也」字。○山井鼎《考文》：江水所出。〔宋板〕「出」下有「也」字。正、嘉二本同。○盧文弨《拾補》：江水所出也。「也」，毛本脱。○阮元《校記甲》：江水所出。「出」下宋板、十行、嘉閩本俱有

「也」字。

二十四葉十五行疏　隴西郡西嶓冢山。西漢水所出。　「郡西」下單、八、魏、平、要、殿、庫有「縣」字。「嶓」，魏作「播」，十、永、閩、阮作「縣」。○山井鼎《考文》：隴西郡西嶓冢山，西漢水所出。〔宋板〕「嶓」上有「縣」字，正、嘉二本脱「嶓」字，有「縣」字。○盧文弨《拾補》：隴西郡西縣嶓冢山，西漢水所出。「縣」，毛本脱。○阮元《校記甲》：隴西郡西嶓冢山，西漢水所出。宋板「嶓」上有「縣」字，十行、正、嘉閩本、纂傳俱有「縣」字，脱「嶓」字。「出」下宋板亦有「也」字。按：「縣」不當有。○阮元《校記乙》：隴西郡西縣冢山，西漢水所出。宋板「縣」下有「嶓」字，閩本、纂傳無「嶓」字，亦有「縣」字。毛本「縣」作「嶓」。案：所改是也。

二十四葉十五行疏　是二者皆山名。沱出于江。　「名」下單、八、魏、平、要、十、永、閩、阮有「也」字。「于」上十、永、閩、阮無「沱出」二字。○山井鼎《考文》：是二者皆山名，沱出于江。〔宋板〕「名」下有「也」字。正、嘉二本有「也」字，脱「沱出」二字。○盧文弨《拾補》：是二者皆山名也。「也」，毛本脱。○阮元《校記甲》：是二者皆山名，沱出于江。「名」下宋板有「也」字，十行、正、嘉閩本俱有「也」字，脱「沱出」二字。「江」下宋板、正、嘉俱有「也」字。○阮元《校記乙》：是二者皆山名，于江。閩本同。毛本「于」上有「沱出」二字。案：

所補是也。

二十四葉十五行疏　二水發源此州而入荆州。　「二」，十、永、閩作「一」。

二十四葉十六行疏　故荆州亦云沱潛既道。　「州」，平作「川」。

二十四葉十六行經　和夷厎績。　「厎」，纂作「底」。

二十四葉十七行注　祭山曰旅。平。言治功畢。　○盧文弨《拾補》：旅平，言治功畢也。「也」，毛本脱，史記集解有。

二十四葉十七行釋文　旅。如字。韋音盧。　○浦鏜《正字》：旅，如字，韋音盧。案：毛氏居正云：音廬者，字作玈，左傳「玈弓矢千」是也，與旅祭之旅不同。

二十四葉十八行釋文　治。直吏反。　「治」上平有「言」字。

二十五葉一行疏　論語云季氏旅於泰山。　「云」，庫作「曰」。

二十五葉一行疏　是祭山曰旅也。　「祭」，永、閩作「蔡」。

二十五葉四行疏　其地沃瀼。　「瀼」，單、八、魏、平、十、永、閩、毛、殿、庫、阮作「壤」。

二十五葉七行疏　有當出下之賦者少耳。　○《定本校記》：有當出下之賦者。江氏聲引重「下」字。

二十五葉七行疏　**又有當出下上中下者差復益小**△。　「小」，單、八、要作「少」。○山井鼎《考文》：差復益小。〔宋板〕「小」作「少」。○浦鏜《正字》：又有當出下上中下者差復益小。「小」，當「少」字誤。○盧文弨《拾補》：又有當出下上中下者差復益少。毛本「少」作「小」。「小」當作「少」。○阮元《校記甲》：差復益小。「小」，宋板作「少」。阮元《校記乙》同。

二十五葉八行釋文　**璆。音虯**△。　「虯」，魏、十、永、阮作「蚪」。

二十五葉八行釋文　**徐又**△**居虯**△**反**△。　「居」上纂無「又」字。「虯」，王、纂、魏、十、永、阮作「蚪」。「虯」下纂無「反」字。

二十五葉八行釋文　**又**△**閒幼反**。　「閒」上纂無「又」字，「反」上纂有「二」字。

二十五葉八行釋文　**馬周**△。**韋昭郭璞云**。　「周」，王、纂、魏、平、毛、殿、庫、阮作「同」。○浦鏜《正字》：璆，又閒幼切，馬同。「同」，監本誤「周」。

二十五葉九行釋文　**案郭注爾雅。璆**△**即紫磨金**。　「璆」，魏作「云」，平作「鏐」。○阮元《校記甲》：按郭注爾雅，璆即紫磨金。「璆」，葉本作「鏐」。盧文弨云：十字與上文複，係後人妄增者。按：此亦後人校語也。陸氏誤以「鏐」爲「璆」，故特著此語以正之。

二十五葉十行疏　璆琳。美玉之別名。　○浦鏜《正字》：璆琳，美玉之別名。「之別」二字衍。○盧文弨《拾補》：璆琳，美玉之別名。「之別」二字爾雅郭璞注本無。

二十五葉十一行注　織金罽。　○物觀《補遺》：織金罽。古本作「織皮金罽也」。○盧文弨《拾補》：織皮今罽也。「皮」，毛本脱，古本有。「今」，毛本作「金」，史記集解作「今」。當从集解作「今」。「也」，毛本脱。○阮元《校記甲》：織金罽，古本作「織皮金罽也」。按：史記集解「金」作「今」。阮元《校記乙》同。○《定本校記》：織金罽。燉煌本、九條本、内野本作「織皮今罽」，清原宣賢手鈔本引家本作「織今罽」。

二十五葉十一行釋文　熊。音雄。　○阮元《校記甲》：熊，音雄。「雄」，葉本作「維」，誤。

二十五葉十一行釋文　羆。彼宜反。如熊而黄。　「羆」，毛作「罷」。○浦鏜《正字》：羆，彼宜切。「羆」，毛本誤「罷」。

二十五葉十二行疏　謂毛罽也。　「罽」下殿、庫無「也」字。

二十五葉十三行疏　胡人續羊毛作衣。　○阮元《校記甲》：胡人續羊毛作衣。盧文弨云：「續」當本是「績」字。阮元《校記乙》同。

二十五葉十四行經　浮于潛。逾于沔。　○浦鏜《正字》：浮于潛，逾于沔。案：蔡氏沈云：于經文當曰「逾于渭」，今曰「逾于沔」，未詳。○盧文弨《拾補》：浮于潛，逾于沔。蔡傳謂當作「逾于渭」。

二十五葉十四行注　桓水自西傾山南行。　「自」，毛作「是」。○山井鼎《考文》：是西傾山南行。正誤「是」當作「自」。物觀《補遺》：桓水是西傾山南行。古本、宋板「是」作「自」，古本「水」下有「也」字。○浦鏜《正字》：桓水自西傾山南行。「自」，毛本誤「是」。○盧文弨《拾補》：桓水也自西傾山南行。「也」，古本有，當據補。「自」，毛本作「是」。「是」當作「自」。○阮元《校記甲》：桓水是西傾山南行。「是」，古本、岳本、葛本、宋板、十行、閩、監、纂傳俱作「自」，是也。古本「水」下有「也」字。按：段玉裁挍本作「桓水名自西傾山南行」。○阮元《校記乙》：桓水自西傾山南行。各本皆同。毛本「自」誤「是」。按：段玉裁挍本作「桓水名自西傾山南行」。

二十五葉十五行注　因桓水是來。浮于潛。　○山井鼎《考文》：「浮于潛」下、「漢上曰沔」下、「正絶流曰亂」下、「東據河」下、「在冀州西」下、「至於合黎」下、「入于渭」下、「同之於渭」下、「言治功畢」下，〔古本〕共有「也」字。○《定本校記》：因桓水是來浮于潛。燉煌本、九條本、内野本無「于」字。

二十五葉十五行釋文　傾。窺并反。　「并」，永、阮作「井」。

二十五葉十六行疏　西傾在隴西臨洮縣西南。　○浦鏜《正字》：西傾在隴西臨洮縣西南。「傾」，漢志作「頃」。師古曰：「頃」讀「傾」。○盧文弨《拾補》：西傾在隴西臨洮縣西南。「南」字衍，前後漢書地理志皆無。

二十五葉十七行疏　浮於潛水也。　「於」，毛作「于」。

二十六葉一行注　浮東渡河而還帝都白所治。　「白」，李、王作「曰」，纂作「自」。

二十六葉二行疏　計沔在渭南五百餘里。　「餘」下魏無「里」字。

二十六葉四行疏　釋水文。　「水」，十作「詁」。

二十六葉四行疏　孫炎曰。橫渡也。　「橫」，平作「攅」。

二十六葉六行疏　㊫西距至州西。　○山井鼎《考文》：傳西距至州西。謹按〔毛本〕此疏甚有謬誤，今録于此，當以右行下二字與左行下相接也。○阮元《校記甲》：傳西距至州西。山井鼎曰：〔毛本〕此疏甚有謬誤，當以右行下二字與左行下相接也。按：第二行「河計」二字當在第三行「西」字下，第三行「王肅」二字當在第四行「水」字下，後放此。十行、閩、監俱不誤，纂傳「載雍州之境」至「所言得其實」一段亦不誤。

二十六葉六行疏　先以華陽而後黑水。　「先」下殿、庫無「以」字。「而」下毛有「河計」二字。○浦鏜《正字》：先以華陽而後黑水。「而」字下毛本誤衍「河計」二字。○盧文弨《拾補》：先華陽而後黑水。「先」下毛本有「以」字，衍。毛本「河計」二字本在次行，誤在「陽而」下，以後末二字皆誤在前，至「爲東」二字下接「西也」止，皆當移正。

二十六葉七行疏　故先黑水而後西河。計雍州之境。「河計」，毛作「王肅」。○浦鏜《正字》：故先黑水而後西河，計雍州之境云云。「河計」，毛本誤「王肅」。

二十六葉七行疏　王肅云西據黑水。「王肅」，毛作「本皆」。○浦鏜《正字》：王肅云西據黑水。「王肅」，毛本誤「本皆」。

二十六葉八行疏　徧檢孔本。皆云西據黑水。東據河。「檢」，單、魏作「撿」。「本皆」，毛作「東而」。「西據」，單、八、魏、平、要、永、阮作「西距」。○山井鼎《考文》：皆云西據黑水，東據河。〔宋板〕上「據」作「距」。○浦鏜《正字》：徧檢孔本，皆云西距黑水，東據河。「距」，誤「據」。毛本「本皆」二字誤「東而」。○盧文弨《拾補》：西據黑水。「據」，當依傳作「距」。○阮元《校記甲》：皆云西據黑水。「據」，宋板、十行俱作「距」。○阮元《校記乙》：皆云西距黑水。宋板同。毛本「距」作「據」。

二十六葉八行疏　東據河。必是誤也。「必是」，要作「是必」。

二十六葉八行疏　又河在雍州之東。而謂之西河者。「東而」，毛作「河王」。○浦鏜《正字》：又河在雍州之東，而謂之西河者。「東而」，毛本誤「河王」。

二十六葉九行疏　故謂之西河。王制云。「河王」，毛作「爲東」。○浦鏜《正字》：故謂之西河，王制云云。「河王」，毛本誤「爲東」。

二十六葉九行疏　自東河至於西河。「於」，毛、庫作「于」。○山井鼎《考文》：自東河至于西河。〔宋板〕「于」作「於」。○盧文弨《拾補》：自東河至於西河。「於」，毛本作「于」。「于」當作「於」。

二十六葉九行疏　是河相對而爲東西也。「而」下毛無「爲東」二字。○浦鏜《正字》：是河相對而爲東西也。毛本脱「爲東」二字。

二十六葉十二行經　涇屬渭汭。○阮元《校記甲》：涇屬渭汭。陸氏曰：「汭」本又作「内」，同。阮元《校記乙》同。

二十六葉十二行注　水北曰汭。○阮元《校記甲》：水北曰汭。毛氏曰：「北」作「此」，誤。

二十六葉十二行注　言治涇水入於渭。「於」，毛作「于」。

二十六葉十三行釋文　汭。本又作内。「又」，平作「入」。

二十六葉十四行疏　詩毛傳云。汭。水涯也。鄭云汭之言内也。　「詩毛」，毛作「毛詩」。○物觀《補遺》：毛詩傳。〔宋板〕作「詩毛傳」。○浦鏜《正字》：詩毛傳云：汭，水涯也。鄭云汭之言内也。「汭」，傳箋依經文作「芮」，「涯」作「厓」，同。○盧文弨《拾補》：詩毛傳云：汭，水涯也。「詩毛」，毛本作「毛詩」，非。今從宋、元本。○阮元《校記甲》：毛詩傳云。「毛詩」二字宋板、十行、閩、監俱倒，是也。

二十六葉十五行疏　知水北曰汭。　「北」，平、十作「比」。

二十六葉十五行疏　涇水出安定涇陽縣西岍頭山。　○浦鏜《正字》：涇水出安定涇陽縣西岍頭山。「岍」，漢志作「开」。○阮元《校記甲》：出安定涇陽縣西岍頭山。「岍」，纂傳作「笄」。案：漢志作「开」。師古注云：开，音苦見反。阮元《校記乙》同。

二十六葉十六行經　灃水攸同。　「灃」，八作「澧」。

二十六葉十七行注　灃水所同。同之於渭。　○盧文弨《拾補》：灃水所同，同之於渭。「同之於渭」，史記集解作「同於渭也」，是。○阮元《校記甲》：同之於渭。盧文弨云：史記集解作「同于渭也」，是。阮元《校記乙》同。○《定本校記》：同之於渭。燉煌本、九條本、内野本無「之」字。

二十六葉十八行疏　沮水漆水也。　「水」下殿、庫無「也」字。

二十七葉二行疏　以渭爲王故也。　「王」，單、八、魏、平、要、十、永、閩、毛、殿、庫、阮作「主」。

二十七葉二行疏　灃水出扶風鄠縣東南。　「灃」，永作「澧」。

二十七葉三行經　荆岐既旅。　「岐」，八、王、纂、平作「岐」。

二十七葉三行注　言治功畢。　○《定本校記》：言治功畢。燉煌本、九條本、内野本無「言」字，清原宣賢手鈔本引家本亦無。

二十七葉四行注　此荆在岐東。非荆州之荆。　「在」，纂作「左」。「岐」，八、王、纂、魏、平作「岐」。○山井鼎《考文》：此荆在岐東，非荆州之荆。〔古本〕「在」上有「一」字，「之荆」下有「也」字。○阮元《校記甲》：此荆在岐東。「在」上古本有「一」字。

二十七葉五行疏　先荆後岐。荆在岐東。　「後」，魏作「從」。「後」下「岐」字，八、魏作「岐」，平、十作「歧」。「在」下「岐」字，八、平作「岐」。

二十七葉六行疏　故云非荆州之荆也。　○盧文弨《拾補》：非荆州之荆也。「也」，毛本脱，皆有。（彙校者案：毛本不脱「也」字。）

二十七葉六行疏　禹貢北條荆山。在馮翊懷德縣南。南條荆山。在南郡臨沮縣北。　上「北」，十作「比」。○浦鏜《正字》：禹貢北條荆山，在馮翊懷德縣南，南條荆山，在南郡臨沮縣東北。脱「東」字。「懷」，漢志作「褢」。師古曰：「褢」，亦「懷」字。○盧文弨《拾補》：南條荆山，在南郡臨沮縣北。「縣」下漢書地理志有「東」字，疏亦有。○《定本校記》：南條荆山，在南郡臨沮縣北。下疏引地理志「北」上有「東」字。

二十七葉七行經　**終南惇物。**「惇」，永、阮作「惇」。

二十七葉七行注　**言相望。**○山井鼎《考文》：「言相望」下、「言皆致功」下、「美禹之功」下、「人功少」下，〔古本〕共有「也」字。

二十七葉七行釋文　**終南。山名。**「山」上平復有「終南」二字。

二十七葉八行釋文　**山秦記云。**「山」，王、纂、魏、平、殿、庫作「三」，永作「二」。○山井鼎《考文》：山秦記云。〔經典釋文〕「山」作「三」。○浦鏜《正字》：三秦記云，又名地肺。「三秦」，誤「山秦」。○阮元《校記甲》：三秦記云。「三」，毛本誤作「山」。○張鈞衡《校记》：三秦記。阮本「三」作「山」，蓋誤屬上句。

二十七葉八行釋文　**又名地肺。**「地」，閩作「也」。

二十七葉八行釋文　**惇物。山名。**「惇」，永作「惇」。「惇」下平復有「惇」字。

二十七葉八行疏　**以荆岐單名。**「岐」，魏作「歧」，平作「岐」。

二十七葉九行疏　**故辯之云三山名也。**「辯」，庫作「辨」。

二十七葉九行疏　**至於爲首尾之辭。**○盧文弨《拾補》：至于爲首尾之辭。「于」，毛本作「於」，當依經。

二十七葉十行疏　**垂山。古文以爲惇物。**「惇」，永作「惇」。○浦鏜《正字》：垂山，古文以爲惇物。「惇」，漢志作「敦」。

二十七葉十行經　**原隰厎績。**「厎」，纂、十、閩作「底」。「績」，永作「續」。

二十七葉十一行注　**下濕曰隰。**「濕」，永作「隰」。○浦鏜《正字》：下濕曰隰。「濕」，當從爾雅作「溼」，後並同。案：「濕」，「漯」本字，今以爲「燥溼」之「溼」，誤也。○盧文弨《拾補》：下溼曰隰。毛本「溼」作「濕」，非。

二十七葉十一行疏　**下濕至致功。**「濕」，魏、永作「隰」。

二十七葉十二行疏　**下濕曰隰。**「濕」，永作「隰」。

二十七葉十二行疏　**地理志云豬野澤。在武威縣東北有休屠澤。**○盧文弨《拾補》：豬野澤，地理志云武威。武威縣東北有休屠澤。舊「豬野澤」在「地理志云」下，浦移改。又「豬野澤」下舊有「在」字，衍。「武威武威」，舊不重。浦云：一郡一縣，當重。今從之。

二十七葉十三行疏　**從此致功。**　「功」，魏作「力」。

二十七葉十四行注　**美禹之功。**　○《定本校記》：美禹之功。燉煌本、九條本、内野本無「美」字。清原宣賢手鈔本引家本亦無。

二十七葉十五行釋文　**丕。普悲反。**　「丕」，魏作「不」。

二十七葉十五行疏　**左傳稱舜云四凶。**　「云」，單、八、魏、平、要、永、閩、殿、庫、阮作「去」，十作「去」。○山井鼎《考文》：左傳稱舜云四凶。〔宋板〕「云」作「去」，正、嘉同。○盧文弨《拾補》：左傳稱舜去四凶。毛本「去」作「云」。「云」當作「去」。○阮元《校記甲》：左傳稱舜云四凶。「云」，宋板、十行、正、嘉閩本俱作「去」。按：「云」字非也。

二十七葉十六行疏　**其山必是西裔。**　「其」，平作「具」。

二十七葉十六行疏　**地理志杜林以爲敦煌郡。即古瓜州也。**　「敦」，單、八、魏、平、要、十、永、閩、阮作「燉」。「瓜」，單、魏、平、要、十、永作「瓜」。○山井鼎《考文》：敦煌郡。〔宋板〕「敦」作「燉」，正、嘉同。下並同，但嘉靖下「敦」从土。○浦鏜《正字》：杜林以爲燉煌縣，即古瓜州也。「縣」，誤「郡」。○盧文弨《拾補》：杜林以爲敦煌縣，即古瓜州地。毛本「縣」作「郡」。「郡」當作「縣」。毛本「地」作「也」。「也」當作「地」。○阮元《校記甲》：杜林以爲敦煌郡。「敦」，宋板、十行、正、嘉閩本、纂傳俱作「燉」。下文「敦」字宋板、十行從火，正、嘉閩本從土。按：作「敦煌」，與漢書地理志合。唐人乃作「燉」，見元和郡縣志。○阮元《校記乙》：杜林以爲燉煌郡。宋板、閩本、纂傳同。毛本「燉」作「敦」。按：作「敦煌」與漢書地理志合，唐人乃作「燉」，見元和郡縣志。

二十七葉十七行疏　先王居檮杌于四裔。　「檮」，八作「擣」。「杌」，魏作「机」，永、殿作「杌」。「于」，阮作「於」。○阮元《校記甲》：先王居檮杌于四裔。「四」，纂傳作「西」。按：昭四年傳作「四裔」。

二十七葉十七行疏　居干瓜州。　「干」，單、八、魏、平、要、永、殿、庫、阮作「于」。「瓜」，單、魏、平、要、十、永作「爪」。

二十七葉十七行疏　瓜州。今敦煌也。　「瓜」，單、魏、平、要、十、永作「爪」。「敦」，單、八、魏、平、要、十、永、阮作「燉」，閩作「墩」。

二十七葉十八行疏　南當岻山。　「岻」，八、要、毛、殿、庫、阮作「岷」。○張鈞衡《校记》：岻山。阮本「岻」作「泯」，誤。說見上。

二十七葉十八行疏　其言未必可信。　「信」上要無「可」字。

二十八葉一行疏　禹治水未。已竄三苗。　「未」，殿、庫作「末」。○浦鏜《正字》：禹治水未，已竄三苗。「未」下疑脱「平」字。○盧文弨《拾補》：禹未治水，已竄三苗。「禹未治水」，毛本作「禹治水未」，譌。○阮元《校記甲》：禹治水未，已竄三苗。浦鏜云：「未」下疑脱「平」字。許宗彥云：「未」字當在「禹」下「治」上。阮元《校記乙》同。○《定本校記》：禹治水未。盧氏云「未」字當在「治」上。

二十八葉二行經　**厥土惟黃壤。**「土」，魏作「田」。

二十八葉三行經　**厥賦中下。**「下」，魏作「上」。

二十八葉三行疏　**(傳)田第一至功少。**○《定本校記》：傳田第一至功少。「田」，〔足利〕八行本誤作「曰」。

二十八葉三行疏　**正義曰。**「正」，平作「工」。

二十八葉四行疏　**此州降之極。**「此」，平作「比」。

二十八葉五行疏　**凡居民。**「凡」，永作「几」。

二十八葉五行疏　**量地以制邑。**「制」，阮作「致」。

二十八葉七行疏　**即爲此差。**「差」，十作「羌」，永作「羌」。

二十八葉七行疏　**此非永定也。**「永」，平作「水」。

二十八葉八行注　**皆玉名。**「玉」，平作「王」。○阮元《校記甲》：皆玉名。「玉名」，纂傳作「美玉」。

二十八葉八行注　琅玕。石而似玉△。　「玉」，八、王、纂、魏、平、岳、毛、殿、庫作「珠」。○山井鼎《考文》：琅玕，石而似珠。〔古本〕下有「者也」二字。謹按正、嘉、萬曆「珠」作「玉」，崇禎本與古本、宋板同。○浦鏜《正字》：琅玕，石而似珠。「珠」，監本誤「玉」。○盧文弨《拾補》：琅玕，石而似珠者。「者」，毛本脱，疏有，古本、史記集解皆有。○阮元《校記甲》：石而似玉。山井鼎曰：正、嘉、萬曆本「珠」作「玉」，毛氏本與古本、宋板同。按：岳本、纂傳俱作「珠」，與疏標目合。十行、閩、葛俱誤作「玉」。初學記地部上「琅玕，石似珠也」，注云：「出尚書注。」此作「珠」之證。古本「珠」下有「者也」二字，史記集解作「石名而似珠者」。○阮元《校記乙》：石而似玉。閩本、葛本同。岳本、纂傳「玉」作「珠」。萬曆本「珠」作「玉」，毛氏本與古本、宋板同。按：作「玉」誤也，作「珠」與疏標目合。初學記地部上「琅玕，石似珠也」，注云：「出尚書注。」此作「珠」之證。古本「珠」下有「者也」二字。史記集解作「石名而似珠者」。

二十八葉八行釋文　琅。音郎△。　「郎」，閩作「郞」。

二十八葉九行疏　傳球琳至似珠△。　○張鈞衡《校记》：傳球琳至似玉。阮本「玉」作「珠」，誤。下同。

二十八葉九行疏　西北之美者。　「北」，永作「比」。

二十八葉十行疏　美王名。　「王」，單、八、魏、平、十、永、毛、殿、庫、阮作「玉」。

二十八葉十一行注　沿河順流而北。　○阮元《校記甲》：沿河順流而北。正義曰：「沿」或誤爲「治」，此説禹行不説治水也。

二十八葉十二行注　在河東之西界。　○山井鼎《考文》：「河東之西界」下、「逆水西上」下、「山川首尾所在」下、「皆在雍州」下、「太岳上黨西」下、「東行」下、「而入滄海」下、「雍州之南山」下、「相首尾而東」下、「互相備」下、「荆山在荆州」下、「漢所經」下，〔古本〕共有「也」字。

二十八葉十三行疏　在金城河關縣西南羌中。　「羌」，十作「羗」，永作「羗」。

二十八葉十三行疏　東北入塞内。　「東」，要作「其」。

二十八葉十四行疏　千里而南。　「千」，毛作「于」。

二十八葉十五行疏　禹鑿以通河東郡之西界也。　○浦鏜《正字》：禹鑿以通河東郡之西界也。「也」，當衍字。　○盧文弨《拾補》：禹鑿以通河東郡之西界。毛本「界」下有「也」字，衍。

二十八葉十六行疏　禹至此渡河而還都白帝也。　「白」上平無「都」字。

二十八葉十七行釋文　上。時掌反。　「上」上平有「西」字。

二十九葉一行疏　諸州之末。　「末」，十作「未」。

二十九葉一行經　織皮。崐崘。析支。渠搜。西戎即敘。　○浦鏜《正字》：織皮，崐崘、析支、渠搜、西戎即叙。蘇氏軾以爲當在「厥貢惟球琳琅玕」之下，「浮于積石」之上。

二十九葉二行注　在荒服之外。　「在」上要有「皆」字。

二十九葉三行注　羌髳之屬。　「羌」，十作「羗」。

二十九葉三行注　皆就次敘。　「敘」，王作「序」。○阮元《校記甲》：皆就次敘。「敘」下史記集解有「之」字。

二十九葉三行注　美禹之功及戎狄也。　「狄」，永作「秋」。

二十九葉四行釋文　崘。魯門反。　「崘，魯門反」，平作「崐崘，下魯門反」。「魯」，阮作「曾」。

二十九葉四行釋文　崐崘在臨羌西。　「羌」，十作「羗」。

二十九葉四行釋文　馬云析支在河關西。　「支」，纂作「攴」。

二十九葉五行釋文　武紀云北發渠搜是也。　「紀」，永作「記」。

二十九葉五行疏　織皮至戎狄也。　「戎」上魏有「及」字。「狄」，永作「秋」。

二十九葉五行疏　四國皆衣皮毛。　「四」，要作「西」。

二十九葉六行疏　有此四國。　「國」上永無「四」字。

二十九葉六行疏　末以西戎摠之。　「末」，十作「未」。「摠」，要、毛、殿作「總」，庫作「緫」。

二十九葉八行疏　居此崑崙析支渠搜三山之野者。　「析」，十、永作「柝」。

二十九葉九行疏　西戎。西域也。　「域」，八作「城」。

二十九葉九行疏　鄭併渠搜爲一。　「搜」，永作「樓」。

二十九葉十行疏　所以孔意或是地名國號。不必爲山也。　○浦鏜《正字》：所以孔義或是地名國號，不必爲山也。「所以」二字，當衍。「國號」上疑脱「或是」字。○盧文弨《拾補》：所以孔意或是地名或是國號，不必爲山也。浦疑「所以」二字衍。「地名」下「或是」二字毛本無，浦增。當補。

二十九葉十行經　導岍及岐。　「導」，要作「道」。「岐」，王、纂、平作「歧」。

二十九葉十一行經　至于荆山。　「于」，李作「干」，庫作「於」。

二十九葉十二行注　故以山名之。「之」，八作「乏」。○《定本校記》：故以山名之。「之」，〔足利〕八行本誤作「乏」。

二十九葉十二行釋文　導。音道。○阮元《校記甲》：導，音道。「音」，葉本作「言」，誤。「導」、「道」見前。

二十九葉十二行釋文　字又作汧。「字又」，纂作「本亦」。

二十九葉十三行疏　導岍及岐。「岐」，平作「岐」。

二十九葉十三行疏　未得徑通。「未」，平作「末」。

二十九葉十四行疏　條説所治之山。「所」，永作「水」。「治」，閩作「冶」。

二十九葉十四行疏　因冀州在北。「北」，平作「比」，永作「此」。

二十九葉十五行疏　故自北爲始。「北」，十作「比」，永作「此」。

二十九葉十五行疏　地理志云。禹貢北條荆山。「理」，毛作「里」。「北」，阮作「比」。○浦鏜《正字》：地理志云：禹貢北條荆山云云。「理」，毛本誤「里」。○盧文弨《拾補》：地理志云：禹貢北條荆山。毛本「理」作「里」。「里」當作「理」。○阮元《校記甲》：地里志云：禹貢北條荆山。「里」，十行、閩、監俱作「理」，不誤。

二十九葉十六行疏　**故馬融王肅皆爲三條。**　「三」，十、永、閩作「二」。

二十九葉十六行疏　**導岍。北條。西傾。中條。**　○浦鏜《正字》：岍岐，北條，西傾，中條。「岍岐」誤「導岍」。○盧文弨《拾補》：岍岐，北條。毛本「岍岐」作「導岍」，浦改。當作「岍岐」。下同。

二十九葉十七行疏　**導岍爲陰列。西傾爲次陰列。**　「岍」，庫作「岓」。「陰」上庫有「正」字。○浦鏜《正字》：岍岐爲正陰列，西傾爲次陰列。「岍岐」誤「導岍」，「正」字脱。○盧文弨《拾補》：岍岐爲正陰列。毛本「岍岐」作「導岍」。「導岍」當作「岍岐」。毛本「爲」下脱「正」字，浦補。

二十九葉十七行疏　**嶓冢爲次陽列。岷山爲正陽列。**　「岷」，單、魏、十、永作「岻」。

二十九葉十八行疏　**荆岐上已具矣。**　「岐」，平作「岍」。

三十葉一行疏　**總解此下導山水之意也。**　「總」，單、八、魏、平、十、永、阮作「摠」。

三十葉二行疏　**吴岳在扶風岍縣西。**　○浦鏜《正字》：吴嶽在扶風岍縣西。「吴嶽」，漢志作「吴山」。「岍」作「汧」。○盧文弨《拾補》：吴岳在扶風岍縣西。「岳」，〔漢書地理〕志作「山」。「岍」，志作「汧」。

三十葉二行疏　**岐山在美陽縣西北。**　「岐」，平作「歧」。

三十葉三行注　**此謂梁山龍門西河。**　○《定本校記》：此謂梁山龍門西河。燉煌本、九條本、内野本無「西河」二字。清原宣賢手鈔本亦云二字家本無。

三十葉五行經　**至于太岳。**　「太」，王、平、閩作「大」。

三十葉五行注　**三山在冀州。**　「三」，纂作「二」。

三十葉六行注　**太岳。上黨西。**　○物觀《補遺》：大岳，上黨西。〔古本〕「岳」下有「在」字。○盧文弨《拾補》：太岳在上黨西也。「在」，毛本脱，古本、史記集解皆有。下「也」字同。○阮元《校記甲》：太岳上黨西。「岳」下古本、史記集解俱有「在」字，與疏合。阮元《校記乙》同。○《定本校記》：太岳在上黨西。燉煌本、九條本、内野本、足利本如此，清原宣賢手鈔本引家本同。阮氏云：有「在」字，與疏合。

三十葉七行疏　**雷首在河東蒲坂縣南。**　○浦鏜《正字》：雷首在河東蒲坂縣南。「坂」，漢志作「反」，故蒲地。水經注引應劭曰：秦始皇東巡，見有長坂，故加坂也。孟康曰：晉文公以賂秦，秦人還蒲於魏。魏人喜曰：蒲反矣。故曰蒲反也。

三十葉七行疏　**太岳在河東彘縣東。**　「太」，平作「大」。○浦鏜《正字》：太岳在河東彘縣。「太岳」，案：漢志作「霍大山」。

三十葉七行疏　以太岳東近上黨。　「太」，閩作「大」。

三十葉七行經　厎柱析城。　「厎」，纂作「底」。

三十葉八行釋文　厎。之履反。　「厎」，纂作「底」。

三十葉九行釋文　厎柱。山名。　「厎」，纂作「底」。

三十葉九行疏　析城在河東濩澤縣西。　○殿本《考證》：地理志云析城在河東濩澤縣西。臣浩按：漢志原文「西」字下有「南」字，疏脱耳。○浦鏜《正字》：析城在河東濩澤縣西南。脱「南」字。○盧文弨《拾補》：析城在河東濩澤縣西。毛本「西」下脱「南」字。

三十葉十行疏　王屋在河東垣縣東北。　「東」下平無「北」字。「北」，永作「比」。○浦鏜《正字》：王屋在河東垣縣東北。「王屋」，漢志作「黄屋」。

三十葉十行疏　厎柱在太陽關東。　平「在」上無「厎柱」二字，「太」作「大」，「關」作「縣」。

三十葉十行疏　析城之西。　「之」上平無「析城」二字。

三十葉十行疏　從厎柱至王屋。　「厎」，單、八、魏、十、永、閩、毛、殿、庫作「底」，平作「厎」。

三十葉十一行經　太行恒山。　「太」，阮作「大」。○阮元《校記甲》：太行。盧文弨云：釋文内「太」竝作「大」，此亦宋所改易。下竝同。

三十葉十三行釋文　行。户剛反。　「行」上平有「太」字。

三十葉十四行疏　太行山。　「太」，阮作「大」。

三十葉十四行疏　在常山上曲陽縣西北。　「北」，平作「比」。

三十葉十四行疏　太行去恒山太遠。　上「太」字阮作「大」，下「太」字平作「大」。

三十葉十六行疏　謂漳潞汾涑在壺口雷首太行。　「潞」，八作「路」。「涑」，毛作「涑」。「壺」，永作「壷」。「太」，魏、阮作「大」。○盧文弨《拾補》：謂漳潞汾涑。毛本「涑」作「涑」。「涑」當作「涑」。○《定本校記》：謂漳潞汾涑在壺口雷首太行。「在」，疑當作「出」。

三十葉十六行疏　經底柱析城。　「底」，魏、平、閩、庫、阮作「厎」。

三十葉十七行疏　淇近太行。　平「淇」作「其」，「淇」下無「近」字。「太」，阮作「大」。

三十葉十七行疏　恒衞滹沲滱易。　「沲」，要作「沱」。「滱」，永、閩作「滱」。

三十葉十七行疏　近恒山碣石之等也。　「恒」上平無「近」字。

三十葉十八行注　西傾朱圉。　「圉」，平作「圍」。

三十葉十八行注　鳥鼠。渭水所出。　○《定本校記》：鳥鼠，渭水所出。「水」字，燉煌本、九條本、内野本無，清原宣賢手鈔本引家本亦無。

三十一葉二行疏　西傾在隴西臨洮縣西南。　○殿本《考證》：地理志云，西傾在隴西臨洮縣西南。臣浩按：志於「西」字絶句，其下云「南部都尉治」。疏誤截「南」字爲句，非也。○盧文弨《拾補》：西傾在隴西臨洮縣西。毛本「西」下有「南」字，衍。漢書地理志下有「南部都尉」，誤連引。

三十一葉二行疏　朱圉在天水冀縣南。○浦鏜《正字》：朱圉在天水冀縣南。「圉」，漢志作「圄」，讀與「圉」同。

三十一葉二行疏　見河所經也。「河」，平作「可」。

三十一葉二行疏　在隴西首陽縣西南。「縣」，平作「山」。

三十一葉四行釋文　華。如字。「華」上平有「太」字。

三十一葉四行疏　地理志云。太華。「太」，單作「大」。

三十一葉六行注　東南在豫州界。「東」下平無「南」字。○《定本校記》：在豫州界。「界」字燉煌本、九條本、内野本無，清原宣賢手鈔本引家本亦無。

三十一葉六行注　伊經外方。「外方」，毛作「方外」。○盧文弨《拾補》：伊經外方。「外方」，毛本誤倒。○阮元《校記甲》：伊經方外。「方外」二字岳、葛、十行、閩、監俱倒，是也。

三十一葉七行注　而後條列所治水於下。○阮元《校記甲》：而後條列所治水於下。陸氏曰：「列」本或作「別」。阮元《校記乙》同。

三十一葉八行釋文　陪尾。山名。「陪」上平有「尾」字。

三十一葉八行釋文　漢書作横尾。　「横」，平作「儣」。

三十一葉八行釋文　列。如字。　「列」上平有「條」字。

三十一葉八行疏　四山至相備。　「山」下平無「至」字。

三十一葉九行疏　正義曰。　「正」，平作「王」。

三十一葉九行疏　熊耳山。　「熊」，平作「能」。

三十一葉九行疏　嵩高山。在潁川嵩高縣。　「潁」，平、要作「頴」，閩、阮作「穎」。○浦鏜《正字》：嵩高山，在潁川嵩高縣。「嵩高」之「嵩」，漢志上作「崇」，下作「崈」。師古曰：「崈」，古「崇」字。○盧文弨《拾補》：嵩高山在潁川嵩高縣。上「嵩」字漢書地理志作「崇」，古通。下「嵩」字漢書地理志作「崈」，亦通。○阮元《校記甲》：在潁川嵩高縣。「嵩」，纂傳作「崈」。

三十一葉十行疏　古文以爲陪尾山。　○浦鏜《正字》：古文以爲陪尾山。「陪」，漢志作「倍」。○盧文弨《拾補》：古文以爲陪尾山。「陪」，〔漢書地理〕志作「倍」。

三十一葉十一行疏　洛出熊耳。　○《定本校記》：洛出熊耳。「出」字傳作「經」。

三十一葉十二行經　導嶓冢。　「冢」，毛作「冡」。○盧文弨《拾補》：導嶓冢。「冢」，毛本作「冡」，譌。

三十一葉十三行注　漾水出嶓冢△。「冢」，平作「家」。

三十一葉十三行注　荆山在△荆州。「在」，李作「任」。

三十一葉十三行釋文　漾△。羊尚反。○阮元《校記甲》：漾。葉本作「瀁」。

三十一葉十四行疏　下云嶓△冢△導漾。平「嶓」作「畨」，「冢」作「家」。

三十一葉十四行疏　岷△嶓既藝。「岷」，單、魏、十、永作「岻」。

三十一葉十五行注　内方。大別。二△山名。「二」，平作「一」。

三十一葉十七行疏　大別在廬江安豐△縣。「豐」，平作「豊」。

三十一葉十七行疏　大別在安豐△縣西南。「豐」，平作「豊」。

三十一葉十八行疏　然後楚乃濟△漢而陳。「濟」，平作「齊」。

三十一葉十八行疏　自小別至于△大別。「于」，要作「於」。

三十一葉十八行疏　無緣得在安豐△縣。「豐」，平作「豊」。

三十二葉一行疏　必在荆州界也△。「界」下要無「也」字。

三十二葉一行經　岷△山之陽。「岷」，石、魏、十、永作「岻」。

三十二葉二行注　岷△山。江所出。「岷」，魏、十、永作「岻」。

三十二葉二行疏　岷山至荆州。　「岷」，單、魏、十、永作「崏」。

三十二葉三行疏　其下云岷山導江。　「岷」，單、魏、十、永作「崏」。

三十二葉三行疏　梁州岷嶓既藝。　「岷」，單、魏、十、永作「崏」。

三十二葉三行疏　是岷山在梁州也。　「岷」，單、魏、十、永作「崏」。

三十二葉三行疏　地理志云衡山在長沙湘南縣東南。　「湘」，八作「相」。○《定本校記》：衡山在長沙湘南縣東南。「湘」，〔足利〕八行本誤作「相」。

三十二葉四行疏　在荆州也。　「在」，魏作「名」。

三十二葉五行注　言衡山連延過九江。　「九」，魏、平作「也」。○山井鼎《考文》：言衡山連延過九江。〔古本〕「連」上有「東」字。○盧文弨《拾補》：言衡山東連延過九江。「東」，毛本無，古本有。當據補。○阮元《校記甲》：言衡山連延過九江。「連」上古本有「東」字。○《定本校記》：言衡山連延過九江。九條本「連」作「東」字。燉煌本「連」上增「東」字。内野本、足利本「東」、「連」字俱有。

三十二葉五行注　接敷淺原。　「原」，魏、平作「源」。○山井鼎《考文》：接敷淺原。〔古本〕下有「也」字。○盧文弨《拾補》：接敷淺原也。「也」，毛本無，古本有。當據補。

三十二葉五行注　言導從首起。言陽從南。　○山井鼎《考文》：言陽從南。〔古本〕下有

「起也」二字。○盧文弨《拾補》：言導從首起，言陽從南起也。「起也」二字，毛本無，古本有。當據補。○阮元《校記甲》：言陽從南。「南」下古本有「起也」二字。

三十二葉六行注　一名博陽山。○殿本《考證》：一名博陽山。据漢志應作「傅陽山」。○岳本《考證》：一名博陽山。「博陽」，漢書地理志豫章郡歷陵注作「傅陽」。

三十二葉六行注　在揚州豫章界。「揚」，李、王、十、永作「楊」。○山井鼎《考文》：「豫章界」下、「流沙東」下、「入流沙」下、「入南海」下、「以通流」下〔古本〕並有「也」字。

三十二葉七行疏　東行連延過九江之水。「行」，平作「衡」。

三十二葉七行疏　而東接於敷淺原之山也。「原」，魏作「源」。

三十二葉七行疏　岷山言陽。「岷」，單、魏、十、永作「崏」。

三十二葉八行疏　言岷山之南至敷淺原。「岷」，單、魏、十、永作「崏」。

三十二葉八行疏　別以岷山爲首。「岷」，單、魏、十、永作「崏」，平作「岠」。

三十二葉九行疏　以見岷非三條也。「岷」，單、魏、十、永作「崏」。

三十二葉九行疏　豫章歷陵縣南有博陽山。古文以爲敷淺原。○浦鏜《正字》：歷陵縣南有博陽山，古文以爲敷淺原。案：「博陽」，漢志作「傅昜」，「敷」作「博」。師古曰：「傅」，讀曰敷，「昜」，古「陽」字。朱長孺曰：韻會：「敷」古作「尃」，隸作「傅」。史記世家「傅鍚庶民」，漢文「傅納以言」是也。「博陽山」字當作「敷」，「敷」轉爲「傅」，「傅」轉爲「博」耳。○盧文弨《拾補》：豫章歷陵縣南有博陽山，古文以爲敷淺原。「博」，漢書地理志作「傅」。「敷」，〔漢書地理〕志亦作「傅」。朱鶴齡云：「博陽」當作「傅陽」。○阮元《校記甲》：豫章歷陵縣南有博陽山。浦鏜云：「博陽」，漢志作「傅易」。師古曰：「傅」讀曰「敷」，「易」，古「陽」字。朱長孺曰：韻會：「敷」古作「敷」，隸作「傅」。史世家「傅錫庶民」，漢文「傅納以言」是也。「博陽山」字當作「敷」，「敷」轉爲「傅」，「傅」轉爲「博」耳。按：此或刊本之誤。傳中「博」字疑亦當作「傅」，但陸氏不爲音，未可遽改。阮元《校記乙》同。

三十二葉九行經　導弱水。○盧文弨《拾補》：導弱水。古文「弱」作「溺」，説文同。○阮元《校記甲》：導弱水。陸氏曰：「弱」本或作「溺」。阮元《校記乙》同。

三十二葉九行經　至于合黎。「于」，平作「干」。

三十二葉十行釋文　馬云地名。「馬」，魏作「焉」。

三十二葉十二行疏　與諸水不相參涉。「參」，八作「叄」。

三十二葉十三行疏　其濟發源河北。「源」，要作「原」。

三十二葉十三行疏　越河而南。「而」，平作「南」。

三十二葉十三行疏　故後言之。　「言」上要無「後」字。

三十二葉十四行疏　弱水黑水沇水。　「黑水」下要無「沇水」二字。

三十二葉十六行疏　淮渭洛先水後山。　「先」，閩作「先」。

三十二葉十六行疏　又淮渭洛言自某山者。　「又」，平作「入」。

三十二葉十八行疏　何須别導與自。　「自」，平作「目」。

三十二葉十八行疏　㊝合黎至沙東。　「沙」下十、永、阮無「東」字。○阮元《校記甲》：傳合黎至沙東。十行本脱「東」字。○阮元《校記乙》：傳合黎至沙。毛本「沙」下有「東」字。

三十三葉一行疏　顧氏云。　「云」，平作「六」。

三十三葉一行疏　地説書。合黎山名。　「説」，殿、庫作「記」。○浦鏜《正字》：地説書，合黎山名。「説」，疑「記」字誤。

三十三葉一行疏　但此水出合黎。　「但」，八作「但」。

三十三葉二行疏　桑欽以爲導弱水自此西至酒泉合黎。　「酒」，平作「酉」。

三十三葉二行疏　張掖郡又有居延澤。　「又」，平作「乂」。

三十三葉三行疏　「居延屬張掖」至「成臯縣山。又不」。　此一版單爲抄配。

三十三葉三行疏　則流沙在合黎之東。「沙」下永無「在」字。

三十三葉四行疏　餘波入于流沙。「流」，魏作「波」。

三十三葉五行注　弱水餘波西溢入流沙。「流」，平作「㐬」。

三十三葉六行注　過梁州。入南海。「海」，要作「河」。○盧文弨《拾補》：過梁州，入南海也。「也」，毛本無，古本、史記集解皆有。當據補。

三十三葉七行疏　計在蜀郡西南三千餘里。「南」，十、永、閩作「幸」。「三」，平作「二」。

三十三葉七行疏　故滇王國也。「王」，永作「正」。「王」下十無「國」字。

三十三葉九行疏　南流至敦煌。「敦」，單、八、魏、平、十、永、閩、阮作「燉」。

三十三葉九行疏　然張掖敦煌。「敦」，單、八、魏、要、閩、阮作「燉」，平作「⿰亻敦」，永作「燉」。

三十三葉十行疏　皆多伏流。故黑水得越而南也。「伏」，閩作「伕」。

三十三葉十一行注　施功發于積石。「于」，阮作「於」。

三十三葉十一行注　至于龍門。「于」，平作「干」。

三十三葉十二行疏　河源不始於此。「於」，單、要作「于」。

三十三葉十二行疏　故言施功發於積石。「於」，要、阮作「于」。

三十三葉十三行疏　又東乃南行至于龍門。　「于」，單作「於」。

三十三葉十三行疏　計應三千餘里。　「千」，魏、十作「十」。

三十三葉十三行疏　龍門厎柱。　「厎」，要作「底」。

三十三葉十五行疏　故水色白。　「水」，平作「云」。

三十三葉十六行疏　蒲昌海一名鹽澤者。　○浦鏜《正字》：蒲昌海一名鹽澤者也。脱「也」字。○盧文弨《拾補》：蒲昌海一名鹽澤者也。「也」，毛本脱。

三十三葉十六行疏　去玉門陽關三百餘里。　「關」，八作「開」。

三十三葉十七行疏　廣袤三四百里。其水停居。　「袤」，十作「茇」。○浦鏜《正字》：廣袤三四百里，其水停居。漢書無「四」字，「停」作「亭」。○盧文弨《拾補》：廣袤三四百里，其水停居。漢書〔西域傳〕無「四」字。「停」，本作「亭」。

三十三葉十七行疏　南出于積石。　「于」，閩作「干」。

三十三葉十七行疏　其出崑崙。里數遠近。未得詳也。　「出」，單、八、魏、平、要、十、永、閩、殿、庫、阮作「去」。「里」，平作「至」。○物觀《補遺》：其出崐崘。〔宋板〕「出」作「去」。○盧文弨《拾補》：其去崐崘，里數遠近未得詳也。毛本「去」作「出」。「出」當作「去」。○阮元《校記甲》：其出崐崘里數遠近。「出」，宋板、十行、閩本俱作「去」，是也。

三十三葉十八行注　河自龍門南流。至華山。北至東行。　下「至」字，八、李、王、纂、平、岳、殿、庫作「而」。○山井鼎《考文》：河自龍門南流至華山，北至東行。〔古本〕「華」下有「陰」字。下「至」作「而」。宋板同，但無「陰」字。○殿本《考證》：至華山北而東行。「而」，監本訛「至」。今改正。○浦鏜《正字》：河自龍門南流至華山，北而東行。「而東」誤「至東」，從史記正義挍。○岳本《考證》：至華山北而東行。「而」，監本及汲古閣、永懷堂本並訛「至」。惟殿本作「而」，與此同。○盧文弨《拾補》：河自龍門南流，至華陰山，北而東行。「陰」，毛本脱，古本、史記集解皆有。「而」，毛本作「至」。「至」當作「而」。○阮元《校記甲》：河自龍門南流，至華山，北至東行。「華」下古本、史記集解俱有「陰」字。「至」，古本、岳本、宋板、史記集解、纂傳俱作「而」。阮元《校記乙》同。○《定本校記》：至華山，北而東行。「華」下九條本、内野本、足利本俱有「陰」字。

三十四葉一行經　東至于厎柱。　「厎」，纂作「底」。

三十四葉一行注　厎柱。山名。　「厎」，纂作「底」。

三十四葉二行注　若柱然在西虢之界。　○山井鼎《考文》：若柱然。〔古本〕下有「也」字。「在西虢之界」下、「孟津地名」下、「古今以爲津」下、「洛入河處」下、「而北行」下、「大陸澤名」下、「在兗州界」下、「入于渤海」下共同。○阮元《校記甲》：山見水中，若柱然。

「柱」上纂傳有「底」字。阮元《校記乙》同。○孫詒讓《校記》：周禮野廬氏職疏引此注亦無「底」字。

三十四葉二行釋文　見。賢遍反。　「見」上平有「山」字。

三十四葉二行釋文　虢。寡白反。　「虢」，魏作「號」。「寡」，平作「劣」。「白」，魏作「曰」。○阮元《校記甲》：虢，寡白反。毛居正曰：「白」作「曰」，誤。

三十四葉四行釋文　洛北。地名。　「北」，十、永作「地」。○阮元《校記甲》：孟津，洛北，地名。「北」，十行本誤作「地」。

三十四葉四行疏　正義曰。　「曰」，平作「口」。

三十四葉六行疏　呼爲武濟。　「濟」，庫作「津」。

三十四葉六行經　東過洛汭。至于大伾。　○阮元《校記甲》：東過洛汭，至于大伾。陸氏曰：「伾」，本又作「岯」。按：段玉裁云：東京賦「底柱輟流，鐔以大岯」。善注引「東過大岯」，此正釋文又作之本也。阮元《校記乙》同。○《定本校記》：至于大岯。「岯」，各本作「伾」。今據疏改。傳放此。案：陸氏釋文云：「伾」，本又作「岯」。

三十四葉七行注　至于大伾而北行。　「北」，平作「比」。

三十四葉七行釋文　伾。本或作岯。　「或」，纂作「亦」，平、殿、庫作「又」。○山井鼎《考文》：伾，本或作岯。〔經典釋文〕「或」作「又」。○阮元《校記甲》：伾，本又作岯。「又」，十行本、毛本俱作「或」。

三十四葉八行釋文　徐扶眉反。又敷眉反。韋音嚭。郭撫梅反。字或作駓。　「嚭」，纂作「韶」，毛作「噽」。「撫」，永作「橅」。「駓」，殿、庫作「駍」。「駓」下平、殿、庫有「處，昌慮反」四字。○山井鼎《考文》：[補脱]處，昌慮反〔據經典釋文〕。[謹按]當在「字或作駓」下。○浦鏜《正字》：徐扶眉切。郭撫梅切。案：毛氏居正云：「扶」當作「蒲」。「撫」當作「浦」。○阮元《校記甲》：字或作駓。「駓」，葉本作「駍」字。按：夏本紀、水經作「邳」。段玉裁云：疑即「駍」字之異體。○張鈞衡《校記》：郭橅梅反。阮本「橅」作「撫」，誤。

三十四葉八行疏　洛汭至北行。　「汭」，平作「内」。

三十四葉九行疏　釋山云。再成英。一成岯。　「岯」，毛作「伾」。○浦鏜《正字》：釋山云：再成英，一成伾。「伾」，監、閩本作「岯」，爾雅作「坯」。○盧文弨《拾補》：再成英，一成岯。毛本「岯」作「伾」。「伾」當作「岯」。○阮元《校記甲》：一成伾。「伾」，十行、閩、監俱作「岯」。○阮元《校記乙》：一成岯。閩本、明監本同。毛本「岯」作「伾」。

三十四葉九行疏　傳云。再成曰岯。　「岯」，殿、庫作「伾」。○盧文弨《拾補》：傳云：再成曰岯。「岯」，此當依傳作「伾」。

三十四葉十行疏　大岯在脩武武德之界。　「岯」，殿、庫作「伾」。「脩」，單、殿、庫、阮作「修」。

三十四葉十行疏　張揖云。　「揖」，平作「楫」。

三十四葉十行疏　以爲脩武武德無此山也。　「脩」，單、殿、庫作「修」。

三十四葉十一行疏　又不三成。　「三」，單、八、魏、平、永、閩、毛、殿、庫、阮作「一」，十作一字空白。○浦鏜《正字》：成皋縣山，又不一成。「一」，監本誤「三」。案：此字當依傳作「再」。○盧文弨《拾補》：成皋縣山，又不一成。「一」，浦云當從傳作「再」。○阮元《校記甲》：又不一成。「一」，監本誤作「三」。

三十四葉十一行疏　今黎陽縣山臨河。　「河」，平作「汀」。

三十四葉十一行疏　豈不是大岯乎。　「岯」，殿、庫作「伾」。「乎」，單作「平」。

三十四葉十一行經　北過降水。　○山井鼎《考文》：北過降水，至于大陸。蔡沈集傳本「降」作「洚」。○盧文弨《拾補》：北過降水。「降」，史記及漢書溝洫志、石經皆同。蔡傳作「洚」，與漢書地理志同。○阮元《校記甲》：北過降水。「降」，蔡氏作「洚」。按：此與大禹謨「降水」字同義異。説文：洚，水不遵道，一曰下也。然則禹謨「降」字可作「洚」，此「降」字必不可作「洚」也。唐石經、宋臨安石經亦俱作「降」。知自古無作「洚」者。阮元《校記乙》同。

三十四葉十三行疏　降水在信都縣。案班固漢書。以襄國爲信都。○浦鏜《正字》：降水在信都縣。「降」，漢志作「洚」。○盧文弨《拾補》：降水在信都縣。案：班固漢書以襄國爲信都。「降」，漢書地理志作「絳」字。「襄國」，「廣川國」之誤。若襄國是趙國屬縣，無爲信都之説，亦不云降水在其地。

三十四葉十三行疏　在大陸之内。「内」，單、八、魏、平、毛、殿、庫作「南」。○浦鏜《正字》：班固漢書，以襄國爲信都，在大陸之南。「南」，監本誤「内」。○阮元《校記甲》：在大陸之南。「南」，十行、閩、監俱作「内」。○阮元《校記乙》：在大陸之内。閩本、明監本同。毛本「内」作「南」。

三十四葉十四行疏　鄭以降讀爲降。下江反。「下江反」三字，單、八、要作雙行小字，爲疏中小注。

三十四葉十五行疏　河内共縣淇水出焉。「淇」，魏、平作「其」。

三十四葉十五行疏　北近降水也。「北」，單、八、魏、平、要作「此」。○山井鼎《考文》：北近降水也。〔宋板〕「北」作「此」。○盧文弨《拾補》：此近降水也。毛本「此」作「北」。

「北」當作「此」。○阮元《校記甲》：北近降水也。「北」，宋板作「此」。阮元《校記乙》同。

三十四葉十五行疏　**周時國於此地者。**　「於」，庫作「于」。

三十四葉十五行疏　**此鄭胷臆。**　「此」，庫作「比」。「胷」，平作「胷」。

三十四葉十七行注　**同合爲一大河。**　「同」，十、永作「間」。

三十四葉十八行注　**而入於渤海。**　「於」，毛作「于」。○《定本校記》：而入於渤海。「入」下燉煌本、九條本有「之」字。

三十四葉十八行釋文　**渤。蒲兀反。**　「蒲兀反」，毛作「反蒲兀」。「兀」，平作「没」。○山井鼎《考文》：渤，反蒲兀。［正誤］當作「渤，蒲兀反」。物觀《補遺》：經典釋文作「渤，蒲兀反」。○浦鏜《正字》：渤，蒲兀切。「切」字，毛本誤在「蒲兀」上。

三十五葉二行經　**嶓冢導漾。**　○盧文弨《拾補》：嶓冢導漾。毛本「漾」作「瀁」，誤。毛云：「漾，从水，从羊，从永。」前后竝同。

三十五葉三行注　**泉始出山爲漾水。**　「山」，平作「上」。

三十五葉四行注　**至漢中東流爲漢水。**　「流」，八、王、纂、魏、平、要、岳作「行」。○山井鼎《考文》：至漢中東流爲漢水。〔古本〕「流」作「行」，「水」下有「也」字。○盧文弨《拾補》：

至漢中東流爲漢水。「流」，古本作「行」。○阮元《校記甲》：至漢中東流爲漢水。「流」，古本、岳本俱作「行」。按：纂傳作「流」。阮元《校記乙》同。

三十五葉四行疏　泉始至漢水。「至」，閩作「爲」。

三十五葉五行疏　漾水出隴西氐道縣。○浦鏜《正字》：漾水出隴西氐道縣。「漾」，漢志作「養」。師古曰：字本作「漾」，或作「瀁」。

三十五葉五行疏　孔知嶓冢之東漢水之西。「漢」，平作「漾」。

三十五葉六行疏　是沔近于渭。「于」，單、八、平、十、永、閩作「於」。

三十五葉七行疏　明與此沔別也。「沔」，殿作「汚」。○《薈要》案語：明與此沔別也。刊本「沔」訛「汚」，今改。

三十五葉八行疏　乃入于江也。「于」，阮作「於」。

三十五葉八行注　別流在荆州。○山井鼎《考文》：別流在荆州。〔古本〕「流」下有「也」字。○盧文弨《拾補》：別流也，在荆州。「也」，毛本無，古本、史記集解皆有。當據補。○阮元《校記甲》：別流在荆州。「流」下古本有「也」字。

三十五葉十行疏　以上在梁州。「以」，阮作「又」。

三十五葉十一行注　觸山迴南入江。「迴」，王、纂作「回」。○山井鼎《考文》：觸山迴南入江。〔古本〕「入江」作「入于江也」。○浦鏜《正字》：觸山迴南入江。「江」，監本誤「沍」。○阮元《校記甲》：觸山迴南入江。「入江」，古本作「入于江也」。監本「江」誤作「沍」。

三十五葉十一行釋文　觸。切韻尺玉反。「觸」下殿、庫無「切韻」二字。「玉」，王作「王」。

三十五葉十二行經　東匯澤爲彭蠡。東爲北江入于海。○浦鏜《正字》：東匯澤爲彭蠡。「東」爲「北」。又：東匯澤爲彭蠡，東爲北江入于海。案：鄭氏樵以此一十三字爲衍文，朱子取之。

三十五葉十二行注　水東迴爲彭蠡大澤。○山井鼎《考文》：彭蠡大澤。〔古本〕下有「也」字。

三十五葉十三行釋文　匯。徐胡罪反。「徐」下纂有「音」字。

三十五葉十三行注　自彭蠡江分爲三。○阮元《校記甲》：分爲三。「三」下史記集解有「道」字。阮元《校記乙》同。

三十五葉十四行注　遂爲北江而入海。「而」下岳有「南」字。○山井鼎《考文》：而入海。〔古本〕作「而入于海也」。○阮元《校記甲》：遂爲北江而入海。岳本「入」上有「南」

字。古本「入海」作「入于海也」。按：史記集解、纂傳俱與今本同。阮元《校記乙》同。

三十四葉十四行疏　揚州云三江既入。「揚」，平、十作「楊」。

三十五葉十五行疏　震澤底定。「底」，要、永作「底」。

三十五葉十五行疏　孔爲三江既入。入震澤也。○浦鏜《正字》：孔爲三江既入，入震澤也。「孔」下當脱「以」字。○盧文弨《拾補》：孔以爲三汪（江）既入，入震澤也。「以」，毛本脱。浦補。

三十五葉十五行疏　故言江自彭蠡分而爲三江。○浦鏜《正字》：故言江自彭蠡分而爲三江。下「江」字疑衍。○盧文弨《拾補》：故言江自彭蠡分而爲三。「三」下毛本有「江」字，衍。

三十五葉十六行疏　以震澤屬揚州。「揚」，魏、平作「楊」。

三十五葉十六行疏　彭蠡在揚州之西界。「揚」，八、魏、平作「楊」。

三十五葉十七行疏　則震澤之西三江具矣。「澤」，平作「宅」。

三十五葉十七行疏　今云三江既入。「三」，十作「一」。

三十五葉十七行疏　繼以震澤底定。「底」，要、永作「底」。

三十五葉十七行疏　**故知三江入震澤矣。**　「知」，庫作「云」。

三十五葉十八行疏　**今南人以大江不入震澤。震澤之東。**　「之」上魏不重「震澤」二字。

三十五葉十八行疏　**別有松江等三江。**　「三」，單作「二」。

三十五葉十八行疏　**揚州其川曰三江。**　「揚」，魏、平作「楊」。「川」，平作「州」。

三十六葉一行疏　**周禮不應捨岷山大江之名。**　「岷」，單作「岻」。

三十六葉一行疏　**山水同今變易。**　「同」，殿、庫作「古」。○浦鏜《正字》：山水同今變易。當有脱字。○盧文弨《拾補》：山水古今變易。毛本「古」作「同」。「同」當作「古」。○阮元《校記甲》：山水同今變易。許宗彥曰：「同」，葢「古」字誤。案：宗彥説得之。下云「是古今同之驗也」，「同」上亦疑脱「不」字。阮元《校記乙》同。○《定本校記》：山水同今變易。「同」，殿本改作「古」。

三十六葉二行疏　**是古今同之驗也。**　○盧文弨《拾補》：是古今不同之驗也。「不」，毛本脱。○劉承幹《校記》：是古今同之驗也。阮本同，云：「同」上疑脱「不」字。○《定本校記》：是古今同之驗也。盧氏云：「同」上脱「不」字。

三十六葉二行經　**岷山導江。**　「岷」，石作「岻」。

三十六葉三行注　**沱東行。**　○山井鼎《考文》：沱東行。〔古本〕下有「也」字。

三十六葉三行釋文　沱。唐河反。　「唐」，纂作「東」。「河」，王、纂、魏作「何」。

三十六葉三行疏　以上云浮于江沱潛漢。　「于」，平作「千」。

三十六葉四行經　又東至于澧。　「東」下要有「行」字。○阮元《校記甲》：又東至于澧。案：「澧」，史記、漢書俱作「醴」。鄭氏以「醴」爲陵名，亦不從水。史記索隱曰：騷人所歌「濯余佩於醴浦」，明「醴」是水。孔安國、馬融解得其實。又：虞喜志林以「醴」是江沅之別流，而「醴」字作「澧」也。據此，則以「醴」爲「澧」始於虞喜志林。安國本作「醴」，與馬、鄭同耳。阮元《校記乙》同。

三十六葉四行注　澧。水名。　○物觀《補遺》：澧，水名。〔古本〕下有「也」字。

三十六葉四行釋文　澧。音禮。　○阮元《校記甲》：澧，音禮。「澧」，葉本作「醴」字。按：作「醴」是也。詳注疏挍勘記。

三十六葉五行疏　鄭玄以此經自導弱水已下。　「已」，要作「以」。

三十六葉六行疏　孔以合黎與澧。　「澧」，魏作「禮」。

三十六葉七行疏　濯余佩兮澧浦。　「濯」，平作「翟」。「兮」，殿作「分」。○浦鏜《正字》：濯余佩兮澧浦。「濯」，楚辭作「遺」。○《薈要》案語：濯余佩兮澧浦。刊本「兮」訛「分」，今改。○盧文弨《拾補》：濯余佩兮澧浦。「濯」，〔楚辭〕本作「遺」。

三十六葉七行疏　是澧亦是水名。「是」，單、八、魏、平、要、永、毛、阮作「爲」。「水」，單作「木」。

三十六葉十行經　東池北會于匯。○顧炎武《九經誤字》：東池北會于匯。石經及監本注疏皆同。按：史記夏本紀亦作「于匯」。今本作「爲匯」，非。○山井鼎《考文》：東池北會于匯。蔡本「于」作「爲」。○浦鏜《正字》：東池北會于滙。「于」，本或作「爲」。石經及史記亦作「于」字。今案：金氏履祥以爲若至彭蠡，則江漢合流久矣，當作「北會于漢」。○盧文弨《拾補》：東池北會于匯。「于」，石經、史、漢竝同。蔡傳作「爲」。薛同。○阮元《校記甲》：東池北會于匯。顧炎武曰：石經及監本注疏皆同。史記夏本紀亦作「于匯」。今本作「爲匯」，非。石經考文提要云：坊本作「爲匯」，沿董鼎書傳。阮元《校記乙》同。

三十六葉十行注　東溢分流。都其北會爲彭蠡。「其」，八、王、纂、魏、要、岳、毛、殿、庫、阮作「共」。○山井鼎《考文》：都共北會爲彭蠡。〔古本〕無「爲」字。「蠡」下有「也」字。

謹按「共」，正、嘉作「其」，爲非。○浦鏜《正字》：東溢分流，都共北會爲彭蠡。「共」，監本誤「其」。○盧文弨《拾補》：東溢分流，都其北會彭蠡。「會」下毛本衍「爲」字。疏無。古本、史記集解竝同。○阮元《校記甲》：都共北會爲彭蠡。「共」，葛本、十行、正、嘉、監俱誤作「其」。古本無「爲」字，與疏及史記集解合。按：經文「于」作「爲」，傳中加「爲」字，其誤一也。○阮元《校記乙》：都其北會爲彭蠡。葛本、正、嘉本、監本同。毛本「其」作「共」。案：「其」字誤也。又古本無「爲」字，與疏及史記集解合。按：經文「于」作「爲」，傳中加「爲」字，其誤一也。○《定本校記》：都共北會彭蠡。燉煌本、九條本、内野本、足利本如此，清原宣賢手鈔本引家本同。注疏本「會」下衍「爲」字。

三十六葉十一行疏　又都共聚合。「又」，要作「北」。

三十六葉十三行注　有北。有中。南可知。「北」，阮作「比」。○山井鼎《考文》：「南可知」下、「西北平地」下、「敖倉東南」下、「丘再成」下、「荷澤之水」下、「濟與汶合」下、「出馮翊北」下、「合於鞏之東」下、「已可居」下〔古本〕並有「也」字。○盧文弨《拾補》：有北，有中，南可知也。「也」，毛本無。皆〔古〕有。當據補。

三十六葉十四行疏　中江。從丹陽蕪湖縣西東至會稽陽羡縣東入海。「蕪」，單、八、魏、平、十、永、阮作「無」。「東」，八作「東」。○盧文弨《拾補》：中江，從丹陽蕪湖縣西東至會稽陽羡縣入海。「西」下漢書地理志有「南」字。「入」字上毛本有「東」字，衍。志無。○孫詒讓《校記》：「無」，當爲「蕪」。○《定本校記》：中江，從丹陽無湖縣西。「無」字，閩本作「蕪」。

三十六葉十四行疏　北江。從會稽毗陵縣北東入海。「北」，阮作「比」。「東入」，阮作「入于」。○張鈞衡《校記》：北江，從會稽毗陵縣北東入海。阮本作「北江，從會稽毗陵縣北入于海」。

三十六葉十四行經　導沇水。「導」，魏、要作「道」。

三十六葉十五行經　東流爲濟。○《定本校記》：東流爲濟。九條本、内野本無「流」字，清原宣賢手鈔本亦云家本無「流」字。

三十六葉十五行注　泉源爲沇。「源」，魏作「流」。

三十六葉十五行注　在温西北平地。「北」，王作「比」。

三十六葉十六行疏　濟水在河東垣縣王屋山東南。「在」，單、八、魏、平、要、永、殿、庫、阮作「出」。○物觀《補遺》：在河東垣縣。〔宋板〕「在」作「出」。○盧文弨《拾補》：濟水出河東垣縣王屋山。毛本「出」作「在」。「在」當作「出」。○阮元《校記甲》：濟水在河東垣縣王屋山。「在」，宋板作「出」。阮元《校記乙》同。

三十七葉一行注　並流十數里。而南截河。○阮元《校記甲》：並流十數里，而南截河。陸氏曰：「數」，一本作「所」。

三十七葉一行注　溢爲滎澤。「滎」，永作「榮」。

三十七葉一行注　在敖倉東南。○盧文弨《拾補》：在敖倉東南。「敖」，从士，从方，从攵。今毛本从主下方，譌。

三十七葉二行釋文　數。色主反。「主」，纂、魏、平作「住」。○阮元《校記甲》：數，色主反。「主」，葉本作「住」，是也。

三十七葉二行釋文　一本作十所。「所」，纂作「𠭥」。

三十七葉三行經　東出于陶丘北。○《定本校記》：東至于陶丘北。各本「至」字作「出」。今用燉煌本、九條本。案：段氏玉裁古文尚書撰異云：禹貢道水罕言「出」者，此經「出」字，當依説文作「至」。

三十七葉三行注　陶丘。丘再成。○盧文弨《拾補》：陶丘，丘再成者也。「者也」二字，毛本脱，史記集解有。古本無「者」字。

三十七葉四行疏　釋丘丘。再成爲陶丘。「釋丘丘」，單、八、魏、平、十、永、閩、殿、阮作「釋丘云」。○物觀《補遺》：釋丘丘。〔宋板〕下「丘」作「云」。○浦鏜《正字》：釋丘云：再成爲陶丘。「云」，誤「丘」。○盧文弨《拾補》：釋丘云：丘再成爲陶丘。「云」，毛本脱。○阮元《校記甲》：邱再成爲陶邱。上「邱」字，宋板、十行俱作「云」，是也。

三十七葉五行注　菏澤之水。　○物觀《補遺》：菏澤。古本「菏」作「荷」。○阮元《校記甲》：菏澤之水。「菏」，古本作「荷」。阮元《校記乙》同。

三十七葉六行經　又北東入于海。　「北東」，魏作「東北」。

三十七葉七行注　桐柏山。　「柏」，王作「栢」。

三十七葉十行注　與泗沂二水合入海。　「入」下王有一字空白，岳有「于」字。○阮元《校記甲》：與泗沂二水合入海。「泗」，葛本誤作「四」。「合入海」，岳本作「合入于海」，與疏標目不合。纂傳作「合而入海」。按：史記集解與今本同。阮元《校記乙》同。

三十七葉十一行疏　至臨淮睢陵縣入淮。　「陵」下要無「縣」字。

三十七葉十一行疏　乃沂水先入泗。　「乃」，永作「方」。

三十七葉十一行疏　以沂水入泗處。　「沂」，要作「其」。

三十七葉十二行注　鳥鼠共爲雌雄。　「雌雄」，八、李、王、纂、魏、平、要、岳作「雄雌」。○物觀《補遺》：鳥鼠共爲雌雄。〔古本〕「雌雄」作「雄雌」，宋板同。○盧文弨《拾補》：鳥鼠共爲雄雌。「雄雌」，毛本倒。元本疏亦作「雄雌」。○阮元《校記甲》：鳥鼠共爲雌雄。「雌雄」二字，古本、岳本、宋板俱倒，與史記集解合。纂傳與今本同。阮元《校記乙》同。

三十七葉十三行注　遂名山曰鳥鼠。　「遂」下纂有「以」字。

三十七葉十四行疏　釋文云鳥鼠同穴。其鳥爲鵌。其鼠爲鼵。李巡曰。鵌鼵鳥鼠之名。「文」，單、八、魏、平、要、永、阮作「鳥」。「爲鼵」，八作「爲鼡」，十作「爲⿰鼠炎」。「鵌鼵」，十作「鵌⿰鼠炎」。○山井鼎《考文》：釋文云：鳥鼠同穴。〔宋板〕「文」作「鳥」。○浦鏜《正字》：釋鳥云：鳥鼠同穴，其鳥爲鵌，其鼠爲鼵。「釋鳥」誤「釋文」。「鵌」，爾雅作「鵨」。○盧文弨《拾補》：釋鳥云：鳥鼠同穴，其鳥爲鵌，其鼠爲鼵。「釋鳥」，毛本作「釋文」。「釋文」當作「釋鳥」。「鵌」，爾雅作「鵨」。○阮元《校記甲》：正義曰：釋文云。「文」，宋板、十行俱作「鳥」，是也。

三十七葉十四行疏　鼵如人家鼠而短尾。「鼵」，十作「⿰鼠炎」。

三十七葉十五行疏　鵌似鵽而小。「鵌」，十作「⿰鳥余」。

三十七葉十五行疏　今在隴西首陽縣有鳥鼠同穴山。○浦鏜《正字》：今在隴西首陽縣鳥鼠同穴山中。「縣」下衍「有」字，「中」字脱。○盧文弨《拾補》：今在隴西首陽縣鳥鼠同穴山中。「縣」下毛本有「有」字，衍。「中」，毛本脱。浦補。

三十七葉十六行疏　尚書孔傳云共爲雌雄。「雌雄」，單、八、魏、平、要、十、永、閩、阮作「雄雌」。

三十七葉十六行疏　張氏地理記云不爲牝牡。　「牝」，平、永作「牞」。

三十七葉十六行疏　未知誰得實也。　○浦鏜《正字》：未知誰得其實也。脱「其」字。

三十七葉十七行疏　渭水所出。至京兆北船司空縣入河。　「船」，八、要作「㳂」，閩作「沿」。○山井鼎《考文》：至京兆北船司空縣入河。〔宋板〕「船」作「沿」，正、嘉二本同。[謹按]漢書地理志作「船」。作「沿」爲非。○浦鏜《正字》：鳥鼠同穴山，渭水所出，東至京兆船司空縣入河。「東」字脱，「兆」下誤衍「北」字。○盧文弨《拾補》：渭水所出，東至京兆船司空縣入河。毛本脱「東」字。「兆」下毛本有「北」字，衍。○阮元《校記甲》：至京兆北船司空縣入河。「船」，宋板、正、嘉閩本俱誤作「沿」。按：漢書地理志「至京兆北」四字作「東」字。○《定本校記》：至京兆北船司空縣入河。浦氏云：「北」字衍。〔足利〕八行本「船」誤作「沿」。

三十七葉十七行疏　過郡四。行千八百七十里。　「郡」，魏作「縣」。「四」，八作「西」。○山井鼎《考文》：過郡四，行千八百七十里。〔宋板〕「四」作「西」。○阮元《校記甲》：過郡四。「四」，宋板作「西」，亦誤。○《定本校記》：過郡四。〔足利〕八行本「四」誤作「西」。

三十七葉十八行釋文　灃。音豐。　「豐」，十作「豊」。

三十八葉一行注　漆沮。二水名。亦曰洛水。　○阮元《校記甲》：漆沮，二水名。按：「二」，當作「一」。洛水一名漆沮，可證也。孫志祖云：詩緜疏引孔安國云：漆沮，一名洛水。漆沮爲一，今作二水名，誤也。阮元《校記乙》同。○《定本校記》：漆沮，一名亦曰洛水。九條本如此。清原宣賢手鈔本引家本同。各本作「漆沮，二水名，亦曰洛水」。與疏不合，非也。内野本無「一」字，蓋脱。

三十八葉二行疏　㊀漆沮至翊北。　○《定本校記》：傳漆沮至翊北。「北」，〔足利〕八行本誤作「此」。

三十八葉二行疏　漆水在岐山東入渭。　「岐」，八、十、永、閩、毛、殿、阮作「岐」，魏作「歧」，平作「技」。○《定本校記》：漆水在岐山。「在」，疑當作「出」。上引十三州志不誤。

三十八葉三行疏　沮水出北地直路縣。　「地」，單、八、魏、平、十、永、阮作「池」。○山井鼎《考文》：沮水出北地直路縣。〔宋板〕「地」作「池」。○阮元《校記甲》：沮水出北地直路縣。「地」，宋板、十行俱作「池」。按：水經作「地」，不作「池」。○阮元《校記乙》：沮水出北池直路縣。宋板同。毛本「池」作「地」。按：水經作「地」，不作「池」。○《定本校記》：沮水出北地直路縣。「地」，單疏、〔足利〕八行、十行本皆誤作「池」。今從閩本。

三十八葉四行疏　又謂之漆沮。　「謂」，要作「渭」。

三十八葉五行疏　志云出馮翊懷德縣。　「翊」，十作「翃」。

三十八葉八行注　合於雍之東。　「於」，要作「于」。○盧文弨《拾補》：合於雍之東也。「也」，皆（古）有，毛本無。當補。下「巳可居也」同。

三十八葉九行注　所同事在下。　○物觀《補遺》：所同事在下。〔古本〕下有「也」字。

三十八葉九行釋文　隩。於六反。　○阮元《校記甲》：隩。段玉裁云：「墺」，開寶中改爲「隩」。

三十八葉十行經　九山刊旅。　「山」，永作「州」。

三十八葉十行注　巳槎木通道而旅祭矣。　「巳」，阮作「與」。

三十八葉十一行注　九州之川。　「州」，魏、永作「川」。「川」，魏、永作「州」。

三十八葉十一行注　巳滌除泉源無壅塞矣。　「除」，纂作「除」。

三十八葉十二行注　九州之澤。巳陂障無決溢矣。　「州」，岳作「川」。○山井鼎《考文》：無決溢矣。〔古本〕「矣」作「也」。○物觀《補遺》：巳陂障。〔古本〕「巳」下有「皆」字。○盧文弨《拾補》：九州之澤，巳皆陂障無決溢矣。「皆」，毛本脱，古本有，疏亦有。「巳皆」，史記集解倒。「矣」，皆（古）作「也」。○阮元《校記甲》：巳陂障無決溢矣。「巳」字下古本有「皆」字。史记集解作「皆巳」。「矣」，古本作「也」。按：此傳三「矣」字，史記集解並作「也」。「溢」，集解作「濫」。○《定本校記》：已皆陂障無決溢矣。燉煌本、九條本、内野本、足利本如此。注疏本脱「皆」字。

三十八葉十二行釋文　陂。彼宜反。　「陂」，庫作「陟」。

三十八葉十三行注　會同于京師。　「同」下李、王、纂、魏、平、岳無「于」字。「于」，永、阮作「京」。○山井鼎《考文》：會同于京師。〔古本〕無「于」字。宋板同。○盧文弨《拾補》：四海之内，會同京師。毛本「同」下有「于」字，衍。○阮元《校記甲》：會同于京師。古本、岳本、宋板、纂傳俱無「于」字。十行本「于」誤作「京」。○阮元《校記乙》：會同于京師。古本、岳本、宋板、纂傳俱無「于」字。

三十八葉十四行注　萬國共貫。　○山井鼎《考文》：萬國共貫。〔古本〕下有「也」字。「言政化和」下、「謂壞墳壚」下、「不過度」下、「明水害除」下並同。

三十八葉十四行注　水火金木土穀甚修治。　「土」，阮作「士」。「治」，纂作「理」，十作「治」。

三十八葉十五行經　厎慎財賦。　「厎」，纂、十、閩作「底」。「慎」，平作「愼」。

三十八葉十六行注　言取之有節。　「節」，八作「莭」。○物觀《補遺》：取之有節。〔古本〕「之」下有「民」字。○盧文弨《拾補》：言取之有節。「之」下古本有「民」字。○阮元《校記甲》：言取之有節。「之」下古本有「民」字。○《定本校記》：言取民有節。燉煌本、九條本、内野本如此，清原宣賢手鈔本引家本同。注疏本「民」作「之」字。

三十九葉一行疏　故摠敘之。　「摠」，要、殿、庫作「總」。

三十九葉二行疏　皆得會同京師。　「得」上要無「皆」字。

三十九葉三行疏　甚修治矣。　「修」，要作「條」。

三十九葉三行疏　水災已除。　「災」，要作「害」，永作「尖」。

三十九葉四行疏　準其地之肥瘠。　「瘠」，永作「瘖」。

三十九葉五行疏　於此摠結之。　「摠」，要、殿、庫作「總」，阮作「緫」。

三十九葉六行疏　其言九山九川九澤。　「澤」上平無「九」字。

三十九葉九行疏　故於此復更摠之。　「摠」，殿、庫作「總」。

三十九葉十行疏　惟據名山大川言旅者。　○《定本校記》：惟據名山大川言旅者。「大川」二字疑衍。

三十九葉十一行疏　皆已旅祭也。「祭」，殿作「際」。○《四庫考證》：皆已旅祭也。刊本「祭」訛「際」。今改。○《薈要》案語：皆已旅祭也。刊本「祭」訛「際」。今改。

三十九葉十三行疏　諸侯之見天子。「侯」，平作「佚」。

三十九葉十四行疏　非據諸侯之身朝天子也。「侯」，毛作「候」。○盧文弨《拾補》：非據諸侯之身朝天子也。毛本「侯」作「候」。「候」當作「侯」。

三十九葉十五行疏　若物在繩索之貫。「繩」，十、永作「縄」。

三十九葉十七行疏　高下皆水。「水」，單作「氷」。

三十九葉十八行疏　諸州之土。「土」，平作「上」。

四十葉一行疏　什一而税。「什」，十作「什」。

四十葉三行疏　以爲貢賦之差。「差」，十作「羌」，永作「羌」。

四十葉五行注　因生以賜姓。「因」，纂作「因」。「賜」，庫作「錫」。

四十葉七行注　則天下無距違我行者。「者」下王、纂、魏、平、毛、殿、庫有「台，徐音怡。行，下孟反。注同」十字釋文。○浦鏜《正字》：台，徐音怡。行，下孟切。注同。十字監本脱。

四十葉八行疏　相與共治之。　「與」上單、八、魏、平無「相」字。「相」，十、永作「與」。○物觀《補遺》：相與共治之。〔宋板〕無「相」字。○盧文弨《拾補》：天子惟當擇任其賢者，與共治之。毛本「與」上有「相」，衍。○阮元《校記甲》：相與共治之。宋板無「相」字。阮元《校記乙》同。

四十葉九行疏　又天子立意。　「又」，永作「文」。

四十葉十二行疏　胙四岳。賜姓曰姜。　「胙」，單、魏、平、要、十、永、阮作「祚」。○浦鏜《正字》：胙四岳，國賜姓曰姜。脱「國」字。○盧文弨《拾補》：胙四岳，國賜姓曰姜。「國」，毛本脱。○阮元《校記甲》：胙四岳。「胙」，十行本作「祚」，俗字也。○阮元《校記乙》：祚四岳。毛本「祚」作「胙」。案：「胙」、「祚」正俗字。

四十葉十三行疏　其立意也。　「意」下平無「也」字。

四十葉十七行注　爲天子服治田。　「田」，十、永作「用」。

四十葉十七行注　去王城面五百里。　「王」，閩作「至」。○山井鼎《考文》：面五百里。〔古本〕下有「内」字。○盧文弨《拾補》：去王城面五百里内。「内」，毛本脱。古本有。史記集解同。○阮元《校記甲》：去王城面五百里。「里」下古本有「内」字，依史記集解增。集解「面」作「近」。閩本「王」誤「至」。阮元《校記乙》同。○《定本校記》：去王城面五百里。「里」下燉煌本、九條本、内野本、足利本、清原宣賢手鈔本皆有「内」字。

四十葉十七行釋文　爲于僞反。「爲」下平有「天上」二字。

四十葉十八行疏　既言九州同風。「同」，魏作「司」。

四十一葉一行疏　甸服去京師最近。「師」，平作「帥」。

四十一葉五行疏　貢不入穀。「穀」，單作「穀」。

四十一葉五行疏　傜役差多。「傜」，魏、十、永、阮作「徭」，毛、殿、庫作「傜」。

四十一葉八行經　百里賦納總。○阮元《校記甲》：百里賦納總。陸氏曰：「納」，本又作「内」，音同。阮元《校記乙》同。

四十一葉八行注　甸服内之百里近王城者。○山井鼎《考文》：近王城者。〔古本〕下有「也」字。「供飼國馬」下同。○《定本校記》：甸服之内近王城者。燉煌本、内野本作「甸服内之近王城者」。注疏本作「甸服内之百里近王城者」，俱與疏不合。今從九條本正。

四十一葉九行注　禾稾曰總。「稾」，八、李、王、纂、平、十、永、阮作「稾」，魏作「藁」，要作「稾」。○孫詒讓《校記》：「稾」當爲「稾」，從禾，下並同。閩本並不誤，今據正。

四十一葉十行釋文　稾。故老反。「稾」，王、纂、平、永、阮作「稾」。

四十一葉十行疏　甸服至國馬。　「馬」，十、永作「焉」。

四十一葉十行疏　正義曰。去王城五百里。　「曰」，平作「口」。

四十一葉十行疏　摠名甸服。　「摠」，殿、庫作「總」。

四十一葉十一行疏　總下銍秸禾穗與稾。　「稾」，八、十、永、阮作「槀」。

四十一葉十一行疏　總皆送之。　「總」，單作「摠」。「送」，平作「逆」。

四十一葉十二行疏　故云禾稾曰總。　「稾」，八、十、永、阮作「槀」。

四十一葉十二行疏　周禮掌客待諸侯之禮有芻有禾。　「侯」，平作「矦」。

四十一葉十二行注　銍。刈。謂禾穗。　○山井鼎《考文》：銍，刈，謂禾穗。〔古本〕作「所銍刈謂禾穗也」。○盧文弨《拾補》：所銍刈謂禾穗。「所」，毛本脱。古本、史記集解皆有。○阮元《校記甲》：銍，刈，謂禾穗。古本作「所銍刈謂禾穗也」。按：「所」字依史記集解增。○阮元《校記乙》同。○《定本校記》：銍，刈，謂禾穗。「銍」上燉煌本、九條本、内野本、足利本、清原宣賢手鈔本皆有「所」字。

四十一葉十三行釋文　穗。亦作穟。音遂。　「亦」上平有「字」字。「穟」，魏作「燧」，十作「穟」。「音」，永作「竒」，下無「遂」字。○阮元《校記甲》：穗，字亦作穟。十行本、毛本俱脱「字」字。

四十一葉十四行疏　**奄觀銍刈。**〇浦鏜《正字》：奄觀銍刈。「刈」，詩作「艾」。

四十一葉十五行經　**三百里納秸服。**「百」下魏無「里」字。〇阮元《校記甲》：三百里納秸服。陸氏曰：「秸」，本或作「稭」。

四十一葉十五行注　**秸。稾也。服稾役。**「秸」，纂作「桔」。二「稾」字，八、李、王、纂、永、阮作「槀」，十作「稟」。

四十一葉十五行釋文　**秸。本或作稭。工八反。馬云去其穎。音鞂。**「稭」，魏作「稓」。〇浦鏜《正字》：秸，馬云去其穎。「穎」，從禾，毛本誤從示。〇阮元《校記甲》：秸，馬云去其穎，音鞂。按：「音」，當作「曰」。段玉裁校本不誤。

四十一葉十六行疏　**秸稾也服稾役。**二「稾」字，八、魏、平、十、永、阮皆作「槀」。

四十一葉十六行疏　**郊特牲云。莞簟之安而稾秸之設。**「稾」，八、魏、十、永、阮作「槀」。〇浦鏜《正字》：郊特牲云：莞簟之安而稾秸之設。見禮器。作「郊特牲」誤。「秸」，記作「鞂」。〇盧文弨《拾補》：郊特牲云：莞簟之安而稾秸之設。案：所引乃禮器文，其「郊特牲」下句作「而蒲越稾鞂之尚」。

四十一葉十六行疏　**秸亦稾也。**「稾」，八、平、十、永、阮作「槀」。

四十一葉十六行疏　去穗送稾。「稾」，八、十、永、阮作「稾」。

四十一葉十七行疏　故爲遠彌輕也。「彌」，十、永作「弥」。

四十一葉十七行疏　稾粟皆送。「稾」，八、魏、十、永、阮作「稾」。

四十一葉十八行疏　斟酌納稾。「稾」，八、魏、永、阮作「稾」，十作「稟」。

四十一葉十八行疏　服稾役者。「稾」，八、魏、平、永、阮作「稾」，十作「稟」。

四十一葉十八行疏　解經服字。「經」下要無「服」字。

四十一葉十八行疏　明上下服皆並有所納之役也。「役」下要無「也」字。

四十一葉十八行疏　此當稾粟別納。「稾」，八、魏、十、永、阮作「稾」。

四十二葉一行疏　非是徒納稾也。「稾」，八、魏、平、十、永、阮作「稾」。

四十二葉一行注　麤者多。「麤」，平作「麄」。○山井鼎《考文》：麤者多。〔古本〕下有「也」字。「斥候而服事」下、「侯服内之百里」下、「不主一」下、「任王者事」下、「爲一名」下並同。

四十二葉二行疏　禾稾俱送爲多。「稾」，八、魏、平、十、永、阮作「稾」。

四十二葉二行疏　但所納有精麤。「但」，毛作「伹」。

四十二葉四行注　斥候而服事。　○盧文弨《拾補》：斥候而服事也。「也」，毛本無，皆(古)有，當據補。○阮元《校記甲》：斥候而服事。「服事」二字，葛本誤倒。

四十二葉五行疏　故名侯服。　「故」，平、十作「故」。

四十二葉六行注　侯服内之百里。　○《定本校記》：侯服内之百里。燉煌本、九條本無「之」字。

四十二葉七行注　不主一。　「一」，纂作「二」。

四十二葉八行注　任王者事。　○浦鏜《正字》：任王者事。案：史記正義引此作「任王事者」。○盧文弨《拾補》：任王者事。史記集解引作「任王事者」。○阮元《校記甲》：任王者事。史記集解作「任王事者」。

四十二葉八行釋文　任。而針反。又而鴆反。下同。　「任」上平有「男」字。「任」，平作「任」。「針」，十、永、閩作「計」。「鴆」，纂作「鳩」。「而鴆反」下，平無「下同」二字，有「任壬，上而鴆反，又而針反」十字。○山井鼎《考文》：任，而針反，又而鴆反。下同。〔經典釋文〕上作「而鴆反」，下作「而針反」，無「下同」二字。○阮元《校記甲》：男任，而針反，又而鴆反。此下十行本、毛本俱有「下同」二字。按：下云「任王，上而鴆反，又而針反」，與「男任」之「任」正相反。注疏本删去「任王」之音，加「下同」二字，謬甚。又：任王。「王」，葉本作「壬」字。按：葉本非也。

四十二葉九行疏　男聲近任。「任」，平作「仕」。

四十二葉十一行釋文　爲。于僞反。「爲」上纂、平有「同」字，殿、庫有「同爲之」三字。○山井鼎《考文》：爲，于僞反。〔經典釋文〕作「同爲，于僞反」。謹按此註有二「爲」字，當有「同」字。

四十二葉十一行疏　三百至一名。「百」，單作「日」。

四十二葉十二行疏　三百里内。「三」，八作「二」。

四十二葉十二行疏　在此内所主事同。「主」，魏、平作「王」。

四十二葉十四行注　安服王者之政教。「者」下八、李、平、要、岳無「之」字。○山井鼎《考文》：安服王者之政教。〔古本〕無「之」字。宋板同。「教」下有「也」字。○盧文弨《拾補》：安服王者政教。毛本「者」下有「之」，衍。各本皆無。○阮元《校記甲》：安服王者之政教。古本、岳本、宋板俱無「之」字，與疏及史記集解合。阮元《校記乙》同。

四十二葉十四行疏　釋詁文。「詁」，永作「詁」。

四十二葉十五行疏　王者以文教要束使服。「王」，八作「主」。

四十二葉十五行疏　言安服王者政教。以示不待要束而自服也。　「言」下阮無「安服」二字。「而」，阮作「言安服」。○張鈞衡《校記》：言安服王者政教，以示不待要來而自服也。阮本脱「安服」二字，下又脱「而」字。

四十二葉十六行疏　侯衛賓服。　「賓」，魏、十、永作「實」。

四十二葉十六行疏　夷蠻要服。　「夷蠻」，要作「蠻夷」。○浦鏜《正字》：蠻夷要服。「蠻夷」字誤倒。○盧文弨《拾補》：蠻夷要服。「蠻夷」，毛本倒。○孫詒讓《校記》：「夷蠻」，國語作「蠻夷」。

四十二葉十六行疏　彼賓服當此綏服。　「彼」，十、永、阮作「役」。○阮元《校記甲》：彼賓服當此綏服。「彼」，十行本誤作「役」。○阮元《校記乙》：役賓服當此綏服。毛本「役」作「彼」。「役」字誤也。

四十二葉十六行疏　以文武教衛爲安。　「教」，單、八、魏、平、要、十、永、毛、阮作「侯」。○浦鏜《正字》：韋昭云：以文武教衛爲安。「教」，毛本誤「侯」。○盧文弨《拾補》：韋昭云：以文教武衛爲安。「教」，毛本作「侯」，譌，又誤在「武」下。○阮元《校記甲》：以文武侯衛爲安。「侯」，閩、監俱作「教」。阮元《校記乙》同。○孫詒讓《校記》：今國語注無此語，蓋傳寫失奪。

四十二葉十七行疏　彼云先王之制。　「彼」，阮作「故」。

四十二葉十八行注　揆。度也。度王者文教而行之。　○《定本校記》：揆度王者文教而行之。注疏本「度」下有「也度」二字，與疏不合。今據九條本、内野本正。清原宣賢手鈔本亦云「也度」二字家本無。燉煌本重「度」字，亦非。

四十三葉一行釋文　度。待洛反。　「洛」，平作「落」。

四十三葉一行疏　釋詁訓揆爲度。　○浦鏜《正字》：釋言訓揆爲度。「言」，誤「詁」。○盧文弨《拾補》：釋言訓揆爲度。毛本「言」作「詁」。「詁」當作「言」。○《定本校記》：釋詁訓揆爲度。浦氏云：「詁」當爲「言」。案：舜典正義云：揆，度。釋言文。

四十三葉二行疏　即是安服王者之義。　「即」，魏作「耶」。

四十三葉三行注　文教外之二百里。　○山井鼎《考文》：「文教外之二百里」下、「所以安」下，〔古本〕共有「也」字。○阮元《校記甲》：文教外之二百里。「外之」二字，史記集解倒。

四十三葉三行注　奮武衛。天子所以安。　○阮元《校記甲》：奮武衛，天子所以安。「安」下史記集解有「之」字。

四十三葉七行疏　非言天子賴諸侯以安也。　「賴」，平作「頼」。

四十三葉七行注　要束以文教。　○山井鼎《考文》：要束以文教。〔古本〕「以」下有「安」

字。○阮元《校記甲》：要束以文教。「以」下古本有「安」字。

四十三葉八行釋文　要。一遥反。束。如字。一音來。　「束」，魏作「東」。○浦鏜《正字》：要，一遥切。束，如字，一音來。案：毛氏居正云：周禮司約注「約束。約，音於妙切，與要同。束，音詩注切」。今此「要」、「束」當從周禮音，蓋「束」字無「來」音也。若取約勑之義，則「束」當作「束」，「來」當作「來」，皆音棘。○阮元《校記甲》：束，一音來。按：段玉裁校本作「一作來」。

四十三葉十行疏　乃以文教要服之。　○浦鏜《正字》：乃以文教要服之。「服」當「束」字誤。

四十三葉十一行釋文　馬云。夷。易也。　「馬云夷」，纂、魏、平、殿、庫作「夷馬云」。

四十三葉十一行釋文　差。初佳反。又初賣反。　「差」，十、永作「羌」。「賣」，十、永作「賈」，閩作「買」。

四十三葉十二行疏　守平常教耳。　「守」上單、八、魏、十、永、閩、阮有「言」字。○物觀《補遺》：守平常教耳。〔宋板〕「守」上有「言」字。○盧文弨《拾補》：夷訓平也，言守平常教耳。「言」，毛本脱。○阮元《校記甲》：守平常教耳。「守」上宋板、十行、閩本俱有「言」字。

四十三葉十三行疏　教簡於夷。　「教」，阮作「義」。

四十三葉十三行疏　故訓蔡爲法。　「蔡」，平作「祭」。

四十三葉十四行注　要服外之五百里。　「外」，閩作「处」。○山井鼎《考文》：要服外之五百里。〔古本〕下有「也」字。「又簡略」下、「不制以法」下、「隨其俗」下、「方五千里」下、「而朝見」下、「言天功成」下並同。

四十三葉十五行疏　政教荒忽。　「政」，十、永作「改」。

四十三葉十七行疏　羈縻其人耳。　「縻」，平作「靡」。

四十三葉十七行疏　蠻之言緍也。　「緍」，要作「紙」。

四十四葉一行疏　禮儀簡慢。　「儀」，要作「義」。

四十四葉二行疏　税徵差簡。　「徵」，單、八、魏、平、十、永、閩、阮作「微」。「差」，十、永作「羌」。○阮元《校記甲》：税徵差簡。「徵」，十行、閩本俱誤作「微」。○阮元《校記乙》：税徵差簡。毛本「微」作「徵」。案：「徵」字是也。○孫詒讓《校記》：「微」，疑不誤。毛改不足據。○《定本校記》：税微差簡。「微」，監本改作「徵」。

四十四葉二行疏　又不賦其田事也。　「不」，八作「一」。

四十四葉三行疏　則亦有納總納銍之差。　「差」，十、永作「羌」。

四十四葉四行疏　故孔於要服傳云。　「傳云」至卷末永爲抄配。

四十四葉八行注　爲方五千里。　○《定本校記》：爲方五千里。燉煌本、九條本、內野本無「爲」字。

四十四葉九行疏　不復蠻來之也。　「復」，單、八、魏、平、十、阮作「服」。○山井鼎《考文》：不復蠻來之也。〔宋板〕「復」作「服」。謹按恐非。○阮元《校記甲》：不復蠻來之也。「復」，宋板、十行俱作「服」，非。○阮元《校記乙》：不服蠻來之也。宋板同。毛本「服」作「復」。案：「復」字是也。○《定本校記》：不服蠻來之也。「服」，閩本改作「復」。

四十四葉九行疏　凡五服之別。　「凡」，平作「几」。

四十四葉十行疏　賈逵馬融。以爲甸服之外。百里至五百里米。特有此數。去王城千里。

「五百里米，特有此數，去王」十字，毛在「馬融」下。「外」，魏作「其」，平作「五」。「米」，平作「采」。「有此」，永作「此有」。○物觀《補遺》：賈逵、馬融五百里米特有此數，去王以爲甸服之外百里，至城千里。〔宋板〕作「賈逵、馬融以爲甸服之外，百里至五百里米，特有此數，去王城千里」。○浦鏜《正字》：賈逵、馬融以爲甸服之外，百里至五百里米，特有此數，去王城千里。「以爲甸服之外百里至」九字，毛本誤在「去王」下。○盧文弨《拾補》：賈逵、馬融以爲甸服之外，百里至五百里米，特有此數，去王城千里。「以爲甸服之外百里至」九字，毛本誤在下「去王」下。宋、元本不誤。○阮元《校記甲》：賈逵、馬融五百里米，特有此數，去王以爲甸服之外百里，至城千里。「五百」至「去王」十字，宋板、十行、閩、監俱在「城」字上，是也。

四十四葉十一行疏　是面三千里。「三」，平作「二」。

四十四葉十一行疏　是堯之舊制及禹弼之。「是」，八作一字空白。

四十四葉十一行疏　每服之間更增五百里。「間」，單作「閒」。「增」，永作「增」。

四十四葉十三行疏　土地之廣。「土」，毛作「上」。

四十四葉十三行疏　而書傳無稱也。○浦鏜《正字》：而書傳無稱焉。「焉」，誤「也」。

四十四葉十四行疏　至減大半。「大」，八、魏、平、阮作「太」。○盧文弨《拾補》：天下户口，至減太半。毛本「太」作「大」。「大」當作「太」。○阮元《校記甲》：至減大半。「大」，十行本作「太」，非也。○阮元《校記乙》：至減太半。毛本「太」作「大」。「太」字非也。○孫詒讓《校記》：「太」不誤，毛刻非。詩殷武疏引王肅禹貢注亦作「太半」。

四十四葉十五行疏　未暇以征伐爲事。「暇」，單、八、魏、十、毛、殿、庫作「暇」。

四十四葉十五行疏　且其所以爲服之名。「名」，單作「名」。

四十四葉十五行疏　輕重顛倒。「倒」，平作「到」。

四十四葉十六行疏　使各有寰宇而使甸服之外。○浦鏜《正字》：使各有寰宇。「寰宇」，國語作「寍宇」。案：詩頌殷武疏亦作「寰」。當古本作「寰宇」也。○盧文弨《拾補》：使各有寰宇。「寰」，今國語作「寧」。浦云：詩頌殷武正義亦作「寰」，當是古本如此。文弨案：「寰」乃説文新附字。「寧」字本作「寍」，或因誤改作「寰」也。○阮元《校記甲》：使各有寰宇。浦鏜云：「寰」，國語作「寧」。按：詩頌殷武正義亦作「寰」，當舊本作「寰」字也。阮元《校記乙》同。

四十四葉十六行疏　諸侯入禾藁。「禾」，平作「木」。「藁」，單、魏、毛、庫作「稾」，八、阮作「稾」。

四十四葉十七行疏　別有九服。服別五百里。「九服」，十、永、閩、阮作「九里」。○阮元《校記甲》：別有九服。「服」，十行、閩本俱誤作「里」。○阮元《校記乙》：別有九里。毛本「里」作「服」。案：「服」字是也。閩本亦誤。

四十四葉十七行疏　又地理志言漢之土境。　「理」，永作「里」。「土」，庫作「上」。

四十四葉十八行疏　東西九千三百二里。　「二」，殿、庫作「三」。

四十四葉十八行疏　南北萬三千三百六十八里。　○浦鏜《正字》：南北萬三千三百六十八里。「八」，監本誤「入」。

四十四葉十八行疏　山川載地。　「載」，單、八、魏、平、十、永、閩、阮作「戴」。○山井鼎《考文》：山川載地，古今必同。〔宋板〕「載」作「戴」。正、嘉二本同。○盧文弨《拾補》：山川戴地，古今必同。毛本「戴」作「載」。宋、元本俱作「戴」，猶言戴於地也。當作「戴」。○阮元《校記甲》：山川載地。「載」，宋板、十行、正、嘉閩本俱作「戴」。

四十五葉一行疏　古今必同。　「古」，八作「占」。

四十五葉一行疏　乃謂著地人跡。屈曲而量之。　○浦鏜《正字》：乃謂著地人跡，屈曲而量之。「著」，監本誤。

四十五葉二行疏　動有倍加之較。　「倍」，庫作「陪」。

四十五葉三行疏　是言經指直方之數。　「指」，十作「祏」。「數」，永作「数」。

四十五葉四行疏　乃云地倍於堯。　「倍」，庫作「陪」。

四十五葉六行注　漸入也。被及也。　○《定本校記》：漸入被及也。燉煌本、内野本如此。各本「入」下有「也」字，衍。

四十五葉八行釋文　朔。朔北也。與。音預。　「朔」下平有「南」字，「北」上殿、庫無「朔」字。「也」，魏作「反」。「與」上平有「皆」字。○浦鏜《正字》：朔，朔北也。衍一「朔」字。

四十五葉九行注　禹功盡加於四海。　「加」，八作一字空白。「於」，毛作「于」。

四十五葉九行注　故堯賜玄圭以彰顯之。　「賜」，八作「錫」。○《定本校記》：故堯賜玄圭以彰顯之。「賜」，〔足利〕八行本誤作「錫」。

四十五葉十行注　言天功成。　「天」，纂、魏作「大」。

四十五葉十行釋文　訖。斤密反。　「密」，平作「蜜」。

四十五葉十一行疏　西被及于流沙。　「于」，毛作「於」。

四十五葉十二行疏　漸入至朝見。　「入」上永無「漸」字。

四十五葉十二行疏　謂入海也。　「海」下平無「也」字。

四十五葉十四行疏　皆與王者聲教而朝見。　「朝」，十作「明」。

四十五葉十四行疏　言其聞風感德而來朝也。　「聞」，十作「間」。

四十五葉十五行疏　大遠矣。「大」，阮作「太」。

四十五葉十六行疏　玄天至功成。「功成」，永作「成功」。

四十五葉十六行疏　正義曰。考工記天謂之玄。「曰」下十、阮有「義曰」二字。○阮元《校記甲》：正義曰考工記。「曰」下十行本衍「義曰」二字。○阮元《校記乙》：正義〔曰〕義曰考工記。案：「義曰」二字複衍。